KB127041

미국인마다

세계영어가
3배 더 쉽다

Mr.Sun & 한연희   OLD STAIRS

Q 당신은 왜 영어를 배우시나요?

당신은 왜 영어를 배우시나요?
워킹홀리데이를 떠나기 위해?
아니면 해외 바이어와의 계약 체결을 위해?

우리는 각자 다 다른 이유로 영어를 배우는 것 같지만,
결국 '외국인과의 대화'를 위해서 배운다는 목적은 같습니다.

외국인과 대화하기 위해 영어를 배우는 이유는
영어가 세계 공용어이기 때문입니다.

그래서일까요?
영어를 사용하는 사람 중
미국인보다 세계인이 많습니다.

미국인	영어가 모국어
세계인	영어가 외국어

이 말은 우리가 대화를 나누게 될 그 '외국인'이
미국인이 아닐 가능성이 크다는 뜻이기도 하죠.

세계인들이 한자리에 모여 대화를 하려면
무엇보다 의사 전달이 가장 중요하겠죠.
이를 위해 만들어진 세계 공용어가 '세계영어'입니다.

그렇다면 '미국영어'는 무엇일까요?
미국영어는 말 그대로 미국인끼리 사용하는 영어입니다.

미국영어의 특징은 단어 뜻만으로 이해하기 어려운
은유를 많이 사용한다는 점입니다.
미국영어가 어렵게 느껴지는 이유이기도 하죠.

외국인에게 '귀가 얇다'가 어려운 표현이듯,
우리에게도 미국의 은유는 어려운 표현이니까요.

쉽게 말해...

세계영어는 미국인을 포함한
전 세계인들이 소화할 수 있는
완전한 영어라면...

미국영어는
미국인만이 소화할 수 있는
반쪽짜리 영어입니다.

안녕하세요.
저는 세계영어입니다.

저는 중학교 때 이미 배운 몇 가지 문형을 이용해 영어를 구사하지요. 사람들은 저를 고급영어로 진화하기 전 단계의 어떤 것쯤으로 치부해 버립니다. 물론 아예 틀린 생각은 아닙니다. 미국영어를 하기 위해서는 먼저 저를 배워야 하는 것이 맞으니까요. 하지만 그렇다고 해서 미국영어는 고급영어, 저는 그보다 저급한 단계 혹은 쓸모없는 것으로 생각해 버리는 것은 인정할 수 없어요. 왜냐하면 말이죠…

언어의 가장 큰 기능은 무엇보다도 의사소통 아닐까요? 전 세계 수십억의 인구가 영어를 사용하지만, 그중 미국영어를 쓰는 사람이 얼마나 되겠어요?

상대방은 기본문법을 활용한 영어를 구사하는데 나 혼자 미국영어를 사용한다면, 그거야말로 의사소통에 걸림돌이 되는 부분 아닌가요? 상대방이 미국영어를 쓴다고 해서 꼭 나까지 그에 따라 맞춰주어야 할 필요도 없고요.

그러니까 제 말은… 의사소통만 되면 아무런 문제 없는 것을, 괜히 오버하지 말자는 거예요. 저처럼 쉬운 단어로 쉽게 말할 수도 있는데 왜 굳이 미국영어로 어려운 표현들을 섞어 써야 하냐는 것이죠. 언어란 모름지기 효율적이어야 하는 것이잖아요. 저처럼 가장 적은 수의 단어를 사용해, 이렇게 저렇게 조합을 해서 언어를 만들어 내는 것이야말로 진정한 언어의 의미를 잘 살리는 것이 아닐까… 저는 그렇게 생각해요.

안녕하세요. 저는 미국영어입니다.

앞에서 매우 옳은 말을 해 주었더군요. 그래요, 의사소통 중요하죠. 의사소통이야말로 언어를 사용하는 핵심이고 전부라고도 할 수 있는 거죠. 그런데 말이죠…

손목시계를 좋아하는 사람들 많이 있죠? 좋은 시계는 누구나 가지고 싶어 하잖아요. 그런데, 시계를 차는 게 단지 시간을 알기 위해서일 뿐인가요? 그렇지 않죠? 요즘 누가 그저 시간만 보겠다고 시계를 사겠어요. 그건 기본이고 시계를 차는 사람의 패션 감각을 나타내 줄 수 있어야 정말 좋은 시계라 할 수 있는 거죠. 시계를 사는 대부분의 사람들도 성능보다는 디자인을 더 중요하게 생각하잖아요.

제 말은, 조금 어렵기는 하지만 잘 갈고 닦여진 미국영어를 배우는 것에는 이유가 있다는 말이에요. 물론 기본 문형 안에서 이렇게 저렇게 조합을 해도 말은 다 되죠. 사실 저 역시 기본 문형을 벗어나진 않으니까 말이죠. 하지만 문제는 너무 길고 거추장스럽다는 거예요. 어디 내 할 말네 할 말 서로 주고받고 끝나는 게 의사소통의 전부인가요? 언어 속에실어 전달할 수 있는 뉘앙스라든지 섬세한 감정이라든지… 이런 것들모두를 포함할 수 있어야 그게 진정한 의사소통이 아닌가 싶네요. 감각적으로 언어를 사용하는 사람이 훨씬 더 센스 있어 보이기도 하고요. 그런데 과연 세계영어가 그런 역할을 해 줄 수 있겠냐는 말이에요. 무슨말인지 아시죠?

001

20달러짜린데 잔돈 있어요?

세계 ☐

Do you have change for
a 20 dollar bill? ~ 계산서 / 지폐

미국 ☐

Can you break a 20?

잠깐 친구에게 빌렸던 돈을 갚으려고 합니다. 얼마 안 되는 돈을 빌렸었는데, 주머니를 뒤져보니 지폐밖에 없네요. 바꿔 줄 만한 잔돈이 있는지 물어봐야겠네요. 이럴 때 큰돈을 '깨서' 작은 돈으로 바꾼다는 의미로 'break'를 사용할 수 있습니다.

002

5분만 쉬자.

세계 ☐

Let's take a break for five minutes.

미국 ☐

Let's take five.

도무지 쉴 틈을 주지를 않는군요. 교수님이 벌써 두 시간째 연속해서 강의를 하고 있네요. 세 시간짜리 수업인데, 설마 이대로 쉬는 시간 없이 그냥 계속 가는 것은 아니겠지요…

003

TV에서 뭐 (방송)해?

세계 ☐

What program is
broadcasted on TV now?

미국 ☐

What's on TV?

케이블 TV엔 셀 수도 없을 정도로 많은 채널들이 있습니다. 그리고 그 채널들은 날이 갈수록 점점 더 많아지고 있지요. 그런데 이상한 일입니다. 그렇게 많은 채널 중에… 도대체 어째서 재미있는, 볼 만한 채널은 하나도 없는 것일까요.

004

가는 길이에요.

세계 ☐

I am going there now.

미국 ☐

I'm on the way.

이 표현에 쓰인 'way'는 눈에 보이는 사물로서의 길이나 도로를 뜻하는 것이 아닙니다. '어디 어디로 가는 길'이라는 뜻이지요. 미리 만나기로 약속했던 상대방에게 전화로 이 말을 한다면, '당신에게로 가는 길 위에 있다'라는 뜻이 되겠지요.

가능성이 있는 거 같아?

세계 □

Do you see any possibility?

미국 □

You think you stand a chance?

가능성이 있다

친구가 무리한 시도를 하려는 것 같네요. 이미 다섯 번이나 차였던 여자에게 다시 한번 고백을 시도해 보겠다고 합니다. 당신이 보기에는 이전과 별 다를 바 없는 결과가 나올 것 같은데 말이에요. 뭔가 믿는 구석이라도 새로 생긴 것일까요?

가득 채워주세요.

세계 □

Give me full.

미국 □

Please fill it up.

가득 채우다

주유소에서 흔히 쓰이는 표현입니다. 'it' 대신에 'her'를 써서 'fill her up'이라고 해도 같은 뜻의 표현이 되는데, 자동차는 보통 남자들의 애착물로 여겨지기 때문에 그것을 여자에 비유한 깃이지요.

가만히 있어.

세계 □

Don't move.

미국 □

Stay still.

가만히 / 여전히

조카들을 데리고 놀이공원에 왔습니다. 잠시 화장실에 다녀오려고 하는데, 혹 조카들이 여기저기 돌아다니다가 길을 잃어버리지는 않을까 걱정이 되네요. 돌아다니지 말고 가만히 있으라며 미리 주의를 주어야겠지요.

가져도 좋습니다.

세계 □

You can go now.

미국 □

You are excused.

변명 / 면제해 주다

친구가 공항의 입국 심사대에 벌써 몇 시간째 붙잡혀 있다고 합니다. 그의 험상궂은 인상 때문인 것 같군요. 아마 지금 공항의 모든 보안 직원들이 그를 테러리스트로 오해하고 있을 겁니다. 그가 언제쯤 기폭장치를 꺼내나 하면서요. 막상 그 친구는 그저 가도 좋다는 말 한마디만 기다리고 있을 텐데 말이에요.

009

가자.

010

가족 여행 갔다 오면서
돈을 많이 썼어.

011

각자 계산하자.

012

간략하게 말해줘.

세계 ☐

Let's go.

미국 ☐

Let's jet. ⌐ 날쌔게 움직이다
Let's hit the road.

밖으로 나가 어딘가로 출발하는 것을 'hit the road'라고 표현
하기도 합니다. 그냥 'Let's go'라고만 하는 것보다는 조금 들
뜬 듯한 뉘앙스가 담긴 표현인 것 같네요. 'Let's jet'도 마찬가
지이고요. 당장이라도 뛰쳐나가야 할 것 같은 느낌이잖아요.

세계 ☐

We spent a lot of money
on a family trip.

미국 ☐

We splurged on a family trip.
⌐ 돈을 물 쓰듯 쓰다

아직 월말이 다가오지도 않았는데 벌써 통장 잔고가 텅텅 비
어있네요. 가족 여행을 다녀오느라 너무 많은 돈을 썼거든요.
사실, 대부분 면세점에서 개인적으로 쓴 돈이라 '가족 여행'이
라는 핑계와는 그리 어울리진 않지만요.

세계 ☐

Let's pay separately.
Let's pay individually. ⌐ 개별적으로

미국 ☐

Let's go Dutch.
Let's split the bill. ⌐ 나누다

'Dutch'는 네덜란드의 다른 이름으로, 네덜란드 사람들이 파
티에 각자 먹을 것을 가져온 데서 유래한 표현입니다. 'Let's
spilt the bill', '계산서를 나누자'는 표현도 같은 뜻으로 쓸 수
있는 말입니다.

세계 ☐

Tell me briefly.

미국 ☐

Tell me in a nutshell.
⌐ 견과의 껍질 / 작은 것

'nutshell'은 견과류의 껍질을 가리키는 단어입니다. 아래의
표현은 'nutshell'에 담을 수 있을 정도로, 많은 내용을 짧게 요
약해서 얘기하라는 의미의 표현으로 이해하면 될 것 같네요.

간섭 좀 하지 마!

세계 ☐

Why do you care others too much?

미국 ☐

Butt out. *butt out : 간섭하지 않다*
butt : 엉덩이 (비격식체)
Don't butt in. *간섭하다*
Mind your own funeral. *장례식*
Mind your own business.
Don't put your nose everywhere.

감 잡았어.

세계 ☐

I see.

미국 ☐

I got it.
I got the picture. *사진 / 그림*

'I got it'은 보통 무슨 말인지 알아들었다는 뜻으로 쓰이지만,
'OK' 즉 '그렇게 할게'의 의미로도 씁니다. 일반적으로 그냥
'Got it'이라고 줄여서도 많이 사용됩니다.

감기 기운이 있는 것 같아.

세계 ☐

I think I caught a cold.

미국 ☐

I'm coming down with the flu. *독감*

come down with : (별로 심각하지 않은) 병이 들다

친구가 브런치를 만들었다며, 주말 오전에 다 함께 모여서 먹
자고 하는군요. 하지만 그 친구의 음식은 정말 끔찍합니다. 고
작 그런 브런치와 주말 오전의 늦잠을 맞바꿀 수는 없을 정도
로요. 아마도, 당신에게 감기 기운이 찾아와야 할 것 같네요.

갑자기 나타났어.

세계 ☐

It suddenly appeared.

미국 ☐

It just came out of nowhere.
어느 곳 / 아무 데도

운전 중 갑자기 예상치 못한 곳에서 불쑥 차가 튀어나온다면
정말 당황스럽지요. 아무리 운전 경력이 오래되었더라도, 혼
잡한 거리에서 주행을 할 때는 항상 주의하고 있어야 하는 것
같습니다. 그나마 갑자기 튀어나온 게 자동차라면 다행이지
요. 사람이나 자전거가 불쑥 튀어나오면…

017

세계 ☐

I will order the same thing.

미국 ☐

I will have the same.

같은 것으로 할게요.

남미에서 온 친구를 새로 사귀었습니다. 그가 식사 대접을 하겠다며 당신을 남미 음식을 파는 식당으로 안내하는군요. 남미 음식을 처음 먹어보는 당신. 메뉴판을 보아도 도대체 뭐가 뭔지 하나도 모르겠습니다. 이럴 때면 그저 상대방을 따라 주문하는 것이 가장 낫지요.

018

세계 ☐

Let's solve it together.

미국 ☐

Let's sort this out.

분류하다 / 정렬하다

같이 한번 해결해 보자.

하찮은 문제라도 그때 해결하지 않고 자꾸 쌓아두다 보면, 나중엔 혼자서는 도저히 정리할 수 없을 정도로 일이 꼬여버리기도 합니다. 'sort something out'은 '~을 정리하다'라는 뜻의 표현입니다. 하지만 이것을 '해결하다'라는 뜻으로도 사용할 수 있습니다.

019

세계 ☐

Are you going to do it with us or not?

미국 ☐

Are you in or not?

같이 할 거야, 안 할 거야?

여러 사람들과 함께 모여 어떤 일을 계획하고 있습니다. 그럴 때면 이런 사람이 꼭 한 명쯤은 있지요. 계속해서 일에 함께 끼어들 듯 말 듯 이것저것 따져보며 '간 보기'만 하는 사람이요. 그런 사람이 있다면 이 표현을 사용해 직접적으로 물어볼 수 있겠네요.

020

세계 ☐

Don't think that I don't like you.

미국 ☐

Don't take it personally.

개인적으로

개인적으로 받아들이지 마.

그것이 공적인 판단에 의해 내려진 결정이라 하더라도, 누군가에게 불이익을 줄 수 있는 결정을 당사자에게 통보하는 것은 힘든 일입니다. 하지만 공적인 일과 사적인 일은 구분해야 하는 것이니까요. 단지 그가 개인적인 감정의 문제로 잘못 판단하지 않도록 잘 구슬려 말해야겠지요.

021

세계 ☐

He can handle everything. ⌐다루다

미국 ☐

What he says goes.

개 말이면 통하지.

공식적으로는 이미 끝난 학기입니다. 하지만 보강이 남아있는 수업 하나 때문에 아직 쉬질 못하고 있네요. 게다가 다음 주에 있는 크리스마스의 전날까지도 수업을 하겠다고 합니다. 제발 그것만은 안 된다며, 누군가 나서서 교수를 좀 말려 줘야 할 텐데요.

022

세계 ☐

I think he is crazy or something.

미국 ☐

I think he has a screw loose. 광기 / 고장
I think he is wrong in the head.

개 머리가 어떻게 된 것 같아.

이상한 행동을 하는 사람을 보고 '나사가 빠졌다'는 말을 하고는 하지요. 네이티브들도 비슷한 표현을 쓰는군요. 'I think he has a screw loose', '그는 나사(screw)가 느슨해진(loose) 것 같아'라고요.

023

세계 ☐

He is really angry.

미국 ☐

He is hot under the collar.
↘목덜미 / 깃 / 목줄

화가 나면 머리가 뜨겁게 달아오르기도 합니다. 그럴 때 '뚜껑이 열리다'라는 표현을 쓰기도 하고 '머리에서 김 난다'라고 표현하기도 하지요. 'hot under the collar'라고 하면 목덜미까지 열이 받은 모습을 상상할 수 있죠.

024

세계 ☐

They got married in the end. ⌐마침내

미국 ☐

They finally tied the knot.
↘묶다   ↘매듭

개들 결국 결혼했어.

누구와 결혼할지 대상을 함께 말할 때는 'marry me, marry him'과 같은 형태로 사용합니다. 전치사 'with'와 함께 사용하는 것이 아니니 주의하세요. 또한, 대상을 밝히지 않고 결혼을 한다는 사실만을 말할 때는 'get married'의 형태를 사용합니다.

거 봐. / 내가 뭐랬어?

I told you!

See?

그렇게나 말렸었는데… 결국에는 일을 저지르고 말았네요. 당신의 조언을 무시하고 주식에 투자했던 친구. 완전히 빈털터리가 되어버리고 말았습니다. 그러게요. 충고를 잘 듣고 조금만 더 생각해 볼 것이지 말이에요.

거기 물 좋아!

That place is great.

That place kicks.
That place rocks.

어떤 장소가 멋진지, 훌륭한지 물어볼 때 '물이 좋아?'라고 물어보고는 합니다. 사실, 정확히 말하자면… 그 장소에 멋진 이성이 있느냐 물어보는 말이에요. 예쁜 여자나 멋진 남자들이 있다면 거기가 호텔의 바이든 더러운 펍이든 무슨 상관이겠어요.

거기 서!

Stop there!

Freeze!
↙ 멈춰

누군가가 당신의 뒤통수를 치고는 잽싸게 도망가네요. 아마도 장난기가 심한 당신의 친구인 것 같습니다. 하지만 이건 좀 심했네요. 붙잡아서, 버릇을 단단히 고쳐줘야겠어요.

거만 떨지 마.

Don't be too arrogant. ↙ 거만한

Get off your high horse.
↙ 거만한 태도

동등한 입장에 있는 사람과 대화를 할 때에는 서로 눈높이를 맞추는 것이 예의이지요. 높은 위치에서 내려다보며 말을 하는 것은 거만하고 무례한 태도로 여겨지고는 합니다. 마치 말의 안장 위에 앉아 서 있는 사람에게 말을 건네는 것처럼요.

거의 다 됐는데 아깝다.

세계 ☐

You almost did, but missed it.

미국 ☐

It was close. ⌒가까운

게임을 하다 보면 안타까운 경우가 정말 많이 있습니다. 딱 한 번만 움직이면 이번 미션을 해결할 수 있을 것 같은데, 거기에서 시간제한에 걸려버린다든지요.

거의 손도 안 댔네.

세계 ☐

You almost didn't eat.

미국 ☐

You hardly touched a thing.

며칠 전부터 칼국수가 먹고 싶다며 노래를 부르던 친구. 그 친구의 소원을 들어주기 위해 칼국수를 한 솥 가득 만들어 주었습니다. 하지만 어째서인지 몇 젓가락 하지도 않고 식탁을 떠나버리네요. 당신의 요리에 문제가 있는 것일까요…

거짓말쟁이야!

세계 ☐

You are a liar!

미국 ☐

You are a great big fibber!

↙ 거짓말쟁이

정말 간절하게 말하기에 원하는 대로 해 주었습니다. 이번 일이 잘 해결되도록 조금 도와주기만 하면. 그로 인해 생기는 수입의 절반을 떼어주겠다고 했었거든요. 그런데 일이 끝나자마자 그런 말 한 적이 없다고 오리발을 내미는군요. 애초에 그의 말을 믿는 것이 아니었는데…

걱정하지 마!

세계 ☐

Don't worry.

미국 ☐

Rest your worries.

당신이 보기엔 큰일도 아닌데, 친구가 그에 대해서 괜한 걱정을 하고 있네요. 걱정은 오히려 작은 일도 더 크게 만들 뿐입니다. 때로는 그 걱정들이 쉬도록(rest) 내버려 두는 것이 필요하지요.

033

건배!

세계 ☐

Cheers.

미국 ☐

Bottoms up.
↳ 바닥 / 맨 아래

술을 마시다가 건배를 할 때 우리가 흔히 쓰는 구호 중에 '원 샷'이라는 구호가 있습니다. 하지만 이는 사실 콩글리시입니다. 제대로 된 영어는 아래의 두 표현이지요. '원 샷'과 좀 더 가까운 뉘앙스의 표현은 'Bottoms up'이고요.

034

걸어서 갈 수 있는 거리야.

세계 ☐

We can get there by walk.
It is not far away from here.

미국 ☐

It's within walking distance.
↳ 거리

남자 친구가 갈수록 살이 찌고 있는 것 같습니다. 운동을 좀 시켜야겠는데, 당신 말을 들을 리가 없지요. 마침 기회가 찾아 왔군요. 저녁 식사를 예약해 놓은 식당에 가야만 하는데, 같이 좀 걷게 하는 게 좋겠어요. 사실 걸어서 한 시간이 조금 넘게 걸리는 거리이긴 하지만요.

035

검정 셔츠가 유행입니다.

세계 ☐

Black shirts are popular.

미국 ☐

Black shirts are in.

검은 셔츠가 창고에 재고로 잔뜩 쌓여있습니다. 재고들을 빨 리 처리해 버리려면, 가게를 방문하는 모든 손님들에게 이렇 게 이야기를 해야 할 것 같습니다. 올해엔 검정 셔츠가 유행이라 고요. 또 혹시 모르죠. 이렇게 검정 셔츠들을 팔아 치우다 보 면, 그게 정말로 유행이 되어버릴지도요.

036

겁쟁이처럼 굴지 마. / 겁먹지 마.

세계 ☐

Don't be scared.

미국 ☐

Don't be a chicken.
↳ 겁쟁이 / 닭

어째서인지 사람을 닭에 빗대어 말할 때는 항상 부정적인 의 미가 들어 있는 것 같습니다. 머리가 나쁜 사람을 가리켜 '닭 대 가리'라고 부르기도 하잖아요. 또한 닭, 'chicken'은 겁쟁이를 지칭하는 말이기도 합니다.

결정은 내가 해.

I make a decision.

I call the shots.

└ 지휘하다 / 통제하다

남의 일에 참견하기 좋아하는 친구. 당신이 하는 일 하나하나에 다 참견해서 이래라저래라 훈수를 두네요. 심지어는 최종 결정까지 자기가 내리려고 하고요. 당신이 끝까지 책임지게 될 일인데 말이에요.

결정을 못 하겠어.

I can't make a decision.

I'm at the crossroads. └교차로
I'm of two minds about it.
I can't make up my mind. └마음

결정을 내리지 못하고 있는 상황을 교차로, 'crossroads'가 운데에 있는 것에 빗대어 표현하기도 합니다. 조금 더 간단하게 'two minds', 두 개의 생각을 동시에 가지고 있다고 말하기도 하고요.

결혼식은 어떻게 잘 되어가고 있어?

How is the wedding going on?

How's the wedding shaping up?

└ shape : 모양으로 만들다

친한 친구가 결혼식을 앞두고 있습니다. 뭘 얼마나 거창하게 하려는 것인지, 결혼식 준비를 하느라 눈코 뜰 새 없이 바쁘다고 하네요. 뭐 어떻게 되어가고 있는지 한번 물어봐야겠습니다. 당신이 도와줄 수 있는 일이 있을지도 모르고요.

계속 무리를 하는구나.

You are doing too much.

You keep burning └타다
the candle at both ends.

└ 양초

초의 양쪽 끝의 심지에 동시에 불을 붙인다면 금방 전부 녹아버리겠지요. 그처럼 어떤 일을 너무 무리하게 진행하거나 혹사시키는 것을 'burn the candle at both ends'라고 표현하기도 합니다.

041

세계 ☐

I will keep giving you information.

미국 ☐

I'll keep you posted.

ᒻ정보를 알려주다 / 우편

계속 보고 드리겠습니다.

처음으로 파견 근무를 나오게 되었습니다. 당신에게 파견 명령을 내린 상사는 당신이 미덥지 못한 모양이네요. 자꾸 전화해서 상황에 대해 묻는 것을 보아하니 말이에요. 그럴 거면 애초에 파견을 보내지 말았어야지요. 자기가 직접 가긴 귀찮아 당신을 대신 보낸 거였으면서…

세계 ☐

Keep going.

미국 ☐

Go on.
Go ahead.
Keep the ball rolling.

계속해.

'Keep the ball rolling'은 '어떤 일을 계속 진행해라'는 의미로 자주 쓰입니다. 파티 등에서 흥이 식지 않도록 하라는 의미로 쓰이기도 합니다. 또한, 'Let's get the ball rolling'은 '어떤 일을 시작하자'라는 표현입니다.

세계 ☐

I will connect you to the Customer Service Department.

미국 ☐

I'll put you through to the ᒻ전화로 연결해주다
Customer Service Department.

고객관리부로 연결해 드리겠습니다.

A/S가 형편없는 회사의 경우, A/S를 위해 전화를 걸었을 때부터 스트레스의 연속이지요. 자꾸 이 부서 저 부서로 전화를 돌리며 했던 말을 다시 반복하게 만들잖아요.

세계 ☐

Thank you.

미국 ☐

I appreciate it.

ᒻ감사하다

고맙게 생각해요.

도움을 받았다면 어떤 방법으로든 그에 대한 보답을 해 줘야지요. 단지 고맙다는 인사 한 마디만이라도요. 고맙다는 말조차도 잘 하지 않는 사람이라면, 누가 다시 도와주려고 하겠어요.

고생한 보람이 있어.

I feel so good about what I've done.

It was worth it.

가치가 있는

힘들게 여기까지 왔습니다. 완전히 버려질 뻔한 프로젝트를 힘들게 되살려 끌고 왔거든요. 생각했던 것보다도 훨씬 더 좋은 결과가 나오게 된 것 같네요. 고생은 했지만, 그만한 가치가 있었던 일인 것 같습니다.

고의는 아니었어.

It was not on purpose.

I didn't mean it.

의도와 다르게 일을 그르쳤거나 상대방의 기분을 나쁘게 했을 때 사과의 의미로 쓸 수 있는 표현입니다. 변명하는 듯한 뉘앙스도 담겨있으니, 상대방이 정말 화가 많이 난 상황이라면 이 표현은 사용하지 않는 것이 나을 수도 있겠네요. 변명보다는 일단 그를 진정시키는 것이 먼저겠지요.

곧장 직행해.

Go straight.

Follow your nose.

코가 뒤통수에 붙어있는 사람은 없잖아요. 'Follow your nose.', '코를 따라가라'라고 하면 당연히 앞으로만 가리는 뜻이 되겠지요. 단순히 '직진해라'라는 의미가 아니라, '직감대로 행동해라, 감을 믿어라'라는 의미로 사용되기도 합니다.

Do you play golf?

Do you golf?

골프 치세요?

누군가와 친해지고 싶다면, 그와 취미를 공유하는 것만큼 쉬운 방법도 없지요. 옆집에 새로 이사 온 사람과 친구가 되고 싶은데, 마침 그가 골프 가방을 들고 밖으로 나서는 것을 보았습니다. 어쩌면 함께 골프를 치게 될 수도 있을 것 같네요.

049

공부하자.

세계 ☐

Let's study.

미국 ☐

Let's hit the books.
└ 치다

열심히 한다는 말을 요즘은 '뽀갠다'라고도 많이 쓰더군요. 영자 신문 뽀개기, 취업 뽀개기 이런 식으로 말이죠. 'hit the books' 또한 그런 뉘앙스의 표현으로 공부를 열심히 해 보자는 의미입니다.

050

공항버스는 막차가 몇 시에 있습니까?

세계 ☐

What time is
the last airport bus?

미국 ☐

How late do the ← 달리다 / (서비스) 운영하다
airport buses run?

친구를 마중하기 위해 공항에 나와 있습니다. 시간이 다 되었는데도, 그 친구가 탄 비행기는 도착하질 않네요. 자칫하다간 공항버스를 놓쳐버리게 될 것 같아요. 일단 버스 막차 시간이 언제인지 알아봐야겠군요.

051

과묵하신 분인가 봐요?

세계 ☐

You don't talk much, eh?

미국 ☐

You're a man of few words, eh?

말을 재치 있게 잘하는 사람은 어딜 가나 환영을 받지요. 그런 남자라면 여자에게도 인기가 많고요. 하지만 뭐, 얼굴이 정말 잘 생겼다면 말을 잘하고 못 하고가 뭐가 그리 중요하겠어요. 차라리 괜히 입을 열어 이미지를 깨느니 말을 하지 않고 가만히 앉아 있는 게 더 나을 수도 있을 것 같네요.

052

괜찮아. / 신경 쓰지 마.

세계 ☐

It is okay.

미국 ☐

Forget it.
Never mind.
There's nothing to be sorry about.

당신의 스쿠터를 빌려 갔던 친구. 실수로 가로등에 부딪혀 스쿠터에 상처를 내버렸습니다. 너무나도 미안하다며 계속해서 당신에게 사과를 하네요. 그렇게 미안해할 건 없는데 말이죠. 왜냐하면, 사실 친구의 자동차는 당신이 고장 낸 것이거든요.

053

Don't make trouble for yourself.

Don't torture yourself.

↘ 고통을 주다 / 고문

괜히 나서서 힘들어지려고 하지 마.

나서서 일을 벌이기 좋아하는 친구. 자기 일도 모자라, 남의 일에까지 하나하나 나서서 도와주느라 골머리를 썩이고는 합니다. 어째서 자기 자신을 스스로 혹사시키며 고문하는(torture) 것일까요.

054

The game was canceled because of rain.

The game was rained out.

그 경기는 비 때문에 취소되었습니다.

당신이 응원하는 축구팀이 결승에 진출하게 되었습니다. 아주 힘들게 티켓을 구했고, 결승전을 하는 날짜에 맞추어 휴가를 내어놓았습니다. 그런데, 하필이면 바로 그날 폭우가 쏟아지는 바람에 경기가 취소되어버렸네요. 다른 날 경기를 한다고 한들 이미 휴가를 다 써버렸고…

055

The plan was canceled.

The plan fell through.

↘ fall through : 실현 되지 못하다 / 실패하다

그 계획은 무산되었다.

오래전부터 기다려 오던 일정이 있었습니다. 친구가 여행을 갈 예정이라기에, 거기에 슬쩍 끼어 따라갈 계획이었거든요. 하지만 한참이 지나도 소식이 없기에 친구에게 물어봤더니, 그 계획이 무산되었다고 하네요. 아쉽게도 말이에요.

056

The reporter is looking for a story.

The reporter is after a story.

그 기자는 기삿거리를 찾아다니고 있어.

영화배우로 활동하는 친구. 그 친구에게 기자 하나가 붙었다고 합니다. 사람들의 흥미를 끌 만한 루머를 취재해, 크게 부풀려 보도하기로 악명 높은 기자가요. 친구에게 경고를 해줘야 할 것 같네요. 사소한 기삿거리라도 하나 내줬다간 이미지에 큰 타격을 입을 수도 있으니까요.

057

그 나무는 공원 중앙에 있습니다.

세계 ☐

The tree is in the
center of the park.

미국 ☐

The tree centers the park.

'중심'을 뜻하는 단어인 'center'가 동사로 쓰이는 경우도 있습니다. '중심에 두다' 혹은 '중심에 있다'라는 뜻으로요.

058

그 남자 차버렸어.

세계 ☐

I will not meet him again.

미국 ☐

I dumped him.
버리다 / (애인 등을) 차다

친구의 주선으로 소개팅을 하게 되었습니다. 친구의 말로는 아주 괜찮은 남자라고 하기에 기대하고 나갔더니, 매너가 아주 형편없네요. 소개팅을 하고 나서 한참 뒤에 친구가 그 남자에 대해서 물어옵니다. 설마 잘 되었을 것이라는 생각으로 물어오는 걸까요.

059

그 문제는 거론되지 않았어.

세계 ☐

The issue wasn't
mentioned at the meeting.

미국 ☐

The issue didn't
come up at the meeting.
언급되다 / 나타나다

임원진의 회의가 있는 날입니다. 동료 하나가 잔뜩 기대하고 있네요. 이번 회의에서 분명 자신의 승진에 대한 문제가 결정될 것이라고요. 하지만 안타깝게도, 회의에서 그런 문제는 언급조차 되지 않았다고 합니다.

060

그밖엔 아무도 없나?

세계 ☐

Is there any other one?

미국 ☐

Anyone else?

여럿이 함께 모여 친구의 이사를 도와주기로 했습니다. 특별히 약속을 정한 것은 아니고, 그냥 시간이 되는 사람들만 나와서 도와주기로 했지요. 이사 당일, 친구의 집에 가 보니 고작 세 명밖에 모여 있지 않네요. 다들 말로는 별다른 일 없다고, 와서 도와줄 것이라고 하더니…

061

세계 ☐

Don't get close to him.

미국 ☐

Steer clear of him.

↳ ~가까이 가지 않다

'steer'는 보트나 자동차 등을 '조종하다'라는 뜻의 단어입니다. 'steer clear of'라고 하면 어떤 위험 지역을 피해서 조종하는 것을 말하지요. 누군가 가까이해서는 안 되는 위험한 사람과 만나려 한다면 이렇게 경고를 해줄 수 있습니다.

그 사람 가까이하지 마.

062

세계 ☐

I forgot about him.

미국 ☐

I got over him.

↳ 극복하다

전 남자 친구의 결혼 소식을 들었습니다. 기분이 어떻냐고 물어보는 친구. 어떻긴요, 조금 씁쓸한 기분이 들긴 하지만… 이미 다 지나간 일인데요. 'get over'는 '~을 극복하다'는 뜻의 표현입니다. 이미 지나간 일, 이제 상관없는 일에 대해 이야기할 때 그것을 'get over'했다고 표현할 수도 있습니다.

그 사람 다 잊었어.

063

세계 ☐

We don't need to care about him.

미국 ☐

He's nobody.

그 어떤 욕보다도 한마디의 무시가 상대방에게 더 큰 타격을 입히는 것 같네요. 'He's nobody'라는 말은 마치 상대방을 아예 없는 사람, 있으나 마나 한 사람이라는 듯 무시하는 표현이지요. 'He's nothing'도 비슷한 의미로 사용되는 표현입니다.

그 사람 아무것도 아니야.

064

세계 ☐

Try to understand him.

미국 ☐

Put yourself in his shoes.

모든 것을 자기 기준에만 맞추려고 하는 사람이 있지요. 다른 사람에 대한 배려는 전혀 하지 않고요. 모두가 저마다의 사정이 있는 법인데 말이에요. 'Put yourself in his shoes'라고 하면, '역지사지'와 같은 의미의 표현입니다.

그 사람 입장에서 생각해 봐.

그 사람 취했어.

세계 ☐

He got drunk.

미국 ☐

He is blotto. 만취한
He is plastered. 술에 취한
He is on the booze. 술

'He's blotto'와 'He is on the booze' 모두 만취해 있는 사람을 가리키는 비격식적인 표현입니다. 특히 'He is on the booze'는 'He is blotto'와 비슷한 표현이지만 그보다는 조금 덜 취해있을 경우 쓰이는 표현입니다.

그 사람은 집에 붙어삽니다.

세계 ☐

He rarely leaves home.

미국 ☐

He's a homebody. 집에 있기를 좋아하는 사람

어떤 사람들은 집에 한시도 붙어있으려 하지 않고 밖에 나돌 아다니길 좋아하는 반면, 그저 하루 종일 집 안에 붙어있기만 좋아하는 사람들도 있습니다. 그런 사람에 대해 말할 땐 어떻게 표현하면 될까요?

그 사람이 조금씩
좋아지기 시작했어요.

세계 ☐

I am beginning to
like him little by little.

미국 ☐

I'm beginning to warm to him. ~을 좋아하기 시작하다

첫눈에 반하는 사랑도 있지만, 어떤 때는 나도 모르게 점점 그 사람이 좋아지기도 합니다. 매일 보던 사람이고 특별한 사건이 있었던 것도 아닌데, 언제부터인가 사무실에서 함께 일하는 동료 중의 하나가 계속 눈에 밟히네요.

그 쇼는 완전 실패작이야!

세계 ☐

The show completely failed.

미국 ☐

The show was a complete bomb.

무엇을 가리켜 'bomb', 즉 '폭탄'이라고 할 때는 대체로 그것이 좋지 않음을 뜻하지요. 미팅에 나온 상대 중 마음에 들지 않는 이성을 가리켜 '폭탄'이라 칭하기도 하잖아요.

그 쇼를 비디오로 녹화해도 돼?

세계 ☐

Can I record the show?

미국 ☐

Can I videotape the show?

친한 친구의 결혼식 날. 다른 친구들 몇몇이 그 결혼식의 축가를 불러줄 예정이라고 하네요. 찍어두면 두고두고… 놀려줄 수 있을 것 같습니다. 'videotape'는 보통 명사로 쓰는 단어이지만, '비디오테이프에 녹화하다'라는 의미의 동사로 사용하기도 합니다.

그 아이를 닦달하지 마.

세계 ☐

Don't bother the boy. 귀찮게 하다 / 괴롭히다

미국 ☐

Don't grill the boy.
└ (석쇠에) 굽다

'grill'은 음식을 불에 익힌다는 뜻입니다. 'grill someone'은 누군가를 뜨거운 앉힌 후 대답하기 어려운 질문을 퍼붓는 상황을 상상하면 될 듯합니다. 누군가를 그렇게 다그치거나 닦달한다는 의미이지요.

그 얘기 잘 꺼냈다.

세계 ☐

I am glad that
you talked about that.

미국 ☐

Glad you brought it up.
└ bring something up : (화제를) 꺼내다

'that 이하 때문에 나는 ~하다'라는 의미의 구조입니다. 흔히 'that'은 생략하고는 하지요. 미국 원어민 표현에서는 'I'm'마저도 생략했네요. 의미상 'that'이 아니라 'because'를 사용하고 싶어지지만, 그렇게는 잘 사용되지 않습니다.

그 여자 진짜 좋아하는구나!

세계 ☐

You really love her.

미국 ☐

You're really falling for her!

당신이 보기엔 정말 별로인 여자입니다. 외모도 별로이고 성격도 별로이고… 그런데 당신의 친구는 그 여자와 꼭 결혼해야겠다고 하네요. 다른 조건들이 어떻든 간에 말이에요. 정말 너무나도 그녀를 좋아하나 봅니다.

그 영화는 눈물 없이는 볼 수 없어.

You can't watch
the movie without crying.

The movie is a real tear-jerker.

눈물을 흘리게 하는 감성적인 영화

친구가 영화를 한 편 추천해 달라고 하네요. 마침 생각나는 영화가 있긴 하지만, 그 친구에게 추천하기엔 너무 슬픈 영화일 것 같네요. 바로 어제 실연을 당한 친구이거든요. 'tear-jerker'에서 'jerker'는 원래 '급격한 동작을 하는 사람'을 뜻하는 단어입니다.

그 이야기는 그만하자.

Let's stop talking about it.

Let's drop the subject.

주제 / 과목

전혀 관심이 없는 이야기를 계속 듣고 있는 것만큼이나 괴롭고 따분한 일도 없지요. 혹은 누군가가 계속 피하고 싶은 주제에 대해서 대화를 이어가려고 하거나요. 어떤 주제에 대한 이야기를 그만두는 것을 'drop the subject', 주제를 떨어뜨리다(drop)라고 표현할 수도 있습니다.

그 일 때문에 스트레스를 많이 받아.

I get a lot of stress from it.

It really stresses me out.

친구가 당신의 근황을 묻네요. 정말 몰라서 묻는 것일까요. 그 친구가 당신에게 소개해 준 일 때문에 엄청난 스트레스를 받고 있는데 말이죠. 불면증에 걸릴 지경입니다.

그 일로 그는 직장을 잃었습니다.

He lost his job because of that.

That cost him his job.

안타까운 일입니다. 제품 생산 과정에서 문제가 있었던 탓에, 그 제품을 샀던 모든 사람들이 교환이나 환불을 요구하고 있다고 하는군요. 더 안타까운 일은, 그 일로 인해 생산 업무를 책임지고 있던 당신의 친구가 잘렸다는 것이고요.

077

그 일에서 참 많은 것을 배웠어.

세계 ☐

I really learned a lot from it.

미국 ☐

That was a real learning experience for me.
경험

백 번 듣는 것보다 한 번의 경험이 훨씬 낫다고들 하지요. 어떤 일을 시작하기 전 고민을 하고 있는 친구. 사실 당신은 이미 그 일을 해 본 적 있고, 덕분에 정말 많은 것을 배웠던 것 같습니다. 친구의 결정에 도움이 될 만한 조언을 해줄 수 있을 것 같네요.

078

그 일은 나중에 해도 돼요.

세계 ☐

We can do that later.

미국 ☐

That can wait.

간단한 일이든 복잡한 일이든, 일을 시작하기 전 전체적인 절차를 생각하고 미리 점검해 보는 것이 좋겠지요. 생각 없이 그저 손에 잡히는 일부터 처리하다가는 나중엔 뒤죽박죽이 되어버릴 수도 있으니까요.

079

그 일을 시작하기엔 너무 어려워.

세계 ☐

It is too hard to start the work.

미국 ☐

It's hard to get my foot in the door.

'get foot in the door'라고 하면 발을 문에 살짝 걸친 모습이 그려질 겁니다. 문밖으로 발을 내딛듯 뭔가를 시작한다는 의미로 쓰이는 표현입니다. 특히나 직업 분야에 첫발을 내디딜 때 사용합니다.

080

그 정도면 해볼 만한 것 같습니다.

세계 ☐

That sounds like something I can do.

미국 ☐

That sounds manageable.
감당 할 수 있는

새로운 프로젝트를 하나 맡게 되었습니다. 위험도가 높은 프로젝트라 다들 그 일을 맡길 꺼리는데, 당신이 보기엔 할 만해 보이네요. 게다가 위험한 만큼 성공했을 때 돌아오는 보상도 크고요.

O81

He betrayed me.

He stabbed me in the back.
 └ 찌른다

그가 나를 배신했어.

배신하는 모양새를 가리켜 '뒤통수를 친다'라고 표현하고는
합니다. 'He stabbed me in the back', 즉 '그가 등 뒤에서
뾰족한 것으로 찔렀다'는 그와 비슷한 뉘앙스의 표현입니다. '
험담했다'는 의미도 담겨있습니다.

O82

He bought me an MP3 player.

He got me an MP3 player.

그가 나에게 MP3를 사줬어.

'get'은 아주 다양한 의미로 활용될 수 있는 동사입니다. 여기
에서는 그것이 'buy'를 대체하는 의미로 사용되었군요. 그가
나로 하여금 MP3를 얻도록 해 주었다는 것이지요.

O83

He took all of mine away.

He cleaned out my plate.
 └ clean out : 깨끗이 치우다

그가 내 걸 다 차지해 버렸어.

'plate'는 접시 혹은 한 접시의 음식을 가리키는 단어입니다.
음식을 빼앗길 때면 왠지 모르게 서러운 마음이 들고는 하지
요. 누군가가 당신의 몫을 빼앗아 가버렸을 때 이 표현을 사
용할 수 있습니다.

O84

He made a mistake.

He laid an egg. ⌐ lay : (알을) 낳다
He dropped the ball.

그가 실수를 했어.

축구를 할 때, 골키퍼가 공을 두 다리 사이로 흘려보내면 '알을
깠다'라고 표현을 하고는 합니다. 그처럼 실수하는 상황을 장
난스럽게 표현하는 말이 'He lays an egg.'입니다.

085

He caused it. ⌒~을 야기하다

He asked for it.

그가 자초한 일이야.

친구가 난관에 부닥쳐 있다고 합니다. 하던 사업이 망하기 직전의 위기에 처해 있다고 하는군요. 하지만 그리 안타까워 보이지는 않네요. 모두가 말릴 때 그만뒀어야지요.

086

He painted the house very well.

He did an excellent job
of painting the house.

그가 집 페인트칠을 참 잘했어.

이사를 할 예정입니다. 이사 갈 집이 꽤 낡은 집인지라, 보수 작업에 들어갈 비용이 만만치 않을 것 같네요. 하지만 친구 좋다는 게 뭐겠어요. 이럴 때 친구들을 좀 써먹어야지요. 일단 페인트칠을 맡아줄 친구부터 찾아봐야겠어요.

087

Has he come to work?

Is he in?

그가 출근했어요?

어젯밤 늦게까지 함께 술을 마신 동료가 어째서인지 사무실에 보이지 않는군요. 아직 출근조차 하지 않았다면 확인해 봐야겠지요. 설마 아직도 집에서 잠이나 자고 있는 건 아닌지…

088

That is too expensive.

It costs a bomb. ⌒폭탄

그거 너무 비싸!

자동차를 사겠다고 하니, 친구가 자기 차를 중고가로 사라고 하는군요. 새 차를 살 예정이라면서요. 그런데, 당신을 바보라고 생각하는 것인지… 터무니없이 높은 가격을 부르는군요.

27

089

세계 ☐

It works well.

미국 ☐

Works like a charm.
주문 / 마술 / 매력

그거 아주 잘 들어.

친구가 두통을 호소하고 있네요. 마침 당신에게 아주 잘 드는 두통약이 있습니다. 도대체 무엇으로 만든 두통약인지, 아무리 심한 두통이든 약을 먹기만 하면 한 시간 내로 가라앉는 마법 같은 두통약이요.

090

세계 ☐

It is too boring.

미국 ☐

It's such a drag.
끌다 / 지겨운 것

그거 엄청 지겨워.

친구가 연극을 보러 가겠다고 합니다. 어떤 공연을 보는지 알아봤더니, 당신도 이미 예전에 봤던 적이 있는 공연이네요. 무슨 내용인지는 기억이 잘 나지 않지만요. 너무 지루해서, 공연 내내 꾸벅꾸벅 졸았었거든요.

091

세계 ☐

That was so fun.

미국 ☐

I got a kick out of it.

그거 정말 재미있었어.

'kick'이라고 하면 무엇인가를 걷어찬다는 의미인데요. 공연을 보거나 할 때 너무 신나거나 흥분하게 되면 앞 좌석을 차게 되죠. 그처럼 신나는 쾌감, 스릴이 있었을 때 'get a kick out of something'이라는 표현을 씁니다.

092

세계 ☐

Do you want to do it?

미국 ☐

Are you up for it?

그거 할 생각 있어?

이상한 일입니다. 꼭 내게 필요한 일도 꼭 하고 싶었던 일도 아닌데, 다른 누군가가 당신 대신 그것을 하려고 한다면 괜히 아쉽고는 하지요. 딱 들어맞는 속담은 아니지만, 남의 떡이 더 커 보인다고 하던가요.

093

그거나 그거나.

세계 □

Whatever.

미국 □

Same difference.

어떤 것들은 자세히 따져보지 않으면 별다른 구분이 가지가 않지요. 특히나 그것이 원래 관심이 있던 분야는 아니라면요. 가령, 클래식에 문외한인 사람이라면 베토벤이든 모짜르트든 아마 '그게 그것인'것으로 들릴 겁니다.

094

그거야 식은 죽 먹기지.

세계 □

That is easy.

미국 □

That's a piece of cake.

우리가 흔히 쓰는 속담 중에 '누워서 떡 먹기'라는 말이 있지요. 업무나 시험 같은 어떤 일이 아주 쉬운 것임을 가리키는 표현입니다. 사실 누워서 떡을 먹는 건 그렇게 쉬운 일도 아닌데 말이지요. 자칫하면 체할 수도 있잖아요.

095

그건 건드리기 어려운 문제야.

세계 □

That is a tough issue to handle. 어려운
This problem is too difficult to fix.

미국 □

It's a hot potato. 난감한 문제

감자는 서양 식단에서 빼놓을 수 없는 식품 중 하나입니다. 겉은 식었더라도 속은 아직 뜨거운 감자를 베어 물었다가는 곤란한 상황에 부딪치고 말지요. 쉽게 건드릴 수 없는 문제를 뜨거운 감자, 'hot potato'라고도 합니다.

096

그건 그냥 꾸며낸 이야기야.

세계 □

He just made that story.

미국 □

It's just a song and dance.
That's just a made-up story.
지어낸 / 화장을 한

'보드빌'이라고 불리는 쇼에서는 노래와 춤을 하기 전에 만담을 하고는 했는데요, 대부분 말이 안 되는 억지 이야기가 많았다고 합니다. 'It's just a song and dance'는 그에서 유래된 표현입니다.

097

You can't get it easily.

It doesn't come cheap.

└ 값이 싼

그건 그냥 얻어지는 게 아니야.

친구와 함께 비디오 게임을 하고 있습니다. 당신의 상대가 되지 않는군요. 하는 게임마다 져서 나가떨어지는 친구. 도대체 비결이 뭐냐고 묻습니다. 물론 그 실력이 쉽게 얻어지는 건 아니지요. 지난 겨울 내내 게임기 앞을 떠나질 않았거든요.

098

It is related with him.

It has something to do with him.

그건 그와 관련이 있어.

오늘 아침까지도 멀쩡하게 잘 작동하던 컴퓨터가 망가져 있네요. 분명 누군가 실수로 망가트려 놓고는 모른 체 하는 것 같습니다. 관련이 조금이라도 있을 법한 사람은 모두 뒤져 봐야겠네요.

099

We will decide it later.

We'll put a pin in it.

put a pin in something : ~를 나중에 결정하다

그건 나중에 결정하자.

나중에 해야 할 일이 있을 때면 종이에 메모를 적어 어딘가에 핀으로 꽂아 붙여놓고는 합니다. 이러한 상황을 묘사한 표현, 'put a pin in something'은 '~를 나중에 결정하다, 결정을 미루다'의 의미로 쓰입니다.

100

That is so boring.

That's too laid-back for me.

└ 느긋한

그건 나한테 너무 따분해.

친구가 함께 헬스장에 등록하자고 하는군요. 하지만 당신이 보기엔, 실내에 틀어박혀 무거운 물건을 들고 내리기만 하는 것은 너무 따분한 운동처럼 보입니다. 'laid-back'은 문자 그대로 직역하면 '뒤로 누운' 정도의 뜻이 되는데요. '느긋한, 태평스러운'이라는 뜻으로 쓰이는 표현입니다.

그건 내가 판단할 일이야.

I will judge that.

I'll be the judge of that.
Let me be the judge of that.
↳ 판자 / 심판 / 감정가

당신에게 큰 잘못을 저지른 친구. 절대 고의가 아니었다며 용서를 구하네요. 심지어는 뭐 그런 걸 가지고 그리 화를 내는 것이냐 묻기도 하고요. 글쎄요, 어쨌거나 그는 잘못을 저질렀고, 그것을 용서하느냐 마느냐는 당신이 판단할 일이지요.

그건 너답지 않아.

It doesn't fit you. ↰ 적합하다

It's not you.

바람둥이로 유명한 친구. 매달마다 여자를 갈아치우기로 유명한 녀석인데, 어떤 여자에게 쩔쩔매고 있네요. 바람둥이가 아니라 완전 연애 초짜처럼 행동하고 있습니다. 평소답지 않게 말이에요.

그건 너무 과하다.

That is too much.

That's over the top.

'과유불급'이라는 말이 있습니다. 무엇이든 너무 지나치면 부족한 것이나 다름없다는 뜻이지요. 친구에게 간식을 좀 사다 달라고 부탁을 했더니, 양손 가득 먹을거리를 사 들고 들어왔네요. 도대체 저걸 언제 다 먹나 싶을 정도로 말이에요.

그건 너무 다른 얘기야.

That is a different story.

It's apples and oranges.

귤과 오렌지 정도라면 서로 헷갈릴 수도 있습니다. 얼핏 보면 비슷하게 생긴 것 같기도 하잖아요. 하지만 사과와 오렌지라면, 그 둘은 너무 달라 비교할 수도 없지요. '그건 전혀 별개의 문제야'라는 말을 'It's apples and oranges'라고 표현할 수 있습니다.

그건 너무 비겁해.

세계 ☐

That is too mean.

미국 ☐

That's hitting below the belt.
아래배

시합을 앞두고 있는 친구. 꼭 이겨야 하는 경기라고 하더니 연습을 하기보다는, 상대편이 경기에 나오지 못하게 할 궁리만 하고 있네요. 음식에 약을 탄다든지… 'That's hitting below the belt'는 권투 경기에서 허리띠 아래를 치지 못하게 하는 규칙에서 유래된 표현입니다.

그건 너무 튀어.

세계 ☐

It stands out too much.

미국 ☐

It's too loud.
(소리, 행동 등이) 시끄러운

태어나서 클럽을 한 번도 가보지 않았다는 친구. 그 친구를 데리고 오늘 클럽에 가기로 했습니다. 그런데… 도대체가 이해할 수 없는 차림새로 눈앞에 나타났군요. 너무 오버해서 차려입었네요. 무슨 할로윈데이 파티에 가는 것도 아니고…

그건 네 능력 밖이야.

세계 ☐

It is something that you are not able to do.

미국 ☐

It's out of your league.
(자질, 능력의) 수준
(스포츠 경기의) 리그

평소 물건을 직접 수리하길 좋아하는 친구. 이번에는 고장난 자동차를 자기 손으로 고쳐보겠다고 하는군요. 그러다가 자동차를 아예 망쳐버리지는 않을까 고민이 되네요. 라디오 정도를 수리하는 것과 자동차를 수리하는 것은 너무 다르잖아요.

그건 선의의 거짓말이었어.

세계 ☐

I lied for a good purpose.
목적 / 의도

미국 ☐

It was a white lie.

거짓말이라고 해서 다 나쁜 것만은 아닙니다. TV에 나오는 연예인과 자신을 비교하며 누가 더 예쁘냐고 물어오는 여자 친구. 이런 상황이라면 어쩔 수 없이 선의의 거짓말을 해야겠지요. 선의의 거짓말, 즉 'white lie'의 반대말인 악의가 있는 거짓말은 'black lie'라고 표현합니다.

109

그건 아직 미정이야.

세계 ☐

It hasn't been decided yet.

미국 ☐

That's up in the air.

하늘에 떠 있는 구름은 어떤 방향으로도 흘러갈 수 있습니다. 아직 결정을 내리지 못하여 어떻게 될지 모르는 상황을, 하늘에 떠 있는 구름에 빗대어 'That's up in the air'라고 표현하기도 합니다.

110

그건 안 돼.

세계 ☐

You can't do that.
That is not allowed.

미국 ☐

That's a no-no. ⌐해서는 안 되는 것

친구의 생일 선물을 사주려고 합니다. 예전에 그가 당신의 일을 도와준 적이 있어, 보답도 할 겸 해서요. 그런데 무엇을 가지고 싶은지 물어봤더니, 말도 안 되는 요구를 하는군요. 당신이 가장 아끼는 기타를 달라고요. 한정판으로 나온 거라 구하기도 힘든 기타인데 말이에요.

111

그건 잘 될 거야.

세계 ☐

It will be fine.

미국 ☐

It will go well.

친구가 많이 불안해 하고 있습니다. 요즘 들어 되는 일이 하나도 없는데다가, 얼마 전에 취직을 위해 작성한 입사 지원서에도 뭔가를 실수로 기입했었던 것 같다고 하네요. 그게 사실이라면, 당신에게는 반가운 소식일 수도 있을 것 같군요. 당신도 그 회사에 지원했거든요. 하지만 반가운 티를 낼 수야 없지요.

112

그건 이미 지난 일이야.

세계 ☐

That is already past.

미국 ☐

It's water under the bridge.

헤어진 여자 친구가 결혼을 한다고 하네요. 그 소식을 들려주며 당신에게 기분이 어떤지 물어보는 친구. 무슨 대답을 기대하고 그런 질문을 하는진 모르겠지만, 어쨌거나 다 지난 일인데요 뭐. 무슨 별다른 기분이 들겠어요.

33

그건 인기가 많아.

세계 ☐

It is very popular.

미국 ☐

It is a hit.
It's all the rage. ⟶ 대유행 / 분노

아직 아무도 입고 다니지 않을 것 같은, 그래서 더 멋진 옷을 새로 샀는데… 친구를 만나자마자 그가 당신에게 묻는군요. 그거 요즘 정말 유행하는 옷이라고, 어디서 샀느냐고요. 크게 유행하는 노래나 춤에 대해 말할 때 흔히 '히트'를 쳤다는 표현을 쓰고는 하지요.

그걸 꼭 기억해 둘게.

세계 ☐

I will remember that.

미국 ☐

I'll keep that in mind.
⟶ keep ~in mind : ~을 명심하다

급하게 당신의 일을 도와줄 사람이 필요합니다. 여기저기 손을 벌린 끝에, 드디어 도와줄 사람을 찾았네요. 다른 대가는 필요 없다며 그저, 자기도 도움이 필요할 때 도와주기만 하면 된다고 하는군요.

그걸 제대로 하지 못했어.

세계 ☐

He didn't do it well.

미국 ☐

He didn't get it right.

어떤 문제 때문에 골머리를 앓고 있는데, 누군가가 한 사람을 추천해 주는군요. 그러면 분명 해결해 줄 수 있을 것이라고요. 하지만 거창한 식사 대접까지 해 가며 일을 부탁해 뒀더니, 오히려 일을 더 악화시켜 놨습니다.

그것 가지고 불평하지 마.

세계 ☐

Don't complain about it.

미국 ☐

Don't bitch about it.
⟶ 불평을 하다 / 음란한 여자

매사에 불만인 사람, 정말 피곤하지요. 게다가 불평만 늘어놓을 뿐 스스로 나서서 고쳐볼 생각은 전혀 하지 않는 사람이라면요. 'bitch'는 보통 욕설로 쓰이는 단어이지만, '불평하다'라는 의미로 쓰이기도 합니다.

그것은 너의 입맛을 떨어뜨릴 거야.

세계 ☐

It will make you lose your appetite.

미국 ☐

It would spoil your appetite.

없애다 / 망쳐놓다

살을 빼려고 다이어트를 하는 중입니다. 운동이야 할 만하지만, 허기는 참을 수가 없네요. 마침 친구가 좋은 식욕 억제제가 있다며 소개를 해 주는데… 입맛을 망쳐버리는(spoil) 데 과연 효과가 있을까요.

그것은 누가 쓴 거예요?

세계 ☐

Who wrote it?

미국 ☐

Who is it by?

나이가 들면서 취향이 어느 정도 생기고 나면, 서점에 가서 책을 고르거나 들을 음악을 고르는 데에 별다른 큰 고민이 필요하지 않게 되는 것 같습니다. 그저 재미있게 읽었던 작가나 음악가의 작품을 하나 더 골라서 보기만 하면 되니까요.

그것이 머릿속에 맴돌고 있어.

세계 ☐

I can't forget about that.

미국 ☐

It is on the back of my mind.

멜로디나 가사가 딱히 뛰어난 것도 아닌데 괜히 중독성이 있는 노래들이 있지요. 광고를 목적으로 만들어진 CM송 중에 특히 그런 노래가 많이 있는 것 같습니다. 어떤 노래는 TV 채널을 돌리다가 한 번 들었을 뿐인데 하루 종일 머릿속에서 떠나지 않고 맴돌고는 하지요.

그게 다야?

세계 ☐

Is that all?

미국 ☐

Is that it?

여자 친구의 생일입니다. 그녀의 퇴근 시간에 맞추어 회사 앞에서 기다리다가, 예약해 놓았던 레스토랑에 데려가 멋진 식사를 대접했습니다. 그녀가 평소에 가지고 싶어 하던 가방도 선물로 주었고요. 하지만 그녀의 욕심은 끝이 없는 것 같네요. 돌아오는 말은 고작…

그게 설득하기 얼마나 어려운데.

That is too tough to persuade.

It's a tough sell.

힘든 설득 작업을 'tough sell'이라고도 합니다. 반대로 쉬운 설득은 'easy sell'이라 표현할 수 있고요. 무엇인가에 대해 설득하는 것을 'sell', 판매에 빗댄 표현입니다.

그냥 거절해.

Just reject it.

Turn it down.

남의 부탁을 잘 거절하지 못하는 친구. 고양이 털에 알레르기가 있는 주제에 다른 사람의 고양이를 잠시 맡아주기로 했다고 합니다. 그러면서 또 당신에게 도움을 부탁하네요. 그냥 거절하면 될 것이지 말이에요.

그냥 구경하고 있어요.

I am just looking around.

I'm just browsing.

browse : 대강 훑어봤다

옷가게에서 구경을 하다 보면 점원이 따라붙어서 물어보고는 합니다. 찾는 상품이 있느냐고요. 특별히 찾는 물건이 있어 매장에 들어간 것이라면 그러한 친절이 반갑지만, 단지 그냥 구경하려던 것이라면 괜히 부담스럽게 느껴지고는 합니다. 무엇 하나라도 사야 할 것 같은 기분이 들기도 하고요.

그냥 궁금해서 그러는데.

I am just curious.

Just out of curiosity.

호기심

시험 다음 날. 당신과 라이벌 관계에 있는 친구의 점수가 궁금하군요. 뭐라고 물어보면 자연스러울까요. '단지 그냥 궁금해서 그러는데'라고 말하면… 너무 속 보일까요?

그냥 믿어보는 거지.

세계 ☐

I just trust it.

미국 ☐

I just take a **leap** of faith.

놀이 뛰기 / 도약

부모님을 믿으니까 부모님이 소개해 주는 사람을 믿는다거나, 채소 가게 아저씨는 성실하니까 그 사람이 파는 물건은 믿고 산다는 등 실재적인 것에 대한 확신이 없어도 믿게 되는 경우에 'take a leap of faith'라는 표현을 사용합니다.

세계 ☐

She is too aggressive to me.

미국 ☐

She is **going postal** on me.

go postal : 화가 나서 난폭하게 굴다

그녀가 나한테 난폭하게 굴고 있다고.

예전에 미국에서 업무에 대한 불만으로 인해, 우체부들 사이에서 총격 사건이 일어난 적이 있습니다. 이 난폭하고 폭력적인 사건으로 인해 'go postal'이 '미쳐 날뛰다, 난폭하게 화를 내다'의 의미로 쓰이게 되었습니다. 'postal'은 '우편의, 우편물을 통한'이라는 뜻의 단어입니다.

그녀가 날 버렸어.

세계 ☐

She dumped me.

미국 ☐

She **walked out** on me.

walk out : 파업을 하다 / 항의하여 떠나다
walkout : 동맹 파업 / 퇴장 / 결렬

친구가 여자 친구와 헤어졌다고 합니다. 전부터 그렇게 헤어지고 싶어 하더니, 잘됐네요. 후련해하고 있을 친구에게 전화를 걸었더니, 예상외로 실의에 빠져 있네요. 사실은, 그가 그녀에게 먼저 헤어지자고 한 것이 아니라 차였다고 합니다. 아주 처참하게요.

그녀가 너에 대해 좋게 말했어.

세계 ☐

She told me that
you were a good one.

미국 ☐

She **spoke highly of you.**

speak highly of someone : ~에 대해 극찬을 하다

친한 친구 둘을 서로 소개해 주었습니다. 둘이 커플이 되면 아주 잘 어울릴 것 같아서요. 일단 여자 쪽의 반응은 아주 괜찮군요. 남자에 대해서 좋은 이야기만을 늘어놓더라고요. 이제 남자 쪽 반응을 살펴볼 차례입니다.

그녀가 소란을 피웠어.

세계 ☐

She made a noise.

미국 ☐

She **made a scene.**

⤷ 소란을 피우다

술에 취하기만 하면 난동을 부리는 그녀. 아니나 다를까 회식 자리에서 커다란 소란을 피워버리고 말았네요. 'make a scene', '장면을 만들다'라니 어떤 장면을 말하는 것일까요. 주로 '요란한 장면을 만들다' 곧 '소란을 피우다'라는 의미로 쓰는 표현입니다.

그녀는 갑자기 울기 시작했어.

세계 ☐

Suddenly, she began crying.

미국 ☐

She **broke into tears.**

break into : ~한 상태가 되다 / 갑자기 ~하기 시작하다

친구가 주방에서 음식을 만들고 있는 동안, 그의 아이를 잠시 돌봐주고 있습니다. 얼마 지나지 않아 아이가 울음을 터트리네요. 잠시 아이를 돌봐주는 것도 못 하나며, 당신을 타박하는 친구. 하지만 정말 억울합니다. 당신은 아무것도 한 게 없는데, 아이가 아무 이유 없이 갑작스럽게 울어버린 것이거든요.

그녀는 같은 질문을 다시 물어보았어.

세계 ☐

She asked the same question again.

미국 ☐

She repeated her question.

여자 친구의 말에 건성으로 대답하며 다른 일을 하고 있던 당신. 갑자기 여자 친구가 화를 내며 밖으로 나가버리네요. 그녀가 같은 질문을 했는데, 당신이 한 번은 '응'이라고 다른 한 번은 '아니'라고 대답했다는군요.

그녀는 개과천선했다.

세계 ☐

She became a new woman.

미국 ☐

She **turned her life around.**

⤷ turn one's life around : 개과천선하다

사람은 쉽게 변하지 않지요. 특히나 나쁜 버릇은 쉽게 바뀌지 않습니다. 착하고 순수했던 사람이 망가지는 것은 빈번하게 일어나는 일이지만, 그 반대의 경우는 쉽게 일어나지 않는 것 같네요. 역시 사람은 애초에 악하게 태어나는 것일까요.

133

그녀는 건망증이 심해.

세계 ☐

She forgets everything so easily.

미국 ☐

She is very absent-minded.

↳ 멍한 / 얼빠진

건망증이 심한 사람에게는 무엇을 맡기기가 겁이 나기도 합니다. 몇 번이고 말해줘 봤자 금방 잊어버리고 말 테니까요. 'absent'는 '결석한'이라는 뜻의 단어입니다. 'absent-minded'라고 하면 정신이 결석해 버렸다는 뜻이 되니, 정신이 없다는 뜻이 되겠지요.

134

그녀는 고등학교를 중퇴했어.

세계 ☐

She didn't graduate ↝ 졸업하다
from high school.

미국 ☐

She dropped out of high school.

↳ drop out of~ : ~에서 중퇴하다
  drop : 중단하다 / 떨어뜨리다

중학교나 고등학교를 나오지 않았다고 하면 왠지 모를 선입견이 생기는 것이 사실입니다. 누구나 빠짐없이 거치는 교육과정이니까요. 하지만 이미 자기 재능을 발견했다면, 꼭 학교에 남아 있을 필요가 있을까요.

135

그녀는 그 영화에서
주연을 맡았습니다.

세계 ☐

She played ↙ 주연
the main character in the movie.

미국 ☐

She starred in the movie.

↳ 주연하다 / 별 / 인기 배우

영화배우인 그녀. 화장을 했을 때와 화장을 하지 않았을 때 각각 전혀 다른 얼굴을 가지고 있습니다. 어떤 모임에서 그녀가 출연했던 영화에 대해 이야기하고 있는데, 아무도 알아보지 못하는군요. 그녀가 그 영화의 주연이었다는 것을요. 화장을 하지 않고 왔거든요.

136

그녀는 그것에 대한 안목이 있어.

세계 ☐

She has an excellent sense of it.

미국 ☐

She has an eye for it.

안목이 있다는 말은 듣는 사람에게 정말 기분 좋은 칭찬인 것 같습니다. 특히나 그것이 자기가 좋아하는 분야에 대한 말이라면요. 음악에 조예가 깊은 사람을 'She has an ear for music', 패션 감각이 있는 사람을 'He has an eye for fashion'이라는 식으로 표현하기도 합니다.

137

그녀는 그를 꽉 잡고 있어.

세계 ☐

She **has control over** him. ~을 통제하다

미국 ☐

She has him under her **thumb**.
엄지손가락

우리는 보통 누군가에게 꽉 잡혀 있을 때 '손바닥 위에 있다'는 표현을 쓰고는 합니다. 영어에서는 조금 다른 비유를 사용하는군요. 'under her thumb', 엄지손가락 아래에 있다는 표현을 쓰네요.

138

그녀는 그를 쫓아냈어.

세계 ☐

She asked him to go out.

미국 ☐

She kicked him out.

당신의 친구 중의 하나가 여자 친구와 함께 살게 되었다는군요. 걱정스러운 일입니다. 왜냐하면 그 친구는, 밖에서 만날 땐 멀쩡해 보이는 친구이지만 사실 집 안에서는 정말 지저분하거든요. 음식물 쓰레기를 한 달에 한 번 겨우 내다 버릴 정도로요. 어떤 사람이라도 그와 며칠이라도 함께 살고 나면 그 지저분함에 질려버릴 텐데요.

139

그녀는 그에게 약해.
그녀는 그에게 폭 빠져있어.

세계 ☐

She loves him so much.

미국 ☐

She has a **soft spot** for him.
약점 / ~에 대한 특별한 애착

누군가와 사랑에 빠지게 되면, 그에게는 모질게 굴지도 못하고 항상 약한 모습만 보이게 됩니다. 들어주기 힘든 부탁이라도 기꺼이 나서서 해주게 되고요. 누군가를 사랑한다는 것이 약점(soft spot)이 되기도 하는 것이지요.

140

그녀는 나보다 체중이 더 나가.

세계 ☐

She is heavier than me.

미국 ☐

She **outweighs** me.
~보다 무겁다 / ~보다 뛰어나다

운동을 많이 하는 사람은 겉보기엔 말랐더라도, 생각보다 체중이 제법 나가고는 합니다. 근육이 지방보다 더 무거우니까요. 그러니 단지 체중만으로 살이 쪘다, 말랐다를 판단하기에는 무리가 있는 것이지요.

그녀는 나에게 쌀쌀맞게 대했어.

She is cold to me.

She brushed me off.

'brush off'는 원래 무엇을 솔질로 털어낸다는 뜻입니다. 먼지를 털어내듯 떨쳐버리고 싶은 사람에게는 쌀쌀맞게 대하고는 하잖아요. 남녀 사이에서 쓸 수 있는 표현입니다.

그녀는 남편보다 더 오래 살았습니다.

She lived longer than her husband.

She outlived her husband.

~보다 더 오래 살다

겉보기에도 허약해 보이는 체질에 잔병치레가 많아, 오래 살지 못할 것만 같았던 옆집 할머니. 오히려 누구보다도 건강해 보였던 그녀의 남편보다 더 오랫동안 사는 중입니다. 비결이 무엇일까요.

그녀는 내 타입이야.

She is my type.

She's my kinda girl.

'a kind of'는 '일종의'라는 뜻의 표현인데요, 어떤 것에 대해 '딱 내가 좋아하는 스타일이야'라고 할 때도 이 표현을 사용합니다. 'kind of'를 빨리 말하면 'kinda'로 발음되는데요, 글로 쓸 때도 발음되는 그대로 줄여 쓰기도 합니다.

그녀는 너무 아름다워.

She is so beautiful.

She could stop traffic.

예전에는 운전자들이 대부분 남자였지요. 'She could stop traffic'은, 모든 운전자들이 그녀를 쳐다보느라 교통이 마비되어버릴 정도로 그 사람이 예쁘다는 것을 표현합니다.

그녀는 따라쟁이야.

She always copies others.

She is a **copycat**.

~모방하는 사람 / 흉내쟁이

잘 나가는 어떤 것을 따라 해 만든 모방품 혹은 모방품을 만드는 사람을 일컬어 'copycat'이라고도 합니다. 어미의 행동을 따라 하면서 사냥 등 생존기술을 익히는 새끼 고양이의 모습에서 유래한 표현이라고 합니다.

그녀는 똑똑해.

She is smart.

She is a **brain**.

어떤 사람을 가리키며 'brain', 즉 '두뇌'라고 칭할 때는 보통 그가 매우 똑똑한 사람이라는 것을 의미하지요.

그녀는 몸이 안 좋아.

Her condition is not good.

She's under the weather.

날씨가 좋지 않으면 몸도 함께 찌뿌둥할 때가 있습니다. 그런 상황에 빗대어 쓰이는 표현으로, 'under the weather'라고 하면 몸이 별로 좋지 않음을 뜻합니다.

그녀는 사람들과
어울리는 것을 좋아해.

She likes meeting people. ~와 시간을 보내다

She likes **hanging out with** people.

She is a **people person**. ~사교적인 사람

사람들과 어울리기 좋아하는 사교적인 사람들은 대체로 어느 자리에 가든 환영을 받습니다. 물론 어느 자리에 가든 모두가 그를 싫어할 수도 있지요. 가령 그가 눈치가 없고 지나치게 말만 많은 사람이라면요.

세계 ☐

She is sexy.

미국 ☐

She is foxy.

↳ 성적 매력이 있는 / 섹시한

'여우 같다'라고 하면 우리는 보통 교활하다, 간교하다는 의미를 떠올리기 쉽습니다. 하지만 영어에서의 'foxy'는 매력적이고 섹시하다는 의미로도 사용됩니다.

그녀는 섹시해.

세계 ☐

She is almost the same age as us.

미국 ☐

She is our age.

뭔가 실수를 한 것 같네요. 길을 지나가다가 친구를 만났는데, 그의 옆에 있는 사람을 친구의 누나라거나 이모 정도로 착각해버렸거든요. 겉보기엔 나이가 제법 있어 보였는데… 알고 보니 당신과 비슷한 나이 또래라고 합니다.

그녀는 우리 나이 또래야.

세계 ☐

She got a job.
She found a job.

미국 ☐

She landed a job.

↳ 얻다 / 획득하다 / 땅

기쁜 소식을 들었습니다. 삼 년째 백수 생활을 하던 친구가 있었는데, 드디어 일자리를 구했다고 하는군요. 천성이 게으르고 방랑벽이 있는 그 친구의 성격상, 일을 얼마나 오랫동안 할 수 있을지는 모르겠지만요.

그녀는 일자리를 구했어.

세계 ☐

She is not here.

미국 ☐

She is away from her desk.

직장 동료가 부르기에 가서 보니, 당신에게 전화를 대신 받아달라고 하는군요. 자기에게 걸려온 전화를 말이에요. 친구에게 돈을 좀 빌렸는데 석 달째 갚지 못하고 있다면서, 그에게서 걸려온 전화인 것 같다면서요.

그녀는 자리에 없어요.

153

그녀는 자제력을 잃었어.

She is out of control.

She got carried away.

get carried away : 자제력을 잃다 / 흥분하다

'carried away'라고 하면 무엇인가가 휩쓸려 갔다는 것을 의미합니다. 정신이나 마음이 어딘가로 휩쓸려 가버린 듯 자제력을 잃어버리고 흥분하는 것을 'get carried away'라고 표현하기도 합니다.

154

그녀는 잔소리가 많아.

She wants me to do it in her way.

She is bossy.

새로운 여자 친구를 사귀게 되었습니다. 다른 건 다 좋은 데 결정적인 결함이 있네요. 잔소리가 너무 심하게 많거든요. 마치 당신의 엄마, 혹은 상사라도 되는 것처럼 말이에요.

155

그녀는 정말 책벌레야.

She loves reading.

She is a real bookworm.

책을 많이 읽는 사람을 가리켜 흔히 '책벌레'라고 말합니다. 영어에서도 그와 같은 표현을 사용하는군요. 'bookworm'은 말 그대로 '책벌레', 독서를 즐기는 사람을 가리켜 쓰는 표현입니다.

156

그녀는 정시에 오지 않았어요.

She was late.
She didn't come on time.

She didn't show up on time.

나타나다

시간 약속을 지키는 것은 어떤 사람에게는 아주 중요한 일입니다. 하지만 수시로 그것을 어기는 사람도 있지요. 기차를 타야 하는데, 하필이면 티켓을 가지고 있는 사람이 늦게 와서 기차를 놓치고 말았습니다. 이 표현을 사용해 늦게 온 그 사람을 탓할 수 있겠군요.

157

그녀는 중요한 사람이야.

She is an important one.

She is a big cheese.

예전에는 'cheese'라는 단어가 'quality', 즉 '품질'이라는 단어의 유의어로도 사용되었다고 합니다. 그래서 'big cheese'는 '중요한 사람, 영향력이 있는 사람'을 가리키는 표현입니다.

158

그녀는 가짜로 울어요.

She pretends to cry.

She fakes crying.

가짜의 / (감정, 병 등을) ~인 척하다

급한 일이 있어, 친구에게 아이를 잠깐 맡겨두려고 합니다. 걱정이 되기는 하지만 이미 당신보다 먼저 아이를 키워 본 경험이 있는 친구이니, 별문제 없겠지요. 몇 가지 중요한 정보들만 알려주면요.

159

그녀는 해고될 수도 있어.

She can be fired.

Her job will be on the line.

위태로운

'on the line'은 보통 '통화 중'이라는 뜻으로 쓰입니다. 하지만 아래의 문장에서처럼 이 표현이 '위태로운'이라는 뜻으로 쓰이기도 합니다. 외줄 위에 올라서 있는 것처럼 상황이 위태롭다는 것이지요.

160

그녀를 두고 바람피우지 마세요.

Don't have a date with someone else.

Don't cheat on her.

'cheat'는 보통 '속이다'라는 뜻으로 쓰이는 단어입니다. 설마 바람을 피우면서 '나 다른 여자 만나'라고 솔직하게 말을 하겠어요? 속이고 몰래 가서 만나겠지요. 그래서인지 'cheat'는 '바람을 피우다'라는 뜻도 있습니다.

161

세계 ☐

Don't be too close to her.

미국 ☐

Give her a wide berth.

↳ 배의 정박지

그녀를 멀리하도록 해.

배가 정박지와 너무 맞닿아 있으면 부딪힐 수도 있잖아요. 안
전거리를 유지해야 하지요. 그처럼, 'give someone a wide
berth'는 그 사람과의 거리를 넓게(wide) 잡아 유지하라는 의
미가 담긴 표현입니다.

162

세계 ☐

I can't remember where I saw her.

미국 ☐

I can't place her.

↳ ~을 생각해내다 / 알아내다 / 장소

그녀를 어디서 보았는지 기억이 안 나.

전혀 모르는 여자가 당신에게 인사를 거는군요. 얼떨결에 인
사를 받고, 대화까지 나눴지만… 도저히 그녀가 누구인지 모
르겠습니다. 'where I saw her'는 '내가 그녀를 본 장소'라는
뜻입니다. 조금 더 정확하게 표현하려면 'the place where I
saw her'라고 말할 수 있겠지요.

163

세계 ☐

I don't know how to tell the bad news to her.

미국 ☐

I'm at a loss how to break the news to her.
↳ 당황하여 / 어찌할 바를 몰라

그녀에게 이렇게 안 좋은 소식을
어떻게 전해야 할지 모르겠어요.

'how to tell'은 '어떻게 말해야 할지'라는 뜻의 명사절입니다.
'how to break the news' 역시 '어떻게 소식을 전할지'라는
뜻의 명사절이고요.

164

세계 ☐

She will like this gift.

미국 ☐

It will make a nice gift for her.

그녀에게 좋은 선물이 될 것 같아요.

친구가 고민에 빠져 있습니다. 여자 친구의 생일 선물로 무엇
을 해줘야 할지 모르겠다면서요. 그의 여자 친구라면, 당신도
좀 아는 사람입니다. 함께 생일 선물을 골라줄 수 있겠군요.

그녀의 버릇을 고쳐줘야 했어.

I had to fix her habits.

I had to **tune her up.**

tune someone up : 버릇을 고치다
tune : 정비하다 / 음을 맞추다

친구 사이라면 어느 정도의 장난은 용납해 줄 수도 있지요. 그 친구의 나쁜 습관이나 잘못도 마찬가지이고요. 하지만 그 사람과 오랜 친구로 지내고 싶다면, 정말 아니다 싶은 부분은 말을 하고 넘어가는 것이 낫지 않을까요. 계속해서 그것 때문에 마음이 상하느니 말이에요.

그녀의 아이큐는 상상을 초월하죠.

She has an extremely high IQ.

Her IQ is **off the charts.**

정상보다 훨씬 뛰어난

보통 그래프 등 차트를 만들 때는 표본 값들이 일반적으로 나타내는 수치에 따라 표현 범위를 정합니다. 때문에 어떤 것의 수치가 다른 것에 비해서 월등할 때에, 차트의 표현 가능 범위에서 벗어나 버려(off the charts) 차트에 표시할 수가 없겠지요.

그는 거의 혼자 지냈어요.

He has been almost alone.

He pretty much **kept to himself.**

keep to oneself : 남들과 어울리지 않다 / 혼자 지내다

사람들과 어울리기보다는 혼자 시간을 보내는 것을 더 좋아하는 사람도 있지요. 많은 사람들 사이에 섞여 있을 때는 되려 스트레스만 더 받고요.

그는 거짓말로 나를 속였어.

He lied to me.

He did a **snow job** on me. 사탕발림
He cheated me with sweet words.

눈이 내리면 세상이 하얗고 아름다워 보입니다. 하지만 그 눈 때문에 피해를 보는 일도 많지요. 눈이 녹고 나면 되레 전보다 더러워지기도 하고요. 감언이설을 'snow job', 즉 '눈이 하는 일'이라고 표현하기도 합니다.

47

169

He is lazy.

He is a couch potato.

ㄴ게으르고 비활동적인 사람

'couch'는 긴 의자 혹은 소파를 뜻하는 단어입니다. 'potato'
는 모두가 알다시피 '감자'를 뜻하는 단어이지만, 여기서는 감
자로 만든 과자 즉 '감자칩'을 뜻하고요. 소파에 축 늘어져 배
고프면 요리를 해 먹는 대신 감자칩으로 때우고 있는 사람이
라면 얼마나 게으른지 상상할 수 있겠죠.

그는 게으른 사람이야.

170

He has kept having bad luck.

He has been down on his luck.

ㄴ운이 나빠져서 / 주머니 사정이 좋지 않아 ♪

남들보다 재능이 부족한 것도 아니고 그렇다고 해서 노력을
하지 않는 것도 아닌데… 어째서인지 계속해서 실패만 거듭
하는 친구가 있습니다. 벌써 몇 년째 취직을 하지 못하고 있네
요. 그저 운이 없는 것이라고 할 수밖에요.

그는 계속 재수가 없었어.

171

He is wasting his time.

He is just whittling away his time.

ㄴwhittle : 조금씩 깎다

'whittle away'는 '작은 조각으로 깎아내다'라는 의미이지요.
시간을 조금씩 깎아 먹듯 야금야금 낭비하고 있는 상황을 이
렇게 표현할 수도 있습니다. 비슷한 말로 'He is killing time'
이 있습니다.

그는 그냥 허송세월하고 있어.

172

He always complains about her.

He has a beef with her.

ㄴhave a beef with : ~에게 불만이 있다

'beef'는 보통 '소고기'라는 뜻으로 쓰이는 단어입니다. 하지만
이 단어에는 '불평'이라는 뜻도 있습니다. 레스토랑에서 주문
을 할 때면 주의를 해야겠군요. 소고기를 주문하려던 것이, '불
만이 있어요'라는 말로 되어버릴 수도 있으니까요.

그는 그녀에게 불만이 있어요.

173

————————————————— 세계 ☐

He looked at her hand closely.

————————————————— 미국 ☐

He studied her hand.

그는 그녀의 손을 자세히 쳐다봤어.

'study'는 보통 '공부' 혹은 '공부하다'라는 뜻으로 쓰이는 단어입니다. 무엇에 대해 공부를 하기 위해서는 그것을 자세히 살펴보고 연구해 봐야겠지요. 그래서 이 단어는 '살피다', '조사하다'라는 의미로도 사용됩니다.

174

————————————————— 세계 ☐

He deserves. ~을 받을 만하다 / 자격이 있다

————————————————— 미국 ☐

It serves him right.

그는 그럴 만해.

친구 중 하나가 한 달 동안 하와이로 휴양 여행을 떠난다고 합니다. 그는 그럴 만도 합니다. 지난 삼 년간 쉬지 않고 일만 했거든요. 이 표현은 이처럼 긍정적인 상황뿐만 아니라, 악행을 저지른 누군가가 벌을 받았을 때처럼 부정적인 상황에서 '그래도 싸'라는 의미로도 쓰일 수 있습니다.

175

————————————————— 세계 ☐

He needs someone who he can rely on.

————————————————— 미국 ☐

He needs a shoulder to cry on.

그는 기댈 만한 곳이 필요해.

알코올 중독으로 오랫동안 주변 사람들을 힘들게 했던 친구. 이제 아무도 그를 만나려 하지 않지만… 누군가는 그의 힘이 되어줘야 할 텐데요. 'who he can rely on'은 '그가 기댈 수 있는'이라는 의미의 형용사절로 'someone'을 꾸미고 있습니다.

176

————————————————— 세계 ☐

He tried to be in our job.

————————————————— 미국 ☐

He tried to muscle in.

muscle in : (~에) 끼어들다
muscle : 압력 / 근육

그는 끼어들려고 해.

오늘 있는 경마 경기에 대해 거의 확실한 정보를 알고 있는 당신. 몇몇 친구들과 함께 그 정보에 따라 돈을 걸었습니다. 하지만 뭔가 냄새를 맡은 다른 누군가가 당신 무리에게 끼어들려고 하네요. 사람이 많을수록 배당금은 낮아질 텐데 말이죠.

177

그는 나를 많이 도와줘.

He helps me a lot.

He is a big help.

친구의 생일입니다. 친구를 위해 깜짝 파티를 준비하고 온 심혈을 기울여 생일 선물을 고르는 당신. 그런 당신을 보며 다른 친구들이 오해를 하네요. 당신이 혹시 그 친구를 좋아하는 것 아니냐고요. 단지 그로부터 도움을 많이 받았기에 이러는 것일 뿐인데요.

178

그는 나를 바람 맞혔어.

We were supposed to meet, but he didn't come.

He stood me up. ~ stand someone up
: ~를 바람맞히다
He didn't show up.

벌써 몇 번째나 데이트 신청을 해 오길래 결국에는 신청을 받아들였습니다. 그런데 약속을 했던 당일, 정작 그가 약속 장소에 나타나지를 않는군요. 도대체 뭘 하는 것인지 모르겠네요.

179

그는 나를 위아래로 쳐다보았습니다.

He looked me up and down.

He eyed me up and down.
쳐다보다

누군가가 나를 훑어본다면 대체로 기분이 좋지는 않지요. 왠지 평가받고 있다는 기분이 들잖아요. 하지만 예쁜 옷과 액세서리로 치장한 자신감 넘치는 날이라면, 오히려 그런 시선이 즐겁기도 한 것 같네요.

180

그는 나쁜 놈이야.

He is bad.

He is a bad egg.

'bad egg'는 '나쁜 달걀'이라기보다는, '상한 달걀'을 의미합니다. 달걀은 오래되어 상하더라도 겉으로 보기에는 알 수가 없지요. 때문에 나쁜 사람 혹은 못 믿을 사람을 'bad egg'라고 표현하기도 합니다.

그는 나에게 좋은 영향을 미쳤어요.

세계 ☐

He has changed me in a good way.

미국 ☐

He had good influence on me.

본보기가 될 만한, 본받을 사람을 가리켜 '롤모델'이라고 칭하고는 합니다. 좋은 영향을 줄 수 있을 만한 사람이 주변에 있다는 것은 정말 좋은 일이지요. 그로 인해서 나 자신이 더 나은 사람이 될 수 있을 테니까요.

그는 내게 키스 세례를 퍼부었어.

세계 ☐

He kissed me a lot.

미국 ☐

He showered me with kisses.

사랑에 빠졌을 때 사랑스러운 그 사람이 바로 눈앞에 있다면 입맞춤을 하고 싶다는 욕망을 참을 수 없을 때가 있습니다. 그렇다고 해서 무작정 스킨십을 시도했다가는 큰일 나지요. 그저 당신 혼자만의 사랑일 뿐이라면요.

그는 냉혈한이다.

세계 ☐

He is mean.

미국 ☐

He is cold-hearted.

매정한 / 무관심한

다른 누군가가 해를 입을 수 있는 일이라도 서슴지 않고 저지르는 사람을 가리켜 '냉혈한'이라고 말하고는 합니다. 피까지 차갑다는 것이지요. 'cold-hearted' 역시 그처럼 냉담하고 인정 없음을 의미하는 단어입니다.

그는 너를 이용한 거야.

세계 ☐

It was because he needed your help.

미국 ☐

He took advantage of you.

take advantage of : ~을 이용하다

누군가에게 이용을 당했다고 느낄 때만큼 기분이 더러울 때도 없습니다. 왠지 내가 그의 아래에 있고, 그의 의지대로 나 자신이 조종당해버린 것만 같은 기분이 들잖아요. 물론 그 상대방 쪽에서는 그럴 의도가 없이 한 행동이었다 하더라도요.

51

그는 너무 건방져.

He thinks of himself as the best.

He's too cocky.
└ 건방진

그리 대단한 일을 한 것도 아니면서 자기가 최고라는 듯 으스대는 사람들이 있습니다. 보통 그런 사람들을 '건방지다'라고 표현하고는 하지요. 건방진 사람들을 만날 때면 이런 생각이 들지 않나요. 실력으로 코를 납작하게 눌러주고 싶다는, 건방진 태도를 그렇게 고쳐주고 싶다는 생각이요.

그는 눈치가 없어.

He is not good at understanding situations.

He is a bit too slow.

'He is a bit too slow'는 문자 그대로 '그는 행동이 너무 느려'라는 의미로도 쓰이지만, 눈치가 없다는 뜻으로도 쓰입니다. 'He catches on quick(그는 말귀가 빨라)'과 반대되는 의미의 표현입니다.

그는 다루기 힘든 사람이야.

He is hard to treat.

He is a tough cookie.

부서에 새로운 상사가 들어올 예정입니다. 다른 부서에서 사원으로 근무하다가, 승진하여 새로 발령을 받았다는군요. 소문에 의하면… 그는 정말 만만찮은 사람이라고 하네요. 고집이 정말 세다고 하는군요. 자신만만하고 당당한 사람 혹은 다루기 힘든 만만찮은 사람을 가리켜 'tough cookie'라고 표현하기도 합니다.

그는 돈을 너무 펑펑 써.

He spends too much money.

He spends money like water.

이 표현처럼 돈을 정말 물 쓰듯 펑펑 쓸 수 있게 된다면 얼마나 좋을까요. 무엇인가를 포기해야 하거나 통장 잔고에 대한 걱정이 없이도 말이에요. 아, 애초에 물조차도 조금씩 아껴 쓰는 사람이라면 이 표현에 별다른 공감을 하지 못할 수도 있겠네요.

그는 돈을 많이 벌었어.

세계 ☐

He earned money a lot.

미국 ☐

He made a lot of money.

돈이 많은 사람들을 보면 가끔 신기할 때가 있습니다. 도대체 어떻게 해서 그렇게 많은 돈을 벌었는지 하고 말이에요. 돈을 쓰는 건 너무나도 쉬운데, 돈을 버는 건 왜 그리도 어려운 것인지…

그는 돈을 잘 꿔주는 사람이야.

세계 ☐

He easily lends
his money to everybody.

미국 ☐

He is a good bite.

뜯어먹기 좋다는 뜻일까요. 'He is a good bite'는 '그는 좋은 물주야'라는 의미의 표현입니다. 친한 친구 사이에서는 장난으로 할 수 있는 말이지만, 자칫하면 듣는 사람을 기분 나쁘게 할 수도 있겠군요.

그는 돈이 많아.

세계 ☐

He has a lot of money.

미국 ☐

He's sitting on a gold mine.

↳ 광산

'금광 위에 앉아 있다'라니, 무슨 의미의 표현일까요. 우리가 흔히 쓰는 표현 중의 하나인 '돈방석 위에 앉았다'는 말과 비슷한 뉘앙스가 담긴 표현입니다. 정말 돈이 많은 사람을 가리켜 그렇게 말하고는 하지요.

그는 돈이 썩어나.

세계 ☐

He has too much money.

미국 ☐

He has money to burn.

돈이 정말 많다는 말을 'He has money to burn'이라고 과장해서 표현할 수 있습니다. 얼마나 돈이 많으면 불로 태워버릴(to burn), 장작으로 쓸 돈까지 가지고 있다는 것일까요.

그는 말썽꾼이야.

He is a trouble maker.

He is a **black sheep.**

(집안, 조직의) 골칫덩어리

검은색의 양을 보신 적이 있으신가요? 검은 양은 그 수가 많지 않아 양털을 많이 모을 수 없는 데다가 염색도 할 수 없어서, 다른 양털에 비해 가격이 더 싸다고 합니다. 꼭 그런 속 내용을 모르더라도, 흰색 양들 속에 가끔 섞여 있는 검은 양이라고 하면 왠지 '미운 오리 새끼' 같은 느낌이 들지요.

그는 밤새 뒤척였어.

He couldn't sleep well over the night.

He was **tossing and turning all night.**

toss and turn : 뒤척이다
toss : 뒤척이다 / 뒤집다 / 던지다

옆자리에 앉은 동료의 표정이 좋지 않아 보여 물어보니, 밤새 한숨도 자지 못하고 잠을 뒤척였다고 합니다. 무슨 문제가 있는 것일까요.

그는 법정에 출두하지 않았습니다.

He didn't appear in court.

He was a no-show in court.

친구 중의 하나가 음주 운전으로 인해 법정에서 출두 명령을 받았습니다. 아마 벌금형 정도를 받게 되겠지요. 그런데 그 친구, 법정에도 출두하지 않았다고 하네요. 술을 마시느라요.

그는 사투리가 섞인 발음이야.

He has an accent.

He speaks with an accent.

다른 언어의 경우는 어떠한지 모르겠습니다. 우리말의 경우, 어떤 사투리를 특정 짓는 가장 결정적인 포인트는 바로 '억양'이지요. 영어의 경우에도 다르지 않은 것 같습니다. 사투리를 쓴다는 말을 이렇게 표현하는 것을 보면요.

197

세계 ☐

He is taking a shower.

미국 ☐

He's in the shower.

그는 샤워하는 중이에요.

동생이 전화를 받았습니다. 당신을 찾는 전화로군요. 전화를 건 사람은 귀찮게 하려는 것 외에는 당신을 찾을 일이 없는 사람이고요. 전화를 피해야만 하니… 일단 이렇게 전하라고 동생에게 말할 수 있겠군요.

198

세계 ☐

He has experienced all the good things and bad things.

미국 ☐

He knows all the angles.

└ 각도 / 관점

그는 세상 쓴맛 단맛을 다 안다.

다양한 경험을 겪어 본 사람을 가리켜 '산전수전 다 겪어봤다'라고 표현하기도 합니다. 이를 영어에서는 'knows all the angles'라고 표현하는군요. 모든 각, 모든 측면을 다 안다고요.

199

세계 ☐

He steals things.

미국 ☐

He has sticky fingers.

└ 도벽 / 좀 도둑질

그는 손버릇이 나빠.

새로운 멤버로 클럽에 들어오고 싶어 하는 사람이 있다고 하네요. 하지만 당신은 알고 있습니다. 그의 손버릇이 나쁘다는 것을요. 'sticky'는 '끈적끈적한, 달라붙는'이라는 뜻의 단어인데요. 손버릇이 나쁘다는 것을 가리켜 'sticky fingers'라고 표현하기도 합니다. 손가락이 그렇게 아무 물건에나 달라붙는다는 의미일까요.

200

세계 ☐

He did his best ○ do one's best : 최선을 다하다
to overcome the scandal.

미국 ☐

He tried to ride out the scandal.

└ 어려움을 극복하다 / 이겨내다

그는 스캔들을 극복하려고 노력했어.

당신이 지지하는 정치인 한 명이 잘못된 추문에 휩싸였습니다. 거의 정치 인생을 포기할 뻔했는데, 가까스로 그것을 극복하고 이제 재기에 나설 예정이라고 하는군요. 'ride out'은 어떤 힘든 상황을 '잘 넘기다, 극복하다'라는 의미의 표현입니다.

201

He is extremely sensitive now.

His nerve is on edge.

신경 / 긴장 / 용기   마서리 / 날 / 위기

그는 신경이 곤두서 있어.

아침부터 사무실의 분위기가 심상치 않습니다. 금방이라도 폭풍이 들이닥칠 것만 같군요. 무슨 일이 잘못되기라도 한 것인지, 상사의 눈치가 심상치 않습니다.

202

He wrote many bestsellers.

He penned many bestsellers.
He authored many bestsellers.

~을 저술하다 / 쓰다 / 저자

그는 여러 편의 베스트셀러를
저술했습니다.

남들에게 잘 알려지지 않은 작가나 작품을 좋아해 보신 적 있으신가요. 그런 작가가 한순간에 명성을 얻어 베스트 셀러 작가의 반열에 오르면, 팬으로서 기분이 좋으면서도 조금은 아쉬운 마음이 들기도 합니다. 나만의 특별한 취향이 사라져 버리는 셈이잖아요.

203

He is a hard worker.

He is an eager beaver.

eager beaver : 근면(일)벌레 / 노력파
eager : 열렬한 / 열심인

그는 연습벌레야.

어떤 일을 굉장히 열심히 하는 사람을 가리켜 'eager beaver', 즉 '열심인 비버'라고 표현하기도 합니다. 비버는 개미와 마찬가지로, 일을 열심히 하는 동물로 여겨진다고 합니다. 쉴 새 없이 나뭇가지를 물어와 집을 짓거나 댐을 짓기 때문이죠.

204

He gave us a hint.

He dropped a hint.

그는 우리에게 힌트를 주었어.

모두가 다 알고 있는 사실인데, 당신만 그것을 홀로 눈치채지 못하고 어리둥절하게 있을 수 있었습니다. 그런 당신의 모습이 답답해 보였는지 누군가 당신에게 다가와 넌지시 암시를 주고 가네요. 어떤 일에 대해 넌지시 암시를 주는 것, 슬쩍 힌트를 흘려주는 것을 'drop a hint'라고 표현할 수 있습니다.

205

He cares too much
when others are driving.

───────────── 세계 ☐

───────────── 미국 ☐

He is such a **backseat** driver.

 뒷자석

그는 운전에 대해 잔소리가 심해.

차를 얻어타고 있는 주제에, 대신 운전을 해 줄 것도 아니면서 이래저래 참견만 하는 사람. 정말 짜증 나겠지요. '뒷자리의 운전사'란 자기가 운전을 할 것도 아니면서, 뒷자리에 앉아 계속 잔소리만 하는 사람을 의미하는 말입니다.

───

206

He is in danger.

───────────── 세계 ☐

───────────── 미국 ☐

He's on thin ice.

그는 위험에 처해 있다.

얇은 얼음판 위를 건널 때면 불안불안하고 위험하겠지요. 언제 얼음이 깨져서 그 아래로 빠져버릴지 모르잖아요. 위험에 처해 있는 상황을 'thin ice' 위에 있다 표현하기도 합니다.

───

207

He did it so quickly.

───────────── 세계 ☐

───────────── 미국 ☐

He did it in a second.
He did it in a New York minute.

그는 이 일을 순식간에 했어.

뉴욕 같은 대도시에서는 모든 사람들이 아주 바쁘게 움직입니다. 어떤 일도 순식간에 처리해버리고는 하지요. 'New York minute'는 '아주 짧은 시간'을 의미하는 표현입니다.

───

208

He is not **appearing** 출연하다 / 나타나다
on the show anymore.

───────────── 세계 ☐

───────────── 미국 ☐

He's off the show now.

그는 이제 그 소에 나오지 않습니다.

특별히 좋아하는 배우나 연예인이 있으신가요. 어떤 연예인에게 푹 빠지면 그가 나오는 모든 티브이 프로그램을 챙겨보고는 합니다. 가장 좋아하는 배우가 고정 멤버로 출연하는 프로그램이 있었는데, 그가 이제 더 이상 그 프로그램에 출연하지 않고 하차를 하겠다고 하네요.

그는 일찍 자리를 떴어요.

세계 □

He left early.

미국 □

He **cut out** early.

자리를 뜨다

친구들이 모두 모인다는 파티에 왔는데, 한 친구가 보이지 않네요. 물어보니 참석은 했지만 진작 떠났다고 합니다. 그에게 뭔가를 부탁할 것이 있었는데… 그걸 눈치채기라도 한 것일까요.

그는 입이 싸.

세계 □

He talks too much.

미국 □

He has a **big mouth**.

입이 싼 사람 / 말이 많은 사람

입이 크면 그만큼 말도 더 많을까요? 물론 상관없는 이야기 이겠지요. 하지만 말이 많거나 입이 싼 사람을 가리켜 'big mouth', 커다란 입을 가졌다고 표현하기도 합니다.

그는 자기 생각만 해.

세계 □

He is selfish.

미국 □

He's **full of himself**.

be full of oneself : 자기만 생각하다

여럿이서 함께 만들어 낸 성과입니다. 하지만 팀장이 그 공을 오로지 자기 자신에게만 돌리려고 하는군요. 함께 피땀을 흘렸던 팀원들의 생각은 전혀 하지 않고요. 어쩜 그렇게 자기 자신밖에 모르는지…

그는 자살했어요.

세계 □

He killed himself.
He committed suicide.

미국 □

He **offed** himself.

보통 무엇인가를 켜고 끄는 것을 'on'과 'off'로 표현하고는 합니다. 'He offed himself'는 그 'off'를 동사로 사용한 표현이네요. 자기 자신을 'off'해 버렸다, 꺼 버렸다고 하면… 자살을 했다는 뜻이 되겠지요.

213

그는 잘해 나가고 있어.

세계 ☐

He is doing good.

미국 ☐

He has moved on.

때로는 채찍보다는 당근이 필요한 법입니다. 어쩌면 대부분의 경우, 당근이 더 유효한 수단일 수도 있고요. 칭찬은 사람을 크게 변화시킬 수 있다고들 하잖아요. 물론… 긍정적인 방향으로요. 잘한다고 칭찬해 줬더니, 그냥 거기에서 멈춰버릴 수도 있지만요.

214

그는 정말 화가 났어.

세계 ☐

He really got angry.

미국 ☐

He **blew up.** ⟵ blow up : 폭발하다
He hit the roof. ⟵ ticked off : 화나다
He was so **ticked off.**
He was so **pissed off.** ⟵ pissed off : 화나다
piss : 오줌 / 오줌 보다

누군가가 화가 났다면 그를 피하는 것이 상책입니다. 괜히 옆에서 건드려 봐야 화풀이를 당할 수도 있잖아요.

215

그는 좋은 집안 출신이야.

세계 ☐

He has a good family background.

미국 ☐

He has blue blood.

옛날 사람들은, 왕족이나 귀족들은 피의 색깔마저도 자신들과는 다를 것으로 생각했다고 합니다. 붉은색이 아닌 파란색 피가 흐를 것이라고 말이에요. 'blue blood'는 그에서 유래된 표현으로, 집안 배경이 좋은 사람을 가리켜 그렇게 말하고는 합니다.

216

그는 참견쟁이야.

세계 ☐

He always talks
about other's problems.

미국 ☐

He's nosy. ⟵ 참견하기 좋아하는

흔히 '오지랖이 넓다'라고 말하고는 합니다. 자기 일도 아닌데 여기저기 참견하고 다니는 사람을 가리켜서요. 그런 참견쟁이가 가까이에 있다면 참 피곤하지요. 아주 간혹 도움이 될 때도 있긴 하지만요. 귀찮은 일을 그에게 은근슬쩍 떠밀어 버릴 수도 있으니까요.

217

세계 □

He wears jeans.

미국 □

He is in jeans.

그는 청바지를 입고 있어.

청바지는 원래 작업복의 일종이었다고 합니다. 하지만 이제는 남녀노소 가리지 않고 가장 흔히 입는 일상복이 되었지요.

218

세계 □

The teacher didn't catch his cheating.

미국 □

He got away with cheating.

get away with : ~을 벌 받지 않고 해내다

그는 커닝하고 걸리지 않았어.

공부를 전혀 하지 않고 밤새도록 술만 마시다가 시험에 들어갔던 친구가 A학점을 받았습니다. 나중에 알고 보니, 커닝을 해서 그렇게 좋은 점수를 얻었다고 하는군요. 도대체 무슨 방법을 썼길래 걸리지도 않은 것일까요.

219

세계 □

He is good at technical things.

미국 □

He's a chiphead.

컴퓨터광

어제까지만 해도 잘 사용하던 컴퓨터가 고장이 나버렸네요. 전문 업체에 맡겨야 하나 고민하던 차에, 친구가 말하길 컴퓨터를 아주 잘 아는 사람을 소개해주겠다는군요. 괜히 업체에 맡겼다간 덤터기만 쓸 수도 있다면서요.

220

세계 □

He always takes good care of his family.

미국 □

He always keeps the home fires burning.

그는 항상 가족을 잘 보살펴.

가족들을 잘 보살핀다는 말을 여기서는 이렇게 표현했군요. 집에 항상 불을 피워 따뜻하게 해 놓는다고요.

그는 허풍 떠는 거였어.

He just lied that he did it.

He was **bluffing**.

↳ ~에게 허세부리다

시도 때도 없는 허풍은 모든 사람으로 하여금 눈살을 찌푸리도록 만듭니다. 허풍이 심한 사람은 누구도 믿으려고 하지 않지요. 허풍이 심한 사람을 믿고 그가 시키는 대로 따르려 하는 순진한 친구가 있습니다. 당장 말려줘야겠네요. 그 말을 믿었다간 나중에 무슨 꼴을 당할지 모르니까요.

그는 화를 내고 나가버렸어.

He was so angry and went out.

He **stormed out**.

↳ storm out : 화를 내고 나가버리다

폭풍이 확 들이닥쳤다가 금세 사라지는 것처럼, 너무 화가 나서 확 나가버리는 것을 'storm out'이라고도 표현합니다.

그는 회의 중입니다.

He is **attending a meeting**. ↝ 참석하다

He's in a meeting.

달갑지 않은 전화가 걸려왔네요. 헤어진 여자 친구로부터 걸려온 전화입니다. 무슨 용건인지는 모르겠지만, 지금은 도저히 그녀와 통화를 하고 싶지가 않네요. 다행히도 잠깐 자리를 비운 사이 당신의 동료가 전화를 대신 받았고, 이제 동료에게 이렇게 말을 하라고 시키면 되겠군요. 그는 지금 회의 중이라고요. 온종일 회의를 할 것이라고요.

그들은 그렇게 생각하더라고요.

They think like that.

It **crossed their minds**.

↳ cross one's mind : 생각이 떠오른다
cross : 건너다 / 통과하다

사람들의 생각이 모두 다 똑같을 수는 없습니다. 만약 모두가 서로 비슷한 생각을 한다면 싸울 일도 없겠지요. 사실, 생각이 다르다고 해서 꼭 싸울 필요가 있는 것도 아니긴 하지만요. 그냥 그러려니, 그들은 그렇게 생각하는구나, 하며 무시하고 넘어가면 그만이잖아요.

그들은 천생연분이야.

세계 ☐

They love each other so much.

미국 ☐

They are made for each other.
They are a well matched couple.

태어날 때부터 서로 제 짝이었던 듯 아주 잘 어울리는 커플들이 있지요. 그런 커플을 가리켜 우리는 '천생연분'이라 표현하곤 합니다. 그것을 영어에서는 그들이 각각 서로를 위해 태어났다, 만들어졌다(made for each other)라고 표현하는군요.

그들은 프로젝트를 중단했다.

세계 ☐

They stopped the project.

미국 ☐

They pulled the plug on the project.

↳ pull the plug on something
: ~를 중단시키다 / 끝장나게 만들다

'They pulled the plug on the project'를 직역하면 '그들이 프로젝트에서 플러그를 뽑았다'는 뜻이 되지요. 어떤 일을, 플러그를 뽑으면 멈추는 전자제품에 비유한 표현입니다.

그들이 나에게서 돈을 꿔갔어.

세계 ☐

They borrowed money from me.

미국 ☐

They bludged a few bucks from me.

↳ ~을 거저 달라고 하다

돈을 빌려주다 보면 종종 그것을 돌려받지 못하는 경우도 있습니다. 웬만해선 갚지 않을 것 같은 사람에게 돈을 빌려줬다면, 이렇게 말할 수도 있겠지요. '그들이 내 돈을 거저 가져갔어, 그들에게 돈을 뜯겼어'라고요.

그래, 걔랑은 헤어지는 게 나아.

세계 ☐

You had better break up with her.

미국 ☐

You're better off without her.

'would better'는 '~하는 편이 낫겠어'라는 뜻의, 일종의 조동사입니다. 보통 줄여서 'You'd better'와 같은 형태로 사용하지요. 'You're better off' 역시 '~하는 게 나아'라는 뜻으로 흔히 쓰이는 표현이고요.

그래서 그랬군.

세계 ☐

That was the reason.

미국 ☐

That explains it.

한동안 아무런 연락도 없이 잠수를 타던 친구가 갑자기 나타났습니다. 도대체 왜 그랬던 것이냐고 묻는 당신. 이유를 들어보니… 그랬을 만도 하네요. 스토커에게 시달리고 있었다고 합니다.

그렇게 말이야!

세계 ☐

That is what I'm saying.

미국 ☐

I know!

이제 다시는 연애를 하지 않겠다고, 누군가에게 빠지지 않겠다고 입버릇처럼 말하고 다니던 친구. 언제 그런 말을 했냐는 듯, 그에게 새로운 애인이 생겼다고 하네요. 그 소식을 들은 모두가 이렇게 말을 하네요. 그럴 줄 알았다고요. 그렇게 말이에요!

그러기로 한 거야.

세계 ☐

We decide to do like that.

미국 ☐

It's a done deal.

거래 / 다루다 / 처리

'done deal'은 '마무리된 일' 정도의 의미를 가지고 있습니다. 이미 끝난, 어떻게 하기로 결정을 내려 더 이상의 여지가 없는 일에 대해서 이야기할 때 쓸 수 있는 표현입니다.

그러면 그렇지! / 그래서 그랬군!

세계 ☐

Now I understand.

미국 ☐

That explains it.

퇴근을 하고 집에 돌아오니 당신의 방이 엉망이 되어 있군요. 그럴 만한 사람이 없는데 말이에요. 게다가 당신이 아끼는 게 임기는 거의 망가진 것처럼 보이기도 합니다. 도대체 어떻게 된 일인지 이해할 수 없어 어리둥절 하고 있는데… 아, 사촌 동생이 왔다 갔다고 하는군요.

233

그런 거 같았어.

세계 ☐

That is expected. 예상되는

미국 ☐

It figures.

~일 거라 생각하다 / 계산하다 / 숫자 / 인물

친구로부터 생일 선물을 받았습니다. 제법 좋은 시계로요. 인색하기로 소문이 자자한 친구인데, 웬일로 그런 선물을 줬는지 모르겠네요. 그런데 알고 보니… 그 시계, 정품이 아니라 중국산 '짝퉁'이라고 하는군요.

234

그런 식으로 말하지 마.

세계 ☐

Don't say that again.

미국 ☐

Don't rub it in. rub in : 들먹이다 / 상기시키다
rub : 문지르다 / 맞비비다

경기에 져서 화가 난 상태였는데, 친구가 다가와서는 자꾸만 그 경기에 대한 이야기를 다시 꺼내네요. 패인이 무엇인 것 같냐는 둥, 다시 맞붙을 생각이 있느냐는 둥, 자기가 보기엔 당신이 더 잘했던 것 같다는 둥… 그냥 입을 다물고 있으면 좋겠는데 말이죠.

235

그럴 필요 없어요.

세계 ☐

You don't need to.

미국 ☐

Don't bother.

직장 동료가 사소한 부탁을 하나 하기에 그것을 들어주었습니다. 그런데 굳이 사례하고 싶다고 하네요. 저녁 식사를 대접하고 싶다면서요. 이거 왠지, 애초부터 당신에게 어떤 흑심을 가지고 접근하는 것 같네요.

236

그렇게 쳐다보지 마!

세계 ☐

Don't look at me like that.

미국 ☐

Don't give me such a look.

당신이 무슨 잘못을 한 것도 아닌 것 같은데… 친구가 뭔가 불만족스러운 듯한 표정으로 당신을 쳐다보고 있군요. 괜히 기분 나쁘게 말이에요. 잘못한 게 있다면 그냥 말로 할 것이지.

64

Go ahead.

Be my guest.

그렇게 해도 돼.

집에 찾아온 손님(guest)에게 막 대하는 것은 예의가 아니지요. 웬만하면 손님이 원하는 방향으로 맞춰주고는 합니다. 때문에 'Be my guest', '내 손님이 되어라'라고 하면 '네가 원하는 대로 해라'라는 의미의 표현이 됩니다.

That doesn't mean you don't have to pay your debt.

That doesn't excuse you from paying your debt.

면면하다 / 면서하다

그렇다고 해서 빚을
안 갚아도 되는 것은 아니야.

큰 사고가 일어날 뻔했었는데, 친구의 도움으로 간신히 위기를 모면했네요. 당신에게 돈을 빚진 친구, 이번에 도움을 준 것 가지고 빚을 없던 것으로 몰아가려는 눈치입니다. 그렇게는 안 되죠. 이건 이거고 그건 그거잖아요.

That is enough.

Fair enough.

그 정도면 적당하네요. / 좋아요.

상대방이 제시한 어떤 제안 혹은 당신에게 주어진 상황이 당신의 마음에 들 때 사용하는 표현입니다. 물론 그것이 꼭 마음에 들지 않더라도, 그에 대해 더 이상 생각하고 싶지 않다면 이렇게 말하며 상황을 마무리 짓고는 하지요.

Great!

Attaboy!

그렇지!

지난 시험에서 낙제를 받았던 동생 이번엔 간신히 낙제만은 모면했네요. 그것만 해도 축하할 일이지요 뭐. 남자아이가 무엇인가를 잘했을 때에는 'Attaboy!', 여자아이가 그랬을 때에는 'Attagirl!'이라고 표현합니다. 'attaboy'는 원래 'that's the boy'라는 말을 빨리 발음 하다 보니 줄여진 말이라고 합니다.

241

그를 감시하려고요.

세계 ☐

I need to keep watching him.

미국 ☐

I am thinking of staking him out.

stake out : 감시하다

누군가가 회사 내의 기밀문서를 은밀히 빼돌리고 있다는 첩보를 입수했습니다. 당신이 보기엔 의심이 가는 사람은 한 사람뿐이로군요. 얼마 전에 사소한 잘못 때문에 감봉 처분을 받았던 그 사람 말이에요. 이직 준비를 하고 있는 것 같기도 하고요.

242

그를 우연히 만났어.

세계 ☐

I met him accidentally.

미국 ☐

I ran into him.

남자 친구에게 거짓말을 했습니다. 여자 친구들과 함께 식사하고 있다고요. 사실은 남자 후배와의 식사인데 말이죠. 그런데, 남자 후배와 함께 식당에서 나오는 장면을 현장에서 딱 걸려버렸네요. 어쩌겠어요, 일단 우연히 만난 것이라고 둘러대는 수밖에…

243

그만 좀 싸워.

세계 ☐

Stop fighting.

미국 ☐

Break it up.

만나기만 하면 싸우는 두 친구. 오랜만의 모임인데, 이번에도 어김없이 그 두 친구 때문에 분위기가 엉망이 되어버릴 것 같습니다. 누가 먼저랄 것도 없이 서로 시비를 걸어 싸움을 하려고 해요. 'break it up'에는 '싸우지 마'라는 의미 외에, '남녀가 헤어지다'라는 뜻도 있습니다.

244

그만해!

세계 ☐

Stop it.

미국 ☐

Cut it out.
Knock it off.

knock off : 그만 두다
knock : 부수다 / 두드리다 / 노크하다 / 노크

기분이 별로 좋지 않습니다. 직장에서 상사에게 크게 깨졌거든요. 그 와중에 눈치 없는 친구가 실없는 말로 농담을 걸어오네요. 도저히 받아 줄 기운도 없는데 말인데요.

245

그와 사이가 별로 좋지 않아.

———— 세계 ☐

I don't have a good relationship with him. 관계

———— 미국 ☐

I don't get along with him.
~와 잘 지내다

살다 보면 별의별 사람들을 다 만나고는 합니다. 도저히 이해할 수 없는 방식으로 말하고 행동하는 사람들 역시 만나고요. 그런 사람들과는 애초에 관계를 이어가려고 하지 않는 것이 좋은 것 같네요. 좋은 사람들과 보낼 시간도 모자란데 굳이 그럴 이유가 없잖아요.

———— 세계 ☐

I can't contact him.

———— 미국 ☐

He dropped off the radar.

그와 연락이 닿지 않아.

'drop off the radar'는 관제 용어에서 비롯된 표현입니다. 비행기를 제어하는 관제 센터에서 모니터를 할 때, 경로를 이탈했다든지 하는 이유로 비행기가 레이더에 잡히지 않는 경우를 'drop off the radar'라고 표현합니다. 반대로 비행기가 레이더에 나타나는 경우는 'under the radar'라고 하고요.

———— 세계 ☐

Don't cut the relationship with him.

———— 미국 ☐

Don't burn bridges with him.
다리

그와의 관계를 끊어버리지 마.

다리를 불태워버리면, 다리로 인해 이어져 있던 두 지점이 서로 격리되어 버리겠지요. 사람과의 관계를 끊어버리는 것을 'burn bridges'라고 표현하기도 합니다.

———— 세계 ☐

His handwriting was difficult to read.

———— 미국 ☐

His handwriting was illegible.
읽기 어려운 / 판독이 불가능한

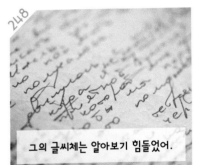

그의 글씨체는 알아보기 힘들었어.

점심을 먹고 사무실에 올라왔더니, 누군가가 당신에게 쪽지를 남겨놨네요. 중요한 메시지라고 하는데, 문제는 도대체 무슨 말인지 모르겠습니다. 글씨가 너무 지저분해서 말이죠.

249

세계 ☐

I will fix his bad behavior.

행동 / 태도

미국 ☐

I'll teach him a lesson.

그러지 좀 말라고 몇 번이나 말을 했었는데… 동생이 또 사고를 쳐 버렸습니다. 도벽이 있거든요. 이번에는 음식점에서 접시를 슬쩍 하려다가 걸렸다고 하네요. 창피해서라도 더 이상은 안 되겠습니다. 무슨 수를 써서라도 그 버릇을 고쳐놔야겠네요.

그의 버릇을 고쳐놓을게.

250

세계 ☐

I pretended that I didn't see his fault.

미국 ☐

I turned a blind eye to his fault.

눈이 먼

얼마 전까지만 해도 당신과 적대적인 관계였는데, 이제는 당신이 하는 말이라면 무엇이든 다 따르려는 친구. 도대체 무슨 일이 일어났던 것이냐며 누군가가 묻네요. 그의 잘못을 하나 눈감아줬거든요.

그의 잘못을 눈감아줬어.

251

세계 ☐

I will come back soon.

미국 ☐

Be right back.
Be back in a minute.

친구와 함께 어떤 작업을 하는 중입니다. 하지만 이 작업, 도대체 언제 끝날지는 알 수가 없고 그저 지루하기만 하네요. 잠시 핑계를 대고 빠져나갔다가 돌아와야겠어요. 조금 놀다 오면, 친구가 어느 정도는 혼자서 좀 해 놓겠지요 뭐.

금방 돌아올게!

252

세계 ☐

Think positive!

미국 ☐

Look on the bright side.

같은 것을 보더라도 항상 부정적으로만 보는 사람이 있지요. 물론 그런 생각이 상황을 더 낫게 만들 수도 있습니다. 하지만 애초에 뭘 해도 바뀌지 않을 상황이라면, 기왕이면 긍정적으로 마음을 편하게 먹는 것이 더 낫지 않을까요.

긍정적으로 생각해.

기말고사 때문에 벼락치기 했어.

**I studied all day and night
a day before my final exam.**

I crammed for my final exam.

↳ 억지로 쑤셔 넣다 / 밀어 넣다

학교를 다닌 적이 있는 사람이라면, 시험 기간에 벼락치기 공부를 해 본 경험이 다들 있으실 겁니다. 'cram'은 '무엇을 억지로 구겨 넣다'는 뜻의 단어인데요, 벼락치기를 할 때면 정말 그런 기분이 들지요. 무엇인가를 머릿속에 꾸역꾸역 집어넣고 있는 기분 말이에요.

기분 나쁘라고 하는 거 아니야.

I didn't mean to hurt your feeling.

No offense. ↳ 공격

친구가 쓴 에세이를 읽어보는 중입니다. 그런데, 비문이 너무나도 많군요. 하나하나 지적해 알려주는데… 어째 갈수록 친구의 표정이 나빠지는 것 같습니다. 마음이 좀 상한 것 같네요. 공격하려는 의도는 전혀 아니었는데 말이죠.

I didn't feel bad.

None taken.

기분 나쁘지 않았어.

친구와 대화를 하는 중입니다. 자신이 했던 농담이 스스로 지나치다고 느꼈는지, 당신에게 사과를 하네요. 딱히 기분 나쁠 것은 없었는데 말이에요. 'None taken'이라고 하면, (악의적으로) 받아들인 것이 없다는 뜻의 표현이 됩니다.

기분 째져.

I feel great.

I'm on cloud nine.

'cloud nine'은 단테의 '신곡'에서 유래된 말로, 가장 즐겁고 행복한 순간을 가리킵니다. 천국으로 가는 마지막 계단이 바로 아홉 번째 계단, 'cloud nine'이지요. 천국이 눈앞에 있는데 얼마나 기분이 좋겠어요.

257

세계 ☐

Cheer up!

미국 ☐

Snap out of it. ~에서 재빨리 벗어나다
(Keep your) Chin up.
턱

친구의 어깨가 축 처져 있네요. 이번 학기 성적을 완전히 망쳐
버렸거든요. 공부를 열심히 하지 않은 것도 아닌데, 생각보다
시험 점수가 훨씬 낮게 나왔다고 합니다. 뭐 그런 일로 그렇게
낙심하는지. 기운을 좀 북돋아 줘야겠어요.

기운 내.

258

세계 ☐

Road is full of cars.

미국 ☐

I am stuck in traffic.
꼼짝 못하는

약속 시간에 늦어버렸습니다. 다른 이유가 있었던 것은 아닙
니다. 단지 집에서 늑장을 부리다가요. 이제 막 준비를 마치
고 집을 나서는데, 약속했던 친구에게 전화가 오네요. 사실대
로 말하기는 좀 그렇고, 적당히 둘러대야지요. 뭐. 진부한 변
명이라 하더라도요.

길이 완전히 막혀 있어.

259

세계 ☐

It is too early
to expect something.

미국 ☐

Don't count your chickens
before they hatch. (알이) 깨다 / 부화하다

아직 상황이 다가오지도 않았는데 미리 그에 대해 지나치게
생각을 하는 것을 보고 '김칫국을 마신다'라고 하지요. 영어에
서는 그 말을 이런 식으로도 표현하는군요. 알이 깨기도 전에
(before the hatch) 닭을 세지 말라고요.

김칫국부터 마시지 마.

260

세계 ☐

Breathe deeply.

미국 ☐

Take a deep breath.

번지점프를 하러 갔습니다. 그것 하나 못 하겠느냐 자신만만
하게 따라나섰던 친구, 막상 점프대 앞에 서니 잔뜩 긴장한 것
같네요. 가까이 다가가 보니, 이런, 긴장감 때문에 숨도 제대
로 쉬지 못해 얼굴이 새하얗게 질려있습니다.

깊게 숨을 들이쉬어.

까놓고 말할게요.

I will just say directly.

I'm going to **lay my cards on the table.**

lay one's cards on the table
: 솔직히 얘기하다 / 까놓고 말하다

게임을 하는 중에 카드를 테이블에 올려놓으면 모든 사람들이 카드를 보게 되겠죠. 이렇게 남에게 자신의 패를 보여주듯, 'lay one's cards on the table'은 자신의 이야기를 솔직히 하는 것을 뜻합니다.

깜빡 속을 뻔했어.

I have almost trusted you.

You could have **fooled** me.

속이다

친구에게 또 속을 뻔했습니다. 자기가 기타를 엄청나게 잘 친다고 하더군요. 하지만 당신은 알고 있지요. 그 친구가 들고 있는 기타는 장난감 기타라는 것을 조카에게 똑같은 장난감 기타가 있거든요. 하마터면 속을 뻔했네요.

깜빡했어.

I forgot.

It **slipped my mind.**

slip one's mind : 깜빡 하다 / 잊어버리다
slip : 미끄러지다 / 몰래가다 / (슬며시, 재빨리) 놓다

우리는 보통 '잊어버렸다' 하면 'forget'이란 동사를 떠올리게 되지만, 'slip one's mind'란 표현도 자주 사용됩니다. '마음에서 빠져나가다', 즉 '깜빡했다'는 의미이지요.

꺼져버려!

Get away.

Take a hike.
On your bike.

상대방과 같이 있고 싶지 않을 때 쓰는 말입니다. 'on your bike'는 '네 자전거나 타고 썩 꺼져버려!'라는 의미가 담겨있는 표현으로 주로 어린아이들에게 많이 쓰는 말입니다. 'take a hike'의 경우 '나 좀 귀찮게 하지 말고 가서 산책이나 해!'라는 의미가 담겨있고요.

꼭 껴안아 줘.

세계 □

Hug me tight.

미국 □

Give me a big hug.

기차 탈선 사고가 일어났습니다. 엄청난 숫자의 사상자가 발생했고, 어쩌면 그 안에 당신의 남자 친구가 있을지도 모릅니다. 그 기차를 타고 오기로 했었거든요. 정신없이 병원으로 달려갔는데, 다행히도 그는 전혀 다치지 않았네요. 무슨 말이 필요하겠어요. 그저 꼭 껴안는 것 외에.

끝내줘.

세계 □

It is fantastic!

미국 □

It rocks.

암석 / 록 음악 / 흔들리다

정말 맛있는 음식을 먹었을 때라든지, 여행지에서 멋진 광경을 보았을 때라든지… 아니면 정말 멋진 이성을 만났을 때라든지. 그럴 때면 이런 감탄사가 절로 나오지요. 'rock'은 '감정적으로 흔들리게 하다'라는 의미로 쓰이기도 하는 단어입니다.

나 거기 가고 싶어 죽겠어.

세계 □

I really want to go there.

미국 □

I'm dying to go there.

여행을 좋아하시나요? 꼭 여행을 좋아하는 것은 아니더라도, 죽기 전 꼭 한번 가보고 싶은 장소는 누구나 한 곳쯤은 있을 것 같네요. 간절히 바라는 어떤 것에 대해 말할 때 'be dying to ~' 즉 '~하고 싶어 죽겠어'라고 표현할 수 있습니다.

나 겁먹었어.

세계 □

I got scared.

미국 □

I've got cold feet.

get cold feet : 겁먹다

무서운 일을 겪었을 때면 달아나려 해도 발이 떨어지지 않을 때가 있지요. 그런 상황을 'get cold feet', '발이 얼어붙었다'고 빗대어 표현할 수 있습니다.

269

나 그 여자애 좀 소개해줄 수 있어?

세계 ☐

Can you introduce her to me?

미국 ☐

Could you hook me up with her?
꼬리 / 걸다

'hook up with'는 어떤 식으로든 누군가와 엮이었을 때 쓸 수 있는 표현입니다. 특히 남녀 관계에 대해 말할 때 자주 사용하는 표현이지요. 가볍게 한두 번 만난 경우에도, 여러 번 만남을 가졌던 경우에도, 또는 잠자리를 갖는 경우에도 이 표현을 쓸 수 있습니다.

270

나 그것을 마셨어.

세계 ☐

I drank it.

미국 ☐

I downed it.
쭉 들이켜다

더운 날 운동을 하고 집에 들어와 보니, 당신을 위해 준비되어 있는 듯 시원한 물 한 컵이 식탁 위에 놓여있네요. 시원하게 들이켜 마시고 내려놓았는데, 주방으로 들어오던 동생이 소리치는군요. 그거, 어항의 물을 갈다가 잠시 받아놓은 것이라고요.

271

나 그녀에게 퇴짜 맞았어.

세계 ☐

I proposed to her, but she declined.
감소하다 / 거절하다

미국 ☐

I crashed and burned.
crash and burn : 망쳐 버리다 / 차이다

오랜 시간 동안 짝사랑을 하던 여자에게 고백했습니다. 하지만 보기 좋게 차이고 말았네요. 당신의 어디가 마음에 들지 않았던 것일까요.

272

나 너무 신난다!

세계 ☐

I am so excited!

미국 ☐

I'm so psyched!
 들뜬 / 흥분한

온종일 우울했습니다. 하려고 했던 일이 잘 안 됐거든요. 그런데 그 우울한 기분이 한 방에 풀렸네요. 집에 돌아오니 반가운 소식이 기다리고 있군요. 경품에 당첨되어, 이탈리아 여행 티켓을 받게 되었습니다.

273

나 누구 데려가도 되는 거야?

세계 ☐

Can I bring somebody?

미국 ☐

Can I bring a plus one?

파티에 초대를 받았습니다. 그런데 하필이면 그날이, 친구와 의 선약이 있는 날이네요. 파티엔 꼭 참석하고 싶지만 그렇다 고 해서 약속을 깨버릴 수는 없고… 아예 친구를 그 파티에 함 께 데려가면 좋을 것 같은데요.

274

나 몸치야.

세계 ☐

I can't dance well.

미국 ☐

I have two left feet.

ↆ춤을 잘 추지 못하다

양쪽 발이 모두 왼발이라면 춤을 제대로 출 수 있을 리가 없 습니다. 'have two left feet'는 춤을 추지 못함을 그런 상황에 비유한 표현입니다.

275

나 바빠 죽겠어.

세계 ☐

I am too busy.

미국 ☐

I'm tied up. ↆ묶다

I'm swamped. ↆ일이 많은 / 늪

I get my hands full.

늪에 빠지면 옴짝달싹할 수 없지요. 마치 늪에 빠진 것처럼, 너무 바빠서 꼼짝할 수 없을 때 'swamp'라고 하기도 합니다. 'tied up' 역시 어떤 일에 얽매여 있어 아무것도 할 수 없을 정 도로 매우 바쁘다는 의미로 쓰입니다.

276

나 밤 샜어요.

세계 ☐

I didn't sleep the whole night.

미국 ☐

I was up all night.

I stayed up all night.

온종일 피곤해서 미쳐버릴 것만 같네요. 틈만 나면 눈꺼풀 이 내려앉고, 평소에 하지 않던 실수를 반복하고… 이상함 을 느낀 동료가 물어오는군요. 왜 그러느냐고요. 사실은, 밤 을 새웠거든요. 이유는 말할 수 없습니다. 사실은, 새로 산 게 임기 때문이거든요.

I just fired her.

I just gave her the ax.

└ 도끼

'give someone the ax'는 누군가를 어떤 위치에서 몰아내는 상황에서 사용될 수 있는 표현입니다. 회사에서 직원을 해고할 때뿐만 아니라, 이성을 차버릴 때도 쓰일 수 있는 표현입니다.

나 방금 그녀를 해고했어.

I am hungry.

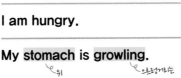

My stomach is growling.

└ 위   └ 으르렁거리는

우리의 몸은 아주 솔직합니다. 그중에서도 창자는 더더욱 솔직하고요. 음식을 끊어버리면 순식간에 반응이 오잖아요. 일단은 괴상한 소리를 내는 것부터 시작하지요. 배가 고프다는 말을, 으르렁거린다(growling)라고 표현할 수도 있네요.

나 배고파.

I feel like I'm alone.

I feel like a fish out of water.

물속에서만 사는 물고기가 물 밖으로 나온다면, 외딴곳에 홀로 동떨어진 느낌이 들겠지요. 아마도요. 그처럼 어떤 무리에서 홀로 동떨어져 있는 것 같은 소외감을 느낄 때 쓰는 표현입니다.

나 소외된 기분이야.

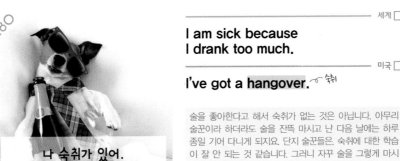

I am sick because
I drank too much.

I've got a hangover. └ 숙취

술을 좋아한다고 해서 숙취가 없는 것은 아닙니다. 아무리 술꾼이라 하더라도 술을 잔뜩 마시고 난 다음 날에는 하루 종일 기어 다니게 되지요. 단지 술꾼들은, 숙취에 대한 학습이 잘 안 되는 것 같습니다. 그러니 자꾸 술을 그렇게 마시는 것이겠지요.

나 숙취가 있어.

281

나 오늘 너한테 돈 엄청 썼어.

세계 ☐

I spent a lot of money on you today.

미국 ☐

I spent a fortune on you today.

↳ spend a fortune : 거금을 쓰다
fortune : 재산 / 운 / 부

우리가 흔히 행운이라는 뜻으로 알고 있는 'fortune'이라는 단어는 재산이나 부를 뜻하기도 합니다. 즉, 여기에서 'spend a fortune'은 행운을 지불한다는 의미가 아닌 거액을 쓴다는 의미입니다.

282

나 오늘 좀 우울해.

세계 ☐

I am a little depressed today.

미국 ☐

I'm a little down today.

아침부터 하루 종일 우울하네요. 이런저런 일들이 모두 복잡하게 꼬여버렸거든요. 저녁에 친구와 약속이 있긴 한데, 아무래도 취소해야 할 것 같습니다. 기분이 좋지 않을 때는 '다운되어 있다'라고 흔히 표현하고는 하지요.

283

나 음치야.

세계 ☐

I can't sing well.

미국 ☐

I can't carry a tune.

선율, 멜로디 / 조율하다

다른 사람들 앞에서 노래 부르는 것을 정말 싫어하는 당신. 노래방에 가서 마이크는 손에도 쥐지 않은 채 가만히 앉아만 있는데, 사람들이 자꾸 당신의 차례라며 마이크를 들이미네요. 사실, 단지 노래를 부르는 것이 싫어서가 아니라 심각한 음치라서 그러는 것인데 말이에요.

284

나 집에 갈게.

세계 ☐

I am going home.

미국 ☐

I'm heading home.

↳ (특정 방향으로) 가다

집에서 편히 쉬며 주말 저녁을 즐기고 있는데, 친구가 중요한 할 말이 있다며 불러내요. 술 한잔하자면서요. 그런데 그 '중요한 말'이라는 게 도대체 뭔지 모르겠군요. 쓸데없는 말만 계속하고 있고요. 그냥 혼자 있기 심심했을 뿐인 것 같네요…

나 커피 줄이려고 해.

I am trying not to
drink coffee too much.

I'm trying to cut down
on the coffee.

카페인은 순간적으로 몸에 활기를 가져다줍니다. 하지만 카페인을 지나치게 많이 섭취한다면 그게 몸에 좋을 리가 없습니다. 특히나 불면증이 있다면, 카페인 섭취를 최대한 줄이는 것이 좋다고 하네요.

나 파스타 잘해.

I am good at cooking pasta.

I make a killer pasta.

'killer pasta'라고 하면 누군가를 죽여버릴 수도 있는 파스타이니, 그만큼 맛있다는 뜻이겠지요. 진짜로 누구를 죽일 수 있는, 독이 들어간 파스타일 수도 있겠지만요.

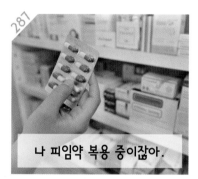

나 피임약 복용 중이잖아.

I am taking
birth control pills these days.

I'm on the pill. ← 피임약을 복용중인

아이를 가지는 일이 더 이상 반가운 일만은 아니게 된 것 같습니다. 한 명의 아이를 기르는 데에만 해도 양육비가 어마어마하게 많이 들어가잖아요. 아직 준비되지 않은 상태에서, 뜻하지 않게 아이를 가지게 되면 당황스러움이 앞서게 되지요.

나 해고됐어.

I am fired.
I got fired.

I got canned. ← 깡통 / 해고하다
I got a pink slip. ← 해고 통지서

예전에 외국에서는 해고 통지를 할 때 핑크색 종이를 사용하고는 했는데요, 그래서 해고됐다고 말할 때 'I got a pink slip'이라고 표현하기도 합니다.

77

나 화가 엄청났어.

세계 ☐

I am mad.

미국 ☐

I see red.

투우 경기를 보면, 투우사가 들고 흔드는 빨간 깃발을 향해 흥분한 소가 달려납니다. 아래의 표현은 그에서 유래한 표현입니다. 빨간 깃발을 본 황소처럼 화가 많이 났다. 흥분해 있다는 의미이지요.

나는 1년간 식당 종업원으로 일했어

세계 ☐

I worked as a waitress for a year.

미국 ☐

I waitressed for a year.

여종업원

파티 준비를 하는 중입니다. 아주 익숙한 솜씨로 테이블 세팅을 하는 당신을 보며 친구들이 놀라는군요. 그런 건 도대체 어디서 배웠느냐고요. 사실, 예전에 종업원으로 일한 적이 있었거든요. 접시 열 개를 한 번에 나르는 것쯤은 누워서 떡 먹기지요.

나는 SF 영화를 매우 좋아해.

세계 ☐

I like SF movies very much.

미국 ☐

I'm a big fan of SF movies.

어떤 장르의 영화를 좋아하시나요. SF 영화의 광이라면, 영화 기술의 발전이 더욱더 반가울 것 같네요. 요즘은 상상할 수 있는 거의 모든 것들이 영화를 통해 구현될 수 있잖아요.

나는 과거를 깨끗이 잊을 거야.

세계 ☐

I will forget the past.

미국 ☐

I will clean the slate.

없었던 일로 하다

'slate'는 '석판'인데요, 과거에 교실 등에서 칠판 대신 사용하던 필기도구입니다. 과거의 일을 깨끗이 잊겠다는 말을 'clean the slate', '석판을 깨끗이 지운다'라고 표현하기도 합니다.

나는 규정을 위반한 것이 없었어.

I didn't do anything wrong.

I broke no rules.

규칙

사실 공공질서를 지키는 것은 그리 어려운 일이 아닙니다. 조금만 더 신경 쓰고, 조금의 귀찮음만 감수하면 되는 일이지요. 그럼에도 불구하고, 우리는 대부분 몇 가지의 공공질서는 가볍게 무시하고 지나가는 것 같네요.

나는 그것을 상자에 넣었어.

I put it in a box.

I boxed it up.

'box up'은 '상자에 담다'라는 의미의, 두 단어로 이루어진 동사입니다. 무엇을 상자에 담을지 알려주는 목적어가 항상 필요겠지요? 아래의 예문에서 목적어는 'it'입니다. 두 단어로 이루어진 동사는 이와 같이 종종 목적어를 두 단어 사이에 끼워 넣곤 합니다.

나는 그녀와 연락이 끊겼어.

I can't reach her anymore.

I lost touch with her.

동창회에 나갔더니 누군가가 그 친구의 소식에 대해서 당신에게 묻는군요. 대학에 다닐 때만 해도 당신의 가장 친한 친구 중의 하나였거든요. 하지만 졸업을 하고 서로 바쁘게 지내다 보니, 어느새 연락이 완전히 끊겨버리고 말았네요.

나는 그들과 인맥을 쌓고 싶어.

I want to be a friend of them.

I want to network with them. 인맥을 형성하다
I want to build friendships with them.

우정

사회생활에서 가장 중요한 것 중 하나가 바로 인맥이라고들 합니다. 나중에라도 도움이 될 만한 사람들이 있다면 미리 사귀어 놓는 것이 좋지요.

297

나는 그를 유혹하지 않았어.

I didn't attract her.

I didn't make a pass at her.

make a pass at someone : ~를 유혹하다 / ~을 찌른다 / ~을 시도하다

'make a pass'는 원래 펜싱 경기에서 쓰이는 표현입니다. '찌르다, 공격하다'는 의미이지요. 하지만 구어로는 주로 '남자가 여자에게 추근대다, 수작을 걸다'라는 뜻으로 쓰이기도 합니다. 누군가에게 작업을 걸 때 '찔러본다'라고 표현하고는 하잖아요.

298

나는 그를 존경해.

I really respect him.

I put him on a pedestal.

(기둥,동상 등의) 받침대

'pedestal'은 '받침대'를 뜻하는 단어입니다. 'put someone on a pedestal'은 존경하는 인물의 동상을 받침대에 올려놓는 것처럼, 누군가를 존경하거나 숭배한다는 의미의 표현입니다.

299

나는 그와 화해했어.

I said sorry to him.

I made up with him.

make up with : ~와 화해하다

친한 친구들끼리 모여있는 그룹에서, 그 중 어느 둘이 크게 싸워 사이가 틀어져 있는 상태라면 난감한 기분이 들지요. 분위기는 냉랭한데 어느 편을 들어줘야 할지 모르겠고, 불편하고… 제발 그 둘이 화해하기를 기다리는 수밖에요.

300

나는 뻗어버렸어.

I couldn't do anything but sleep.

I was knocked out.

knock out : 녹초가 되다

야근이 잦은 직장에서 일을 하다 보면 주말에는 기진맥진해서 도저히 아무것도 하고 싶지가 않지요. 주말 내내 집 안에서 그저 뻗어있는 것밖에… 평일 내내 잠도 제대로 자지 못하고 일만 했으니까요.

301

세계 ☐

I am good at judging people.

미국 ☐

I'm a good judge of character.

인물 / 성격 / 주인공

나는 사람 볼 줄 알아.

'열 길 물속은 알아도 한 길 사람 속은 모른다'는 말이 있지요. 어떤 사람에 대해 제대로 된 판단을 내릴 수 있는 능력은 그래서 중요한 것 같습니다. 겉보기엔 아무리 착하고 좋은 사람처럼 보여도, 알고 보면 사기꾼인 경우도 많잖아요.

302

세계 ☐

I couldn't breathe well. 숨을 쉬다

미국 ☐

I was out of breath.

숨

나는 숨이 찼어.

아침잠이 많은 사람이라면 매일 출근길마다 본의 아니게 운동을 해야만 합니다. 지각하지 않으려면, 버스나 지하철 시간에 늦지 않기 위해 전력 질주를 해야만 하잖아요. 대중교통에서 내린 이후에도 목적지를 향해 다시 한번 달려가야만 하고요. 근무지에 도착했을 즈음엔 이미 숨이 턱까지 차올라 있지요.

303

세계 ☐

I am eating breakfast.

미국 ☐

I'm at breakfast.

나는 아침 식사를 하고 있어.

이른 아침부터 끊임없이 전화가 걸려오네요. 누구에게 걸려오는 전화인지는 알고 있습니다. 사실 오늘 오전 일찍 친구들과 만나기로 약속을 했었거든요. 하지만 한 통도 받지 않고, 모두 무시하고 있습니다. 왜냐하면… 당신은 식사 도중 방해를 받는 걸 정말 싫어하거든요. 지금은 아침 식사 중이고요.

304

세계 ☐

I never break my promise.

미국 ☐

I never go back on my word.

나는 약속을 절대 어기지 않아.

어디 속고만 살았는지, 당신과의 약속을 거듭 확인하는 친구. 친구를 대신해서 어떤 일을 대신해주기로 했거든요. 한 번만 더 물어온다면 이렇게 대답해주어야겠습니다. 내가 약속을 어길 일은 없다고요.

305

나는 영어가 서툴러.

세계 ☐

I am not good at English.

미국 ☐

I am **new** to English.

↳ ~에 서투른 / 초짜인

영어가 서툰 사람은 그것을 감추기 위해서, 영어를 사용할 기회가 오더라도 꿀 먹은 벙어리처럼 입만 다물고 있게 되는 경우도 있지요. 하지만 어떤 언어이든 스스로 말을 해 보면서 느는 법입니다. 아무리 서툰 영어라 하더라도 자주 사용해 보며 연습해 보는 습관을 가지는 것이 좋을 것 같네요.

306

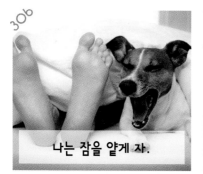

나는 잠을 얕게 자.

세계 ☐

I sleep lightly.

미국 ☐

I'm a light sleeper.

시끄러운 클럽에서도 잘 수 있을 정도로 잠을 잘 자는 사람이 있는 반면, 조그마한 소리에도 잠이 깨버리는 사람도 있습니다. 잠귀가 밝아 잘 깨는 사람을 'light sleeper', 한번 잠들면 쉽게 깨지 않는 사람을 'heavy sleeper'라고 합니다.

307

나는 처음 듣는 얘기야.

세계 ☐

I haven't heard of it.

미국 ☐

That's news to me.

다른 날과 별다를 바 없이 출근한 당신. 동료가 당신을 보더니 의아해하며 묻는군요. 오늘부터 다른 지역에 있는 사무실로 발령이 나지 않았냐고요. 그런 이야기는 처음 들어보는데 말이죠. 서둘러 인사팀에 확인해 봐야겠어요.

308

나는 코 수술을 했어.

세계 ☐

I got a plastic surgery on my nose.

미국 ☐

I got a nose job.

코 수술을 하면 사람의 인상이 아주 많이 바뀌어버린다고 하더군요. 하긴 성형 수술이라는 것 자체가 인상을 바꾸기 위해 받는 수술이긴 하지만요. 코 수술을 'nose job'이라고 표현하기도 합니다. 비슷하게 눈 수술은 'eyes job'이라 할 수 있고요.

82

309

나는 그의 편에 서겠어.

세계 ☐

I am going to support him.

미국 ☐

I'm going **with** him on this.

go with someone(something)
: ~를 지지하다

예전에 내게 도움을 준 적이 있는 사람이 지금 어려움에 빠져 있다고 합니다. 모두가 지금 그에게서 돌아서 있다고 하는군요. 하지만 당신은 그에게 빚이 있으니… 아무래도 그의 편에 서서 도와주어야 할 것 같네요.

310

나도 눈치는 있어.

세계 ☐

I can guess.

미국 ☐

I can take a hint.

눈치 없는 사람들 중에서도 이런 부류의 사람이 가장 상대하기 피곤한 것 같습니다. 스스로가 눈치가 있다고 생각하는 사람이요. 차라리 자기에게 눈치가 없다는 것을 알아차리고는 있는 사람이라면 그나마 더 낫잖아요.

311

나도 다 겪어봤어.

세계 ☐

I have the same experience.

미국 ☐

I got through, too.   헤어나다
I have been there, done that.

대화 도중 공감대를 형성하기 위해서 쓸 수 있는 말입니다. 상대방의 경험에 대해서, '나도 거기에 가 봤고, 다 해 봤어'라고 라는 의미로 쓰는 표현입니다.

312

나도 알고 싶어.

세계 ☐

I want to know.

미국 ☐

I wish I knew.

당신이 보기엔 그럭저럭 괜찮은 친구입니다. 성격도 좋고 외모도 그만하면 봐줄 만하고… 그런데 여자에게 고백을 했다 하면 그저 차이기만 하네요. 도대체 이유가 뭘까요.

나도 찬성.

세계 □

I agree.

미국 □

I second that.

어떤 상황에서든 자신의 의사를 표현해 다른 사람들에게 알리는 것은 중요한 것 같습니다. 어떤 사안에 대해서 찬성을 하는 것인지, 반대하는 것인지 혹은 다른 의견이 있는 것은 아닌지를 말이에요. 그저 가만히 주변의 상황이 흘러가는 것에만 맡기고 있는 사람은, 언젠가는 시종일관 반대만 던지는 사람보다도 더 못한 대접을 받게 되지요.

나도 포함해 줘.

세계 □

Let me join.
I want to join.

미국 □

Count me in. count somebody in
: ~를 포함시키다 / 끼우다

이번 주말에 다 함께 자전거 여행을 가기로 했다고 하는군요. 이미 숙소까지 다 예약해 놨다고요. 당신은 처음 듣는 소리인데, 설마 일부러… 'count'는 '숫자를 세다'라는 뜻의 단어인데요, 'Count me in'이라고 하면 '나도 그 안에 함께 세어줘'라는 의미가 되겠지요.

나도.

세계 □

Me too.

미국 □

So do I.
Me as well.
Same here.

누군가의 안내로 처음 가 본 식당, 도대체 메뉴를 정할 수가 없네요. 무슨 요리인지 알 수가 있어야지요. 그렇다면 상대방의 의견 뒤에, 그냥 이렇게 덧붙여 말할 수 있겠지요. '저도 그걸로 주세요'라고요.

나랑 데이트할래?

세계 □

Will you date with me?

미국 □

Will you go out with me?

~와 데이트 하다 / 사귀다

마음에 드는 이성이 있다면 망설이지 말고 일단 데이트를 신청해 보세요. 용기 있는 자가 미인을 얻는다고 하잖아요. 말도 못 꺼내고 우물쭈물 있다가 다른 사람에게 빼앗기느니, 차일 땐 차이더라도 일단 데이트라도 신청해 보는 것이 낫지요.

317

세계 ☐

Don't misunderstand me.

미국 ☐

Don't get me wrong.

나를 오해하지 마.

무심코 한 말이나 행동 때문에 오해를 받게 되는 경우가 있습니다. 아무리 그게 사실이 아니라 하더라도, 한 번의 오해로 생긴 이미지는 쉽게 바뀌지도 않지요.

318

세계 ☐

I don't know.

미국 ☐

Beats me.
　　　　　때리다 / 몰라치다

나야 모르지.

어떤 질문에 대한 답변으로 쓸 수 있는 표현입니다. '난 모르니까, 날 때리든(beat) 말이든 알아서 해'라는 의미이지요. 우리가 흔히 쓰는 말 중 '배 째'라는 표현과 비슷한 뉘앙스의 표현인 것 같네요.

319

세계 ☐

Did you say something bad about me?

미국 ☐

Did you bad-mouth me?
　　　　　　　헐뜯다 / 악담

나에 대해서 험담했었어?

'bad-mouth'는 누가 봐도 명사로 보입니다. '나쁜 입'을 의미하는 명사 말이에요. 하지만 영어에서는 수많은 명사들이 감쪽같이 동사로도 사용되곤 합니다. 예를 들어 'sugar'라고 하면 분명 '설탕'이라는 의미의 명사이지만 '설탕을 뿌리다'라는 동사로도 사용되지요.

320

세계 ☐

See you later.

미국 ☐

I'll catch you later.

나중에 봐.

헤어질 때 하는 인사말로 흔히 쓰는 표현입니다. 사실, 다신 마주치고 싶지 않은 사람과 헤어질 때도 이렇게 인사를 나누고는 하지요.

나한테 그런 거 물어보면 안 되는데.

세계 ☐

미국 ☐

You shouldn't ask me.

I'm the last person to ask.

누군가가 답해주기 곤란한 질문을 하는군요. 그냥 '물어보지 마'라고 직접적으로 말해줄 수도 있지만, 아래와 같이 그것을 좀 더 완곡하게 표현할 수도 있습니다. '난 그걸 물어볼 마지막 사람이야. 그러니 다른 데 가서 먼저 알아봐'라고요.

나한테 맡겨.

세계 ☐

미국 ☐

Let me do it.

Leave it to me.

친구들과 함께 캠핑하러 왔습니다. 고기를 굽기 위해 숯불에 불을 붙이려 하는데, 친구가 해 보겠다고 나서는군요. 하지만 하는 폼이 영 엉성합니다. 아무래도 당신이 직접 나서는 게 더 나을 것 같네요. 오늘 안에 고기를 구워 먹으려면요.

나한테 전화해!

세계 ☐

미국 ☐

Call me.

Buzz me. 전화하다 / 신호음
Hit my cell.
Give me a ring.

'전화할게'라든지 '언제 밥 한 끼 먹자'라는 말들은 사실, 인사 말 대신 쓰이는 '빈말'에 가까운 것 같습니다. 하지만 좋아하는 사람에게 그런 말을 들으면, 진짜 전화하겠다는 게 아니라는 걸 알면서도 기다려지고는 합니다.

나한테 줘! / 내놔!

세계 ☐

미국 ☐

Give it to me.

Hand it over to me.
건네주다

무엇인가를 요구할 때 쓰는 표현입니다. 정중하기보다는 조금은 강압적인 느낌이 강하지요. 명령문의 형태로 되어있는 표현이니까요. 당신이 아끼는 물건을 누군가가 가져가서 마음대로 사용하고 있다면, 이 표현을 사용해 돌려주라고 요구할 수 있겠군요.

325

난한테 책임 돌리지 마.

세계 ☐
Don't give me that responsibility.

미국 ☐
Don't lay all the blame on me.
놓다 / 두다
Don't shift the responsibility to me.
옮기다 / 이동하다

당신이 맡고 있던 프로젝트를 동기가 가로채 가 버렸습니다. 결과는 엉망이었고, 동기는 당신 탓을 하는군요. 당신이 잘못된 접근으로 시작했기 때문이라고요. 일은 자기가 저질러 놓고, 엉뚱한 곳에 책임을 돌리는군요.

326

난 가족이 우선이야.

세계 ☐
My family is the most important to me.

미국 ☐
Family comes first.
The priority is family.

어떤 상황에도 내 편이 되어줄 수 있는 사람이 있다면 그건 아마 가족이지 않을까요. 평소 가족을 우선으로 생각하고 잘 대해 주세요.

327

난 겨우 위기를 모면했어.

세계 ☐
I was almost dead.

미국 ☐
I was saved by the bell.
I managed to avoid a crisis.
manage to : 간신히 ~하다

복싱 경기를 보면 이런 장면을 가끔 보게 됩니다. 다운 직전의, 위기에 몰려있던 선수가 라운드의 종료를 알리는 벨 덕분에 가까스로 살아남는 장면이요. 그처럼 어떤 위기를 간신히 모면했음을 'saved by the bell'이라고 표현할 수 있습니다.

328

난 결정적 증거가 있어.

세계 ☐
I have a certain evidence for it.

미국 ☐
I have a smoking gun.
I have a certain proof of it.
확실한   증거

살해 현장에서, 용의자의 총에서 연기가 나고 있다면 그건 범인의 강력한 증거가 되지요. 때문에 결정적인 증거를 가리켜 'smoking gun'이라 표현하기도 합니다.

난 곤경에서 벗어났어.

세계 ☐

I am out of trouble.

미국 ☐

I am out of the woods.

숲(woods)속에서 길을 잃으면 많이 곤란스럽겠지요. 특히나 그곳이 처음 가보는 숲이라면요. 곤경에서 벗어났다는 말을 'out of the woods', '숲에서 벗어났다'라고 표현할 수도 있습니다.

난 곤란한 상황에 놓여 있어.

세계 ☐

I am in a trouble.

미국 ☐

I'm stuck.
I'm in a pickle. *곤란한 상황인 / 곤경에 처한*

처음 간 해외여행. 공항에 도착하자마자 소매치기를 당해서, 지갑이고 여권이고 모두 잃어버리고 말았네요. 완전히 곤경에 처해버리고 말았네요. 'in a pickle'은 밀폐된 피클 통에 갇힌 것처럼 아무것도 할 수 없는, 곤란한 상황에 부닥쳐 있음을 뜻합니다.

난 괜찮아.

세계 ☐

I am ok.

미국 ☐

I'm cool with it.

어떤 일에 대해서 그것 때문에 흔들리지 않는, 그것을 대수롭지 않게 여기는 태도를 '쿨하다'라고 표현하기도 합니다. 그러니 'I'm cool with it'이라고 하면 '그것을 신경 쓰지 않는다', 즉 '상관없다, 괜찮다'라는 의미가 되겠지요. 하지만 스스로 자신을 쿨하다 여기는 사람 중에서 정말로 쿨한 사람은 거의 없는 것 같기도 하네요.

난 그가 너무너무 싫어.

세계 ☐

I really hate him.

미국 ☐

I hate him to the bone. *뼈*

어떤 사람이 싫어지는 데는 다양한 이유가 있습니다. 하지만 그가 딱히 무슨 짓을 저지르지 않았더라도, 괜히 그 사람이 싫은 경우도 있지요. 보통 그런 경우를 '성격 차이'라고 설명하는 것 같네요. 'to the bone'은 '뼛속까지'라는 뜻으로, 무엇인가를 강조할 때 쓰는 표현입니다.

난 그걸 해내려고
필사적으로 노력했어.

I did my best to do it.

I bent over backward to do it.

bend : 굽히다 / 구부리다

'bend over backward'는 몸을 등 뒤쪽으로 구부린다는 뜻입니다. 정말 어려운 일이지요. 우리 몸은 앞으로 구부러지게 되어 있으니까요. 그 정도로 무엇인가를 하기 위해 많은 노력을 기울인다는 의미가 담긴 표현입니다.

난 그걸 해낼 수 있어.

I can do that.

I can pull that off.

pull something off : ~을 해내다

어떤 일을 하든 가장 중요한 것은 마음가짐인 것 같습니다. 해낼 수 있다는 자신감 말이에요. 하지만 그것도 과하면 독이 되지요. 3층 건물 옥상에서 뛰어내려 무사히 착지하기 같은 것을 시도할 때라면, 그땐 할 수 있다는 마음가짐은 자신감이라기보다는 멍청함이 되잖아요.

난 그걸 헐값에 팔았어.

I sold it cheap.

I sold it for a song.

스마트폰 같은 전자기기들은 출시한 지 시간이 조금만 지나면 가격이 크게 떨어져 버리고는 합니다. 그래서 최신형이라고 샀던 물건들을 나중에 중고로 팔아야 할 때는 속이 좀 쓰리기도 하지요. 헐값에 팔아야 하니까요. 거의 'for a song', 노래 한 곡 청해 들을 가격으로 말이에요.

난 그게 상상이 안 가.

I can't imagine that.

I can't picture that.

~을 상상하다

이사를 한 친구의 집들이 날, 친구가 엄청난 요리를 만들어 주겠다고 하는군요. 베이컨과 치즈를 곁들인 냉면이라고 하는데… 도대체 그게 무슨 요리라는 것일까요. 상상조차 할 수 없네요.

난 그냥 있어.

세계 □

I am doing nothing.

미국 □

I'm just killing the time.

연휴 기간 중입니다. 첫 번째 날엔 모처럼의 휴식에 그저 행복하게 집 안에서 빈둥거렸지만, 두 번째 날이 되니 이제 슬슬 지겨워지는군요. 재미있는 것도 없고, 하루 종일 무료함에 시들어가는 중이었는데 마침 친구에게 전화가 왔습니다. 무얼하고 있었느냐고 묻네요.

난 그녀는 딱 질색이야.

세계 □

I hate her.

미국 □

She turned me off.

그녀의 어떤 행동이, 그녀를 향한 나의 관심을 'turn off'해 버렸다는 뜻의 표현입니다. 'turn off'는 주로 '전기나 기계 등을 끄다'라는 뜻으로 쓰이는 말이지만 '신경이나 관심을 끊다'라는 뜻으로 쓰이기도 합니다.

난 그를 전혀 모르는데.

세계 □

I don't know him at all.

미국 □

I don't know him from Adam.

성경에서 말하는 인류 최초의 조상이 누군지 아시나요? 바로 '아담'입니다. 그러니 아래의 표현은 전혀 본 적이 없는 모르는 사람에 대해 위트 있게 과장한 표현이지요. 아담 때 즉 인류가 처음 생겨났을 때부터 모르는 사람이라고요.

난 남모르는 비밀이 있어.

세계 □

I have a secret
which nobody knows.

미국 □

I have a skeleton in the closet.

해골 / 배대   벽장

재치 있는 농담이 담긴 표현이네요. 장롱 안에 시체, 혹은 누군가의 유골이 들어있다면 그것보다 더 큰 비밀이 또 있을까요. 하지만 농담을 이해하지 못하는 고지식한 친구에게는 이 표현을 사용할 수 없겠군요. 경찰에 신고해버릴지도 모르잖아요.

난 너무 떨려.

I am so nervous.

I have butterflies in my stomach.

butterfly : 나비

여러 사람들 앞에서 발표를 해야 한다거나, 중요한 시합을 앞두고 있을 때면 누구나 긴장을 하고 가슴이 떨리기 마련입니다. 전혀 그래 보이지 않는 사람이라도 아마 사실은 그럴 겁니다. 단지 오랜 준비 기간과 노력이 있었기에, 전혀 떨리지 않는 것처럼 보일 뿐이겠지요.

난 너밖에 없어.

I only love you.

I only have eyes for you.

누군가를 간절하게 사랑하게 되면 그 사람밖에 보이지 않게 됩니다. 객관적으로 훨씬 더 괜찮은 사람이 있더라도 그쪽으로는 눈길조차 가지 않고요. 흔히 말해 '콩깍지가 쓰이다'라고 하지요.

난 너한테 빠져있어.

I love you.
I am loving you.

I'm into you.
끌려 떨리다 / 강렬한 사랑
I have a crush on you.

어떤 마음이든 감추기만 하면 병이 되는 법입니다. 자신의 마음을 솔직하게 표현하는 것도 필요하지요. 물론 그것도 너무 과하면 화가 되지만요. 적당한 선을 지키는 것이 중요한 것 같네요.

난 네 편이야.

I support you.

I'm on your side.

사람들은 누구나 '자기편'을 만들어 놓는 것에 대한 욕구가 있습니다. 그래서 누군가가 자신을 지지해 줄 때, 그것으로부터 안정감을 느끼고 그 사람에게 많은 것을 의지하게 되지요. 어떤 상황에서도 '난 네 편이야'라고 말해줄 수 있는 친구가 있으신가요?

난 단 것을 좋아해.

I like something sweet.

I **have a sweet tooth.**

단 걸 좋아하다

단 음식을 정말 많이 좋아한다면 이 표현을 사용해 말할 수 있겠군요. 얼마나 단 음식을 많이 먹었으면, 치아까지 달콤해져 있겠어요.

난 더 바랄 것 없이 행복해.

I am happy enough now.

I'm in seventh heaven.

유대인이나 이슬람교도들은 'seventh heaven'에 하느님과 천사가 있다고 생각한다고 합니다. 그에서 유래된 표현으로, 더 이상 바랄 것 없이 행복한 상황에 놓여 있을 때 아래와 같은 표현을 사용하기도 합니다.

난 돈이 없어.

I have no money.

I'm **strapped for cash.**

끈으로 묶다

'strap'는 '끈으로 묶다'라는 뜻의 동사입니다. 그러니 'strapped'는 끈으로 묶여있음을 의미하지요. 또한, 이 단어는 '돈에 쪼들리는'이라는 뜻의 형용사로도 사용됩니다. 돈이 없을 때 보통 '허리띠를 졸라매야 한다'라고 말하고는 하잖아요.

난 모조리 잃었어.

I lost everything.

I **went broke.**

go broke : 파산하다

단지 운만을 믿고 도박판에 뛰어드는 것만큼 어리석은 일도 없습니다. 자칫하단 가진 돈을 모두 다 잃어버린 후에야 거기에서 빠져나올 수 있을 테니까요.

349

난 보통 간식으로 견과류를 먹어.

세계 ☐

I usually eat nuts as snacks.

미국 ☐

I usually **snack** on nuts.

간식을 먹다

마트에 가는 친구가 간식거리를 좀 사다 주겠다고 하는군요. 예전 같으면 초콜릿이나 빵 따위를 사다 달라고 하겠지만, 지금은 아닙니다. 다이어트를 하기로 결심했거든요. 땅콩이나 조금 사다 달라고 해야겠군요.

350

난 본전이야.

세계 ☐

I have the same money as before.

미국 ☐

I **broke even.** break even : 손익이 없는

사람의 욕심은 끝이 없습니다. 도박을 하든 주식을 하든 돈을 조금 얻으면, 그때 그만두지 못하고 더 많은 것을 바라게 되지요. 돈을 잃었을 때도 마찬가지입니다. 잃은 것을 만회하려고 계속하다 보면 더 많은 것을 잃습니다. 본전이라도 건졌을 때 그만두는 것이 좋을 텐데요.

351

난 사양할게.

세계 ☐

I don't need it.

미국 ☐

I think I'll pass.

무엇인가를 사양하겠다는 말을 'I think I'll pass'라고 표현하기도 합니다. 다소 완곡한 표현이네요. 직역하면, '내 생각엔 내가 그건 그냥 넘어갈 것 같아' 정도의 의미가 되잖아요. 주로 어떤 음식을 권유하는 말에 대한 거절의 대답으로 많이 쓰입니다.

352

난 생계유지를 위해 돈을 벌어야 해.

세계 ☐

I have to earn money to live.

미국 ☐

I need to **make a living.**

생계를 꾸리다

'다 먹고 살자고 하는 짓인데'라는 푸념이 있지요. 먹고 사는 일처럼 힘든 일이 또 있을까요. 애초에 생계를 걱정하지 않아도 될 정도의 부자로 태어난 것이 아니라면요.

353

세계 ☐

I have a potential. 잠재적인

미국 ☐

I've got what it takes.

난 소질이 있어.

피아노를 배워보기로 결심을 했습니다. 친구는 콧방귀를 뀌는군요. 과연 네가 그걸 얼마나 하겠느냐면서, 분명 얼마 지나지 않아 때려치우게 될 것이라면서요. 본때를 보여줘야겠습니다. 당신이 얼마나 음악에 소질이 있는지 모르나 본데…

354

세계 ☐

I get so much stress.

미국 ☐

I'm under the gun.
스트레스를 많이 받는

난 스트레스를 많이 받아.

며칠째 불면증에 시달리고 있습니다. 아무래도 새로 맡은 프로젝트에 대한 스트레스 때문인 것 같네요. 누군가가 총을 들이대고 있다면 큰 압박을 받게 되겠지요. 그처럼 큰 스트레스를 받고 있는 상황을 'under the gun'이라고 표현하기도 합니다.

355

세계 ☐

I am really interested in sports.

미국 ☐

I'm really into sports.

난 스포츠에 관심이 많아.

당신이 좋아하는 사람이 스포츠광이라는 사실을 알게 되었습니다. 당신 또한 스포츠에 관심이 많다는 것을 어필하면 자연스럽게 접근을 할 수 있을 것 같네요. 물론, 당신이 사실은 스포츠를 그리 좋아하진 않더라도 말이에요.

356

세계 ☐

I usually make a lot of mistakes.

미국 ☐

I'm a screw-up.
일을 망침 / 실수

난 실수를 많이 하는 사람이야.

사람은 누구나 실수를 합니다. 완벽한 사람은 어디에도 없지요. 중요한 건, 자기가 저지른 실수를 받아들이고 그것을 바로잡기 위해 노력하는 자세인 것 같네요. 스스로가 저지른 실수를 절대 인정하지 않으려는 사람도 있잖아요. 그런 사람들을 가리켜 보통 '재수 없다'라고 하지요.

357

세계 ☐

I am useless.

미국 ☐

I'm a fifth wheel.

난 쓸모없는 사람이야.

자동차는 네 개의 바퀴로 이루어져 있지요. 'fifth wheel', 즉 다섯 번째 바퀴인 스페어타이어는 사고가 났을 때나 쓸모가 있지 보통은 짐만 될 뿐입니다. 커플 사이에 낀 눈치 없는 친구를 가리켜 'fifth wheel'이라 칭하기도 합니다.

358

세계 ☐

I am still considering.

미국 ☐

I'm still on the fence.

울타리 / 담장

난 아직도 고민 중이야.

어떻게 해야 할지, 어디로 가야 할지 정하지 못하고 있는 상황을 '담장(fence) 경계에 있다'고 빗대서 표현한 말입니다.

359

세계 ☐

I work more than ten hours.

미국 ☐

I put in ten hours of work or more.

난 열 시간 넘게 일해.

이제 막 입사를 한 친구가 불평을 늘어놓는군요. 매일 아침 일찍 일어나 출근하느라, 피곤해 죽을 것 같다고요. 하지만 어디서 그런 불평을… 그래도 그 친구의 회사는 퇴근 시간이라도 잘 지켜주는 것 같은데 말이죠. 매일 밤늦게까지 야근을 하는 당신과는 다르게 말이에요.

360

세계 ☐

I have got so much stress these days.

미국 ☐

I've been under a lot of pressure these days.

압박 / 압력

난 요즘 많은 압박을 받고 있어.

압박감은 사람을 점점 지치게 만들고, 결국에는 미치게 만들어 버립니다. 심한 스트레스를 받다 보면 뭔가를 '저질러' 버리고 말지요. 예를 들어 엄청나게 비싼 가구를 새로 산다든지, 직장을 때려치우고 여행을 간다든지…

Whenever I listen to this CD,
I always feel calm.

This CD never fails
to soothe my soul.

(마음을) 진정시키다

난 이 CD를 들을 때마다
마음이 편안해져.

친구가 음반을 한 장 추천해달라고 해네요. 마침 당신이 가장
좋아하는 CD가 가방 속에 있어. 그것을 추천해 주려 합니다.
그 음반을 들을 때마다 마음이 정말 편안해지고는 하거든요.

I am not good at it.

I'm all thumbs.

엄지손가락

난 이건 젬병이야.

모든 손가락이 엄지손가락처럼 생겼다면, 그 손으로는 무엇
인가를 제대로 할 수가 없겠지요. 연필을 잡고 글씨를 쓰는
것조차 힘들 것 같네요. 'I'm all thumbs'는 마치 손에 엄지
만 있는 것처럼 어떤 것을 잘하지 못한다는 의미로 사용되
는 표현입니다.

I can't do anything now.
There is nothing I can do about it.

I'm caught in the middle.

난 이러지도 저러지도 못하게 됐어.

일이 복잡하게 꼬이다 보면 나중에는 궁지에 몰려 아무것도
못하는 상황에 부닥치게 됩니다. 그야말로 '이러지도 저러지
도' 못하는 상황 말이에요. 그런 상황을 '중간에 끼어버렸다'
라고 말하기도 하지요.

I guess I'm not suitable for this.

I guess I am not cut out for this.

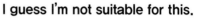

be cut out for~ : ~에 적합하다

난 이런 일에 안 맞나 봐.

좋아하는 일, 잘하는 일만 하고 살 수는 없습니다. 하지만 이
세상엔 아무리 해도 안 되는 일도 있는 법이잖아요. 안 되는
일을 계속 붙잡고 있느라 시간을 낭비하느니, 애초에 그것에
대한 판단을 잘 내리는 것이 중요하겠지요.

난 입이 무거워요.

세계 ☐

I am good at keeping secrets.

미국 ☐

My lips are sealed.
└ 봉하다

비밀스러운 이야기를 나눌 때는 다들 이렇게 이야기합니다. 나는 입이 무거우니, 비밀이 새어 나갈 걱정은 전혀 하지 말라고요. 하지만 그렇게 비밀을 들은 사람, 자기 입이 무겁다고 주장하는 다른 사람에게 다시 그 비밀을 전달할 테고… 그렇게 비밀은 돌고 돌게 되겠지요.

난 죽었다!

세계 ☐

I am in trouble.

미국 ☐

I am a dead man.

형이 정말 아끼던 기타를 실수로 부수어버리고 말았습니다. 게다가 이미 형은 그걸 눈치채고 있는 것 같고요. 빠져나갈 구석이 없네요. 형이 가만히 있을 리가 없으니… 이미 죽은 사람(dead man)이나 다름없지요.

난 쥐꼬리만 한 월급을 받고 일해.

세계 ☐

I don't earn that much.

미국 ☐

I work for chicken feed.
└ 푼돈

밤낮을 가리지 않고 일만 하는 당신, 하지만 하는 일에 비해서, 급여는 너무나 턱없이 모자란 것 같습니다. 'chicken feed', 고작 닭 모이나 살 수 있을 것이라고 해도 될 정도로요.

난 패배자야.

세계 ☐

I am a loser.

미국 ☐

I am the underdog.
└ 약자

어떤 경쟁에서 질 것이라고 예상되는 사람 혹은 관계에서 불리한 입장에 있는 사람을 'underdog'라고 칭합니다. 반대로 우위를 점하고 있는 사람은 'topdog'라고 칭할 수 있고요. 주로 스포츠나 정치 등의 분야에서 쓰이는 단어입니다.

난 포기란걸 몰라.

I never give up.

I'm no quitter.

중도 포기를 잘 하는 사람

고장 난 컴퓨터를 고치느라 벌써 두 시간째 그것에 매달려 있습니다. 친구는 포기하라고, 그냥 전문 업체에 맡기는 것이 낫겠다고 해요. 하지만 슬슬 오기가 생기는군요. 어떻게 해서든 내 손으로 끝을 봐야겠어요.

날 귀찮게 하지 마!

Don't bother me.

Don't bug me.
Get off my back.
Don't get in my hair. : 귀찮다

Stop getting under my skin.

get in someone's hair

날 놀리지 마.

Don't make fun of me.

Don't pull my leg.

걷고 있는 사람의 한쪽 다리를 슬쩍 잡아당기면 균형을 잃고 넘어져 버리게 됩니다. 친한 친구들 사이에서 흔히 써먹고는 하는 장난이지요. 그래서 'pull my leg', '다리를 잡아당기다'라는 말이 놀린다는 의미로 사용될 수 있습니다.

날 믿어줘서 고마워.

Thank you for believing me.

Thank you for having faith in me.

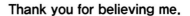

have faith in : ~에게 믿음을 갖다

사무실에 도난 사건이 발생했습니다. 도난이 발생한 것으로 추정되는 시간에 별다른 알리바이가 없는 것은 당신뿐이고, 그래서 다들 당신을 의심하는 듯한 눈치네요. 단 한 사람, 당신과 가장 친한 동료만 제외하고요.

날 설득 시켜 봐.

세계 □

Persuade me.

미국 □

Talk me into it.

↳ talk someone into : 설득하다

애초에 당신이 하기로 했던 발표입니다. 하지만 함께 일을 하는 동료 하나가, 그 발표는 꼭 자신이 해야 한다며 나서는군요. 자료를 모으고 발표를 준비하는 과정에서는 별로 참여를 하지도 않았으면서요. 이유가 뭔지 들어나 봐야겠네요.

날 열 받게 하지 마.

세계 □

Don't make me mad.

미국 □

Don't fire me up.

↳ fire up : 발끈해지다 / 불을 때다

화를 내 봐야 달라지는 건 별로 없습니다. 그 사실은 누구나 다 알고 있지요. 하지만 그렇다고 해서 모든 화를 다 참고 살 수는 없잖아요. 가령, 안 그래도 시험에 떨어져 기분이 좋지 않은데 누군가가 와서 자꾸 옆에서 깐죽거린다면…

날 염탐했어요?

세계 □

Did you keep watching me?

미국 □

Did you spy on me?

↳ ~을 염탐하다

최근 얼마 동안 당신을 좋아한다며 쫓아다니고 있는 사람이 하나 있습니다. 처음엔 당신을 좋아해 주는 사람이 있다는 마음에 기분이 좋기도 했지만, 갈수록 정도가 지나친 행동을 하는군요. 심지어는 당신이 어디에 있는지까지 알아내어 그 장소에 찾아오기도 하고…

날 좀 도와줘.

세계 □

Help me.

미국 □

Lend me five.
Lend me your hands.

↳ 빌려주다

어떤 일을 도와달라고 할 때, '손 좀 빌려줘' 혹은 '손 좀 써 줘'라고 표현하기도 하지요. 손을 'hand'가 아닌 'five'라고 말하기도 합니다. 손가락이 다섯 개니까 그러는 것이겠지요.

377

세계 ☐

Don't threaten me.

미국 ☐

Don't pull that card on me.

날 협박할 생각은 하지 마.

연극에서 주인공 역할을 맡게 되었습니다. 그 역할을 탐내고 있던 당신의 라이벌. 당신이 그 자리를 스스로 내어놓기를 바라는군요. 문제는 그가 당신의 비밀 중의 하나를 알고 있다는 것입니다. 그것으로 당신을 협박하려고 하지만… 어림도 없지요.

378

세계 ☐

It is getting warm!

미국 ☐

It's warming up!

날씨가 더워지네요!

봄을 맞이해 친구와 자전거 여행을 가기로 했습니다. 모든 준비를 마치고 출발 날짜만 기다리고 있는데, 갑자기 꽃샘추위가 찾아왔네요. 자전거를 타기엔 너무 추운 날씨가 되어버렸습니다. 매일 아침 초조하게 일기예보를 확인하고 있는데…

379

세계 ☐

I want to get a slim body again.

미국 ☐

I want to **get back in shape**.

get in shape : 몸매를 유지하다

날씬한 몸매로 돌아가고 싶어.

아무리 먹어도 살이 잘 찌지 않는 사람들이 있습니다. 정말 부러운 사람들이지요. 전생에 무슨 덕을 쌓았길래 그런 축복받은 체질을 가지고 태어난 것일까요. 대부분의 사람들은, 먹는 즉시 몸에서 반응이 와 버리잖아요.

380

세계 ☐

You are the biggest problem.

미국 ☐

Look who's talking!

남 말하고 있네.

큰 프로젝트 하나를 완전히 망쳐버렸습니다. 함께 참여했던 동료 중의 하나가 자꾸만 남 탓을 하는군요. 정작 프로젝트를 망치는 데 가장 크게 기여한 사람은 자기 자신이면서 말이에요. 시비를 가리는 재판을 한다면(judge), 바로 그가 재판의 대상이 될 텐데요.

내 룸메이트 소개해줄게.

Be a man.

Man up.

'남자다움'이라는 게 도대체 뭘까요. 대체로 '남자다움'을 주장하는 사람들은, 그것을 명목으로 어떤 양보나 희생을 강요하는 것 같아 짜증이 나기도 합니다. 하지만 당신과의 게임에서 졌다는 이유로 삼 일째 당신과 말도 섞지 않고 있는 친구가 있다면, 이렇게 말해 줄 수 있겠지요.

You know nothing.

You don't know P's and Q's.

P와 Q를 소문자로 쓴 'p'와 'q'는 방향만 반대지 모양은 똑같습니다. 농사 기구인 낫과 우리 말 자음 'ㄱ'이 비슷하게 생긴 것처럼요.

My contract ends in May.

My contract runs out in May.

↳ run out : 다 되다

스카우트 제의를 받았습니다. 지금 일하는 곳에서 받는 대우보다 훨씬 더 좋은 조건으로요. 마음 같아서는 당장 가고 싶고, 그쪽에서 당장 당신과 함께 일하기를 원하고 있지만… 안타깝게도 계약 기간을 다 채워야만 이직을 할 수 있다고 하네요.

I will introduce you to my roommate.

I'll fix you up with my roommate.

↳ fix up with : ~와 만남을 주선하다
fix : 고정시키다 / 주선하다

룸메이트와 함께 마트에서 장을 보고 있는데, 마침 당신과 가장 친한 친구 중에 한 명을 마주쳤습니다. 그러고 보니 둘이 잘 어울리는 커플이 될 듯합니다. 자리를 따로 마련해야겠는데요.

내 말 잘 들어.

Don't forget my words.

Mark my words.

↳ 유의해서 듣다 / 표시하다

낙제 점수를 받은 친구의 재시험을 위해 공부를 도와주고 있습니다. 시험에 나올 것이 분명한 부분에 대해서 이야기를 해 주고 있는데, 친구는 자꾸 딴청만 피우려 하네요. 'mark'는 무엇인가를 표시하는 것을 가리키는 단어인데요, '내 말을 mark 해 둬'라고 하면 잘 듣고 기억해 두라는 뜻이 됩니다.

내 말이 우습게 들리나?

Do you think I'm kidding?

You're talking out the side of your neck?

'talk out the side of your neck'은 수감자들끼리 서로 말하는 것이 금지되어 있던 시대에, 옆 사람과 대화를 할 때도 앞만 쳐다보고 말했던 것에서 유래된 말입니다. 상대방이 허풍을 떤다는 생각이 들 때나 별생각 없이 대답한다고 느낄 때 이 표현을 사용할 수 있습니다.

내 말이.

I agree with you.

That's what I'm saying.

동료와 함께 직장 상사의 욕을 하고 있습니다. 그는 상사에게 맺힌 것이 아주 많았었나 보군요. 그리고 사실 그건 모두 다 맞는 말입니다. 하지만, 동의하는 말은 마음속으로만 해야겠네요. 그 상사가 지금… 동료의 바로 등 뒤에 있거든요.

내 생일이 코앞에 다가왔어.

My birthday is coming soon.

My birthday is just around the corner.

이제 곧 생일입니다. 당신이 뿌렸던 것들을 거둘 시간이지요. 설마 당신의 친구들이 당신의 생일을 무시하고 지나가겠어요. 그들에게 해 준 게 얼마인데요. 미리 무엇인가를 준비할 수 있도록, 공지해 둬야겠네요.

내 실력 아직 안 죽었어!

I still can do it well.

I've still got it.

바에서 술을 마시다가 친구와 내기를 하게 되었습니다. 다른 것도 아니고, 다트로 한판 붙어보겠다는군요. 아무리 최근엔 전혀 하지 않았다고 하지만, 한때 다트에 푹 빠져 살았던 당신에게 말이에요. 실력을 보여줘야 정신을 차릴 것 같네요.

내 얘기 됐고.

Stop talking about me.

Enough about me.
↳ 충분한

오랜만에 만난 친구와 함께 바에 가서 대화를 나누는 중입니다. 한참 동안이나 당신에 대한 이야기를 늘어놓았는데, 그동안 친구는 맞장구만 칠 뿐 별다른 말이 없네요. 그 친구에 대한 이야기도 좀 듣고 싶은데 말이죠.

내 어머니는 평생토록
뜨개질을 해 왔어.

My mother has been knitting for her entire life.

My mother is a lifelong knitter.
↳ 평생 동안의

뜨개질을 이제 막 배우기 시작한 친구. 굉장히 자랑스럽다는 듯 자기가 뜨개질로 만든 물건들을 당신에게 보여주네요. 사실, 그 정도라면 당신이 보기엔 뜨개질의 걸음마 단계에도 못 미치는 수준인데 말이에요. 당신의 어머니가 뜨개질의 장인이었거든요.

내 자전거를 체인으로 묶었어.

I tied my bike with a chain.

I chained my bike.
↳ 쇠사슬로 매다 / 사슬

고가의 자전거라면 되도록 밖에 보관하지 않는 것이 좋은 것 같습니다. 자전거를 노리는 도둑들이 워낙 많잖아요. 아무리 튼튼한 체인으로 잘 묶어두었다 한들, 안장이나 바퀴만 빼서 가져가 버리는 경우도 있더라고요.

393

내 잘못이에요.

My mistake.

My bad.

'my bad'는 무엇인가 실수를 한 뒤에, '내가 그랬어~'라는 고백의 의미로 쓰는 말입니다. 조금 귀여운 뉘앙스가 담긴 표현이지요.

394

내 취향이 아니야.

It is not my style.

It's not my taste. ⌐맛 / 취향
It's not my cup of tea.

'one's cup of tea'는 관심사를 가지고 있는 일 혹은 즐겨 하는 일을 뜻하는 표현입니다. 'dish of tea'라고 해도 되지요. 차 마시는 것을 즐겨 했던 영국인들의 취향에서 유래한 표현이라고 합니다.

395

내가 (그것을) 조금만 마실게.

Let me drink a little (of it).

Let me have a sip (of it).
⌐한 모금 / 홀짝이다

몸이 좋지 않아 병원에 찾아갔더니, 앞으로 적어도 이 주 동안은 술을 입에도 대지 말라는 처방을 받았습니다. 그리고는 집에 돌아왔더니, 하우스메이트가 아껴뒀던 비싼 와인을 열어 마시고 있네요. 하필이면 오늘요. 도저히 못 참겠습니다. 아주 조금이라면 괜찮겠지요 뭐.

396

내가 가까스로 이겼어.

I managed to win.
I won, but it was not easy.

I won by a nose. ⌐아슬아슬한 접전
I won, but it was a close game.

친구와의 골프 대결. 이기긴 했지만 사실 운이 좋았습니다. 실력으로만 치면 친구가 더 뛰어나거든요. 하지만 오늘따라 공이 잘 맞더라고요. 'I won by a nose'를 직역하면 '한 코 차이로 이겼어' 정도의 의미가 됩니다.

내가 감당할 수 있는 일이 아니야.

That is a big problem that I can't handle.

It's out of my hands.

'손'은 신체 기관을 의미하기도 하지만, 어떤 사람의 영향력이나 권한이 미치는 범위를 가리키기도 합니다. 어떤 일에 관여하고자 할 때 '손을 쓴다'라고 말하기도 하잖아요. 반대로 어떤 일에 관여하기에 어려운 상황일 때는 '내 손 밖의 일이야'라고 표현할 수 있습니다.

내가 같이 있어 줄게.

I will be with you.
I will stay with you.

I'll keep you company. 같이 있음

친구가 많이 우울해하네요. 안 좋은 일이 한꺼번에 겹쳐 일어났다고 합니다. 외롭게까지 만들 수는 없으니, 함께 있어 주는 것이 좋겠지요. 'company'는 보통 '회사'라는 의미로 쓰이지만, 이 단어는 '일행'이라는 뜻으로도 '함께 있음'이라는 뜻으로도 쓰입니다.

내가 계산할게.

I will pay.
I will buy.

I've got this.
This is on me.
I will treat you.
I'll pick up the bill. 계산서
I'll pick up the tab. 계산서

내가 그것에 대한 정보를 말해 줄게.

I will give you the information about that.

I can bring you up to speed on it.

bring someone up to speed : ~에게 필요한 정보를 알려주다

친구가 불안해하고 있습니다. 시험이 얼마 남지 않았는데, 공부를 하나도 못했거든요. 마침 그 수업은 당신이 예전에 들었던 수업이고, 시험 족보도 가지고 있습니다. 친구에게 밥 한 끼 얻어먹을 좋은 기회로군요.

401

내가 꼭지가 돌았어.

세계 ☐

I was crazy.

미국 ☐

I snapped.

↘ 화를 폭발시키다 / 딱 하고 부러지다

실수를 저지르고 말았습니다. 친한 친구 중 하나에게 폭언을 퍼붓고 말았네요. 하지만 그게 그리 큰 잘못이라는 생각이 들지는 않습니다. 그가 먼저 당신의 꼭지를 완전히 돌게 만들었거든요.

402

내가 널 도와줄게.

세계 ☐

I will help you.

미국 ☐

I'll back you up.

'back up'은 '뒤에서 받들다', '도와주다'라는 뜻입니다. 누군가의 뒤에서 도움을 주고자 할 때 쓰는 말입니다. 야구 등의 스포츠 경기에서도 주전 선수가 경기에서 이탈했을 때, 그 대신 나설 수 있는 선수를 가리켜 '백업 요원'이라고 하지요.

403

내가 문제인 거야?

세계 ☐

Am I the problem?

미국 ☐

Is it me?

팀 프로젝트를 완전히 망쳐버리고 말았습니다. 도대체 누가 일을 이렇게 그르쳐버린 것이냐고 책임을 따져보는 중인데, 모두가 당신에게 눈치를 주네요. 설마… 모든 게 당신 때문이라고 생각하고 있는 것일까요.

404

내가 바보인 줄 아냐?

세계 ☐

I am not an idiot.

미국 ☐

I wasn't born yesterday.

친구가 당신을 곤란에 빠트리려고 뻔한 수작을 거네요. 자기 대신에 세미나에 참석해 주면 정말 근사한 저녁을 사 주겠다고요. 하지만 당신은 이미 알고 있습니다. 그 세미나엔 당신의 헤어진 전 여자 친구도 참석한다는 것을요.

내가 배웅할게.

세계 ☐

I will go with you to say bye.

미국 ☐

I'm going to see you off.

파티에서 마음에 드는 이성을 만났습니다. 하지만 여러 사람들과 함께 어울리는 자리인지라, 단둘이서 대화를 할 수 있는 기회는 한 번도 가지지 못했네요. 마침 그가 이제 집으로 돌아가겠다고 합니다. 말을 섞을 수 있는 절호의 기회이군요.

내가 비밀을 누설했어.

세계 ☐

I told others the secret.

미국 ☐

I let the cat out of the bag.

중세시대의 돼지 상인들은 자루(bag)에 고양이(cat)를 넣어 돼지인 것처럼 속여 판매하기도 했다고 합니다. 고양이를 가방 밖으로 나오게 했다는 말은 그에서 유래한 표현입니다. 비밀을 들통나게 했다는 것이지요.

내가 알기로는 아니에요.

세계 ☐

I think it's not.

미국 ☐

Not that I know of.

다음 주 월요일이 회사의 창립기념일이라고 합니다. 신입으로 들어온 옆자리의 동료가 물어보는군요. 그날 쉬는 것이냐고요. 하지만 당신 기억에, 작년엔 아마도 근무보다도 더 귀찮은 일을 했던 것 같네요. 창립기념 행사 따위 말이에요.

내가 약속할게.

세계 ☐

I promise.

미국 ☐

I'll give you my word.

단순히 어떤 스케줄에 맞추겠다는 약속이면 몰라도, 어떤 행동의 변화를 다지는 약속은 쉽게 하지 않는 것이 좋겠지요. 괜한 약속을 했다가 지키지 못하면 나중에 비웃음만 살 수도 있으니까요.

내가 없는 동안
나 대신 일해줄 수 있어?

409

세계 ☐

Can you work instead of me while I'm gone?

미국 ☐

Can you fill my shoes while I'm gone?

맡고 있는 중요한 업무가 있는데, 급한 일이 생겨 자리를 비워야만 합니다. 당신 대신 그 일을 해 줄 사람이 필요하겠지요. 누군가의 자리를 대신하는 것, 대체해 주는 것을 'fill one's shoes'라고 표현하기도 합니다.

내가 옛날에 좋아했지.

세계 ☐

I liked her.

미국 ☐

I had a crush on her.

강렬한 사랑 / 홀딱 반함 / 으스러뜨리다 / 밀어 넣다 / 짓남하다 / 짓밟다 / 잔뜩 몰려든 군중

'have a crush on'은 '~에게 홀딱 반하다'란 뜻의 표현입니다. 한눈에 반해버릴 정도로 강력한 감정에 부딪혔다는 의미로 이해하면 될 것 같네요.

내가 오늘 정신이 없네.

세계 ☐

I think I'm crazy today.

미국 ☐

I'm not myself today.

무엇인가에 정신이 팔렸을 때에는 평소 익숙하게 하던 일이라도 실수를 해버리고는 합니다. 일이 너무 많아 바쁠 때라든지, 아니면 전날의 과음 때문에 심한 숙취에 시달리고 있다든지… 그럴 때는 마치 내가 나 자신(myself)이 아닌 것처럼 느껴지기도 하지요.

내가 완전히 유리해.

세계 ☐

I am in the better position.

미국 ☐

I hold all the cards.

카드 게임을 하면서 모든 카드를 손안에 가지고 시작한다면 당연히 이길 수밖에 없겠지요. 상대방이 무슨 패를 내놓든 그것보다 높은 조합을 스스로 만들어 내놓기만 하면 되니까요. 상대보다 유리한 위치에 있을 때, 'hold all the cards'라고 표현할 수 있습니다.

413

내가 이럴 줄 알았지.

I knew it would be like this.
———————————— 세계 ☐

I saw this coming.
———————————— 미국 ☐

처음 일을 맡길 때부터 불안불안했습니다. 본인이 굳이 나서서 하겠다고 말하기에 믿고 맡겨보았던 것인데… 역시나 일을 망쳐버리고 말았네요.

414

내가 이렇게 빌게.

Please.
———————————— 세계 ☐

I'm begging you.
———————————— 미국 ☐
   └ 간청하다 / 구걸하다

친구에게 조금 심한 장난을 쳤습니다. 완전히 삐쳐버린 친구. 당신과 말도 하지 않으려고 하는군요. 연락을 해도 다 무시하기만 하고요. 당신의 잘못이니, 가서 싹싹 비는 수밖에 없겠지요.

415

내가 이성을 잃었어.

I was just crazy.
———————————— 세계 ☐

I really lost it.
I was out of my mind.
———————————— 미국 ☐

그냥 재미로 가볍게 해 볼 생각으로, 태어나 처음으로 경마장에 가 보았습니다. 하지만 경마장에서 나올 무렵엔… 당장에 가지고 있던 전 재산이 모두 탈탈 털려버렸네요. 어느 순간 이성을 잃고는 베팅 금액을 계속 높이다 보니…

416

내가 잘못했다고 몰아세우지 마.

Don't talk about
my fault again and again.
———————————— 세계 ☐

Stop giving me a hard time.
———————————— 미국 ☐

어쩔 수 없는 일이었습니다. 당신은 그저 선의의 거짓말을 했을 뿐이거든요. 당신이 몇 번 웃어준 덕분에, 이제 모두가 그 눈치 없는 친구의 농담을 들어줘야 하게 되었습니다. 그리고 이제 모두가 당신을 비난하는군요.

**I will meet him
directly to talk about it.**

I will talk to him in person.

내가 직접 만나서 이야기할게.

함께 일하던 동료 한 명을 일에서 제외해야만 하게 되었습니다. 누군가는 그에게 그 사실을 알려주어야 하는데 다들 기피하는군요. 아무래도 당신이 총대를 메야겠습니다.

Let me explain one by one.

Let me break it down for you.

내가 풀어서 설명해 줄게.

동생에게 과외를 해주고 있습니다. 수학 시험에서 낙제 점수를 받아왔거든요. 하지만 도대체 공부를 얼마나 하지 않았던 것인지, 당신이 하는 말을 하나도 알아듣지 못하는 눈치로군요. 하지만 어쩌겠어요. 처음부터 하나하나 풀어서 설명해 주는 수밖에.

I will try.

**I'll give it a try.
Let me take a crack at it.**

e 시도 / 금

내가 한번 해 볼게.

옆에서 훈수만 두고 있는 상황이라면 무슨 일이든 그저 쉬워만 보이지요. 그래서 여러 사람들이 어떤 하나의 문제를 해결하지 못하고 끙끙거리고 있을 때, 괜히 나서서 그것을 해 보고 싶은 생각이 들고는 합니다.

**You can't do that
until I allow you to do.**

Not until I say yes.

내가 허락하기 전엔 안 돼.

딱 걸렸네요. 집에 놀러 온 친구가 당신 몰래 찬장에서 위스키를 꺼내려는 장면을 포착했습니다. 정말 비싸고 좋은 위스키라, 당신도 아껴 마시고 있는 위스키인데 말이에요. 그걸 아무 허락도 없이 해치워버리려고 하다니…

내게 털어놔.

Just say everything to me.

Level with me.

~에게 솔직히 털어놓다

친구가 무슨 비밀을 감추고 있는 것 같습니다. 혼자서 전전긍긍하고 있네요. 도대체 무슨 일일까요. 'level'은 '수준, 수준을 맞추다'라는 뜻의 단어인데요, 'level with me'라고 하면 비밀을 공유함으로써 동등한 수준이 되는 뉘앙스가 담겨있는 표현입니다.

내숭 떨지 마.

Don't **pretend like** ~인 척하다
you are a pure person.

Don't play **coy**. 숫기반 체 하는
Don't play **innocent**. 숫기반

평소에는 거침없이 말하고 행동하는 털털한 친구인데, 오늘따라 얌전을 빼며 앉아있네요. 자리에 함께 하고 있는 남자 중에 마음에 드는 사람이 있는 모양입니다. 그러지 않고서야 저렇게 내숭을 떨 리가 없으니까요.

내일 가져다드릴게요.

I will bring it to you tomorrow.

I will get it to you tomorrow.

이웃의 고양이를 잠시 맡아주었습니다. 그런데 잠깐 창문을 열어둔 사이에, 고양이가 밖으로 빠져나가고 말았네요. 고양이를 찾으러 오겠다는 이웃. 큰일이네요. 서둘러 집을 나간 고양이를 찾아내야겠습니다. 일단은 그가 고양이를 데리러 오지 않도록 막아놓고요. 내일 직접 가져다드리겠다고요.

내일모레면 서른이다.

He will be thirty soon.

He's pushing thirty.

'서른'이라는 나이는 유독 특별한 의미로 다가오기도 합니다. 가장 젊음을 꽃피우는 나이인 이십 대가 끝나는 나이라서일까요. '곧 몇 살이 된다'라는 말은 다음과 같은 방식으로 표현할 수 있습니다.

I want to have a vacation tomorrow.

I'd like to take tomorrow off.
(일을) 쉬는

내일 휴가를 쓰고 싶어요.

오늘 밤 오랜 친구들과 다 함께 모이기로 했습니다. 축하할 일이 생겼거든요. 친구 중의 한 명이 작가로 등단을 하는 데 성공했다고 하네요. 아무래도 밤새도록 술을 마실 것 같으니… 가능하다면 내일은 휴가를 받아놓는 게 좋겠군요.

You have to leave her alone.

You have to ditch her.
~을 따돌리다 / 버리고 가다

너 그녀를 버리고 가야 해.

재난 영화나 공포 영화를 보면 이런 장면이 꼭 한 번쯤은 등장하고는 합니다. 위기에 빠진 누군가를 구해야 할지, 버리고 가야 할지 주인공이 고민에 빠지는 장면 말이에요. 'ditch'는 불필요한 어떤 것을 버린다는 뜻의 단어인데요, '헤어지다, 차버리다'라는 의미로도 쓰입니다.

Do you like her?

Do you have a thing for her?

너 그녀에게 마음 있니?

모임에 아주 예쁜 여자가 새로 들어왔습니다. 모든 남자들이 그녀에게 관심이 있는 것처럼 보이는군요. 당신 역시 마찬가지입니다. 일단 경쟁자가 얼마나 되는지 파악해 봐야겠군요. 정말 진지하게 그녀에게 마음이 있는 남자는 몇이나 되는지 말이에요.

Did you sleep with her?

Did you get laid?
잠자리를 가지다

너 그녀와 잤니?

친한 친구에게 새로운 여자가 생겼다고 합니다. 그것도 아주 예쁘고 섹시한 여자가요. 아마 남자들이라면 대부분 이것부터 궁금해하며 물어보지 않을까요? '너 개랑 잤니?'라고요. 남자들이란…

429

너 그럴 배짱 있어?

Are you brave enough to do that?

You got the guts? 〜 배짱 / 용기

누군가가 당신에게 사랑을 고백하는군요. 당신을 위해서라면 무엇이든 다 하겠다고, 사람이라도 죽일 수 있다고요. 글쎄요… 그럴 배짱도 없어 보이네요. 'gut'는 '내장' 혹은 '사람의 배'라는 뜻으로도, '용기, 배짱'이라는 뜻으로도 쓰이는 단어입니다.

430

너 그와 키스하고 있었잖아.

You were kissing him.

You were making out with him.
make out : 키스하다

친구가 어떤 남자와 스킨십을 하고 있는 것을 목격했습니다. 나중에 그와 사귀는 것이냐고 물어보니… 아니라고 잡아떼네요. 본 게 있는데 말이죠. 'make out'은 보통 조금 더 진한 키스를 의미합니다. 나아가 잠자리를 갖는 것을 의미하기도 하고요.

431

너 대체 왜 그래?

What happens to you?

What's your problem?
What's wrong with you?

함께 만난 친구 중 하나가 나쁜 일이 있었나 봅니다. 그런데 무슨 일인지는 몰라도 혼자 조용히 해결할 것이지, 기분 나쁜 티를 팍팍 내며 주위 사람들 모두를 불편하게 하고 있네요.

432

너 때문에 기분 나빴어.

I feel bad because of you.

You hurt my feelings.

아무 생각 없이 말을 툭툭 내뱉는 친구 때문에 기분이 상한 적이 한두 번이 아닙니다. 그렇다고 그때그때 그걸 지적하자니 왠지 쪼잔해 보일 것 같기도 하고요. 이번에도 그런 상황이 발생했습니다. 아무래도 한 번쯤은 제대로 말을 해줘야 할 것 같기도 하네요.

433

너 양다리 걸치는 거야?

세계 ☐

Do you have a second boyfriend?

미국 ☐

Are you two-timing him?
Are you cheating on your boyfriend?

two-time
: 바람을 피우다 / 속이다

'two-time'을 우리가 흔히 쓰는 말로 옮기자면, '너 두 탕 뛰는 거야?' 정도가 될 것 같네요.

434

너 술고래구나!

세계 ☐

You drink really a lot!

미국 ☐

You drink like a fish!

술을 아무리 많이 마셔도 지치지 않는 사람을 가리켜 '술고래'라는 표현을 사용하고는 합니다. 마치 고래가 물을 마시듯 술을 마신다는 의미이지요. 'drink like a fish', '물고기처럼 마신다'라고 하면 그와 비슷한 뉘앙스의 표현이 됩니다.

435

너 역겨워!

세계 ☐

You are disgusting.

미국 ☐

You are sick.

아픈 사람에게 아프다고 하는 거야 사실을 말한 것뿐이니 별 문제가 없겠지요. 하지만 전혀 문제없이 멀쩡한 사람을 가리키며 '너 아프구나'라고 한다면… 그건 명백히 욕이 됩니다.

436

너 우울해 보인다.

세계 ☐

You look depressed.

미국 ☐

You look down.
You have a long face.

기분이 좋지 않고 우울할 때면 어깨도 표정도 밑으로 축 처지고는 합니다. 그처럼 표정이 밑으로 처진 시무룩한 얼굴을 'long face'라고 표현하기도 합니다.

너 입 냄새 나.

Your mouth smells bad.

You have bad breath.

↳ 입 냄새

도대체 점심으로 무엇을 먹었던 것인지… 친구가 입을 벌릴 때마다 심한 악취가 나네요. 뭔가 조치를 취할 수 있도록 경고를 해줘야겠습니다. 친구를 위해서라도 그런 건 말해줘야겠지요. 그가 부끄러워하더라도요.

너 잘 있나 보려고 왔어.

I visited you to see if you are good.

I came over to check on you.

check on someone : ~가 (잘 있는지) 확인하다 ↗

'if you are good'은 '네가 잘 지내는지 그렇지 않은지'를 의미하는 명사절입니다. 조금 더 정확히 표현하자면 'if you are good or not'라고 해야 하지요. 'if'에 대해 흔히 사용하는 의미인 '만약에'와는 전혀 다른 의미이므로 주의해야 합니다.

너 정말 잘 차려입었구나!

You dressed up well!

You dressed to kill.

항상 후줄근한 트레이닝복만 입고 다니던 친구인데, 오늘은 정말 멋지게 차려입고 나타났네요. 못 알아볼 정도입니다. 'dress to kill'을 문자 그대로 직역하자면, '죽이게 차려입었다' 정도의 뉘앙스가 될 것 같네요.

너 진짜 못생겼다.

You are ugly.

You are ugly as sin.

↳ 죄

친한 친구가 자꾸만 당신의 치부를 건드리며 놀리네요. 눈에는 눈이고 이에는 이라고, 조금 치사하긴 하지만 외모를 가지고 반격을 해 주는 수밖에.

세계 ☐

Are you jealous?

미국 ☐

Do I detect a hint of jealousy?

간파하다

너 질투하는 것 같은데?

질투심에 눈이 먼 사람은 때때로 지나치게 과격하거나 어리석은 짓을 저지르고는 합니다. 하지만 연인 사이에서 가벼운 질투심은 오히려 귀엽고 사랑스럽게 여겨지지요.

세계 ☐

You dance very well.

미국 ☐

You can really bust a move!

부수다

너 춤 정말 죽이게 춘다.

말이 많거나 활달하지 않아 평소 숙맥처럼 보이던 친구. 그런데 어느 날, 클럽에 놀러 갔다가 그 친구가 클럽에 와 있는 것을 발견했습니다. 그런데 춤을 정말 잘 추네요. 보기와는 다르게 클럽에서 살다시피 한다는 소문이 사실인가 봅니다.

세계 ☐

Don't do that any more.

미국 ☐

Don't let me catch you.

너 한 번 걸리기만 해.

모른 척 눈감아 주는 것도 한두 번이지… 동생이 자꾸만 당신의 태블릿 PC를 몰래 가져가 가지고 노는군요. 그래놓고는 자기는 손댄 적 없다고 모르는 척을 하고요.

세계 ☐

Your doctor doesn't know anything.

미국 ☐

Your doctor is a quack.

돌팔이 의사

너네 의사는 돌팔이야.

친구가 벌써 일주일째 감기를 앓고 있습니다. 병원에 다녀왔는데도 별 차도가 없다는군요. 'quack'은 '사기꾼'을 의미하는 구어적인 표현입니다. 의료인과 관련해서 이 말을 쓸 때는 '돌팔이'라는 의미가 담겨있습니다.

너는 골초야.

세계 □

You smoke too much.

미국 □

You are a **heavy smoker**.

골초

담배를 자주 피우다 보면 담배 냄새가 아예 몸에 배어버리기도 합니다. 게다가 정작 담배를 피우는 그 자신은 그것을 눈치채지 못하고요. 그러니 골초라고 해서 다른 사람으로부터 싫다는 소리를 듣지 않으려면, 스스로 관리를 잘하는 것이 좋겠지요.

너는 그가 필요로 하는 바를
잘 헤아릴 줄 알아야 해.

세계 □

You should figure out what he needs.

미국 □

You must be **sensitive** to the needs of him.

섬세한

시험공부를 할 때, 출제자의 의도를 파악하는 것이 중요하다고 하지요. 사람 사이의 관계도 마찬가지인 것 같습니다. 상대방에게서 무엇인가를 얻어내려면, 먼저 그가 필요한 것은 무엇인지를 알아내는 것이 중요하지요.

너는 눈치가 빨라.

세계 □

You **realize** other's feeling very quickly.

깨닫다

미국 □

You're quick.

'quick'은 '재빠르다', '신속하다'라는 뜻의 단어입니다. 말 그대로 동작이나 행동이 신속한 사람을 뜻하기도 하지만, 두뇌 회전이 빠르고 눈치가 좋은 사람을 가리켜 이렇게 표현하기도 합니다. 하긴 눈치가 좋아야 행동도 빠릿빠릿할 수 있을 것 같네요.

너는 밀당을 해야 해.

세계 □

Don't be so easy.

미국 □

You need to play hard-to-get.

연애를 시작할 때 '밀고 당기기'를 하는 것이 중요하다고 합니다. 쉽게 마음을 내줘서는 안 된다는 것이지요. '밀당한다'라는 말을 영어로는 'play hard-to- get'이라고 표현할 수 있습니다.

449

You have a talent.

You're a natural.

└ 타고난 사람

너는 타고났어.

어떤 일은 노력만으로 해결되지 않는 것 같습니다. 가령 노래를 부르는 일이라든지요. 노력을 통해 노래를 잘하게 될 수도 있지만, 정말 멋진 목소리를 타고난 사람을 이기기는 힘들지요.

450

You always do everything as you want.

You always get your own way.

너는 항상 네 마음대로 해.

물건을 고르는 데 도움을 달라는 친구. 그 친구를 위해서 이런저런 조언들을 많이 해줬습니다. 그런데 결국엔, 당신의 조언과 전혀 상관없는 물건을 구매하는군요. 그렇게 마음대로 할 것을 도대체 왜 물어봤는지 말이에요.

451

You too.

Right back at you.

너도 마찬가지야.

같은 집에 살고 있는 하우스메이트와 말싸움을 하는 중입니다. 그가 당신을 비난하는군요. 도저히 더러워서 못 봐주겠다고, 정리 좀 똑바로 하고 살라고요. 자기도 마찬가지이면서 말이에요. 냉장고 안에는 그가 먹다 남기고는 버리지 않은 음식물들이 가득 쌓여있거든요.

452

Isn't it too sudden?

It's kinda out of the blue.

갑자기

└ kinda= a kind of : 일종의

너무 느닷없는 거 아니야?

바로 어제까지만 해도 아무런 조짐도 없이 회사를 잘 다니던 동료인데… 오늘 하루아침에 정리해고를 당했다고 합니다. 마른하늘에 날벼락 같은 소식이네요. 어쩌면 당신도 그렇게 될지도 모르니… 몸을 사려야 할지도 모르겠어요.

너무 배고파!

세계 □

I am starving.

미국 □

I could eat a horse.

아래의 'I could eat a horse'는 너무 배가 고파서 심지어는 말이라도 먹을 수 있겠다는 표현입니다. 예전에 말은 유일한 이동 수단이나 다름없었지요. 그토록 중요한 재산을 식사로 해치워버리겠다니, 얼마나 배가 고프면 그러겠어요.

너무 서둘지 말란 말이야.

세계 □

Don't be in a hurry.

미국 □

Don't rush in.

서두르다

여행을 가려면 아직 일주일이나 남았는데, 같이 여행을 가기로 한 친구는 이미 짐을 다 싸서 문 앞에 대기시켜 놨다고 하는군요. 오랜만에 가는 여행에 신이 난 건 알겠지만 너무 서두르고 있는 것 같네요. 비행 날짜보다 하루 전에 미리 공항에 가서 기다리고 있을 것만 같은 기세로군요.

너무 큰 기대는 하지 마.

세계 □

Don't expect too much.

미국 □

Don't get your hopes up.

어떤 일에 큰 기대나 희망을 가지고 있을 때면 구름 위에라도 올라간 양 기분이 붕 뜨게 됩니다. 아래의 표현처럼 말이에요. 하지만 기대가 크면 실망도 큰 법. 그렇게 하늘 끝까지 올라가 있던 기대가 좌절되었을 때면 좌절감 역시 그만큼 크게 다가오지요.

너에게 잘 어울린다.

세계 □

You look pretty with that.

미국 □

It looks good on you.

쇼핑을 다녀온 친구가 새로 산 옷을 보여주네요. 아주 비싸게 주고 샀다고 합니다. 사실, 당신이 보기엔 그저 그래보이는군요. 하지만 어쩌겠어요. 비싼 옷이라는데, 마음이 상하게 할 수는 없지요. 그저 잘 어울린다고 해 주는 수밖에…

457

너와 같이 있으면 정말 즐거워.

I really enjoy when
I'm with you together.

I really enjoy your **company**.

함께 있음

함께 있을 때면 즐거운 일이 끊이질 않고 일어나는 사람들
이 있지요. 말주변이 좋다든가, 엉뚱한 일을 잘 저지른다거
나 하는 사람들이요.

458

너희 엄마가 알면 난리 날 거야.

If your mother knows,
she would be angry.

If your mother knows that,
she would **flip out**. 화내다 / 난리를 피우다

미성년자인 동생이 담배를 피우고 있는 것을 현장에서 붙잡
았습니다. 'flip'은 '뒤집히는 것', 또는 '뒤집는 것'을 의미합니
다. 즉 'flip out'은 뒤집어질 정도로 열이 받아서 흥분하는 것
을 의미합니다.

459

넌 겁쟁이야.

You are a coward.

You're **yellow**.

겁이 많은 / 노란색의

영어에서는 사람의 감정을 색으로 표현하기도 합니다. 대
표적인 것이 바로 우울함을 나타내는 'blue'이지요. 그처럼
'yellow'는 겁이 많음을 의미하는 색으로 흔히 쓰입니다.

460

넌 굉장히 가치 있는 사람이야.

You are **valuable**. 가치가 있는

You are **worth** your weight in gold.

자격이 있는

친한 친구가 완전히 자신감을 잃어버린 채 실의에 빠져있습
니다. 계속해서 취업에 실패하고 있거든요. 능력이 괜찮은 친
구인데, 아무래도 운이 따라주지 않는 것 같습니다. 위로해주
어야겠네요. 너의 가치를 알아주는 곳이 아직 나타나지 않았
을 뿐이라고요.

461

넌 그 여자 어디가 그렇게 좋니?

세계 ☐

Why do you like her so much?

미국 ☐

What do you see in her?

사랑에 빠지면 눈에 콩깍지가 쓰인다고들 하지요. 그래서일까요. 당신이 보기엔 그저 그런 여자 중의 한 명일 뿐인데, 당신의 친구는 그녀가 그렇게도 좋다고 하네요. 도대체 그녀의 안에서(in her) 어떤 좋은 점을 본(see) 것일까요.

462

넌 나한테 찍혔어.

세계 ☐

You had better watch out.
I keep watching how you are doing.

미국 ☐

You are in bad with me.

be in bad with someone : ~와 사이가 안 좋다

근무 시간에 인터넷 쇼핑하는 것을 어쩌다가 상사에게 들켜버렸네요. 그 이후로 회사에서 일어나는 모든 문제는 당신의 탓이 되었군요. 아무래도 단단히 찍혀버린 것 같습니다.

463

넌 날 화나게 하고 있어.

세계 ☐

You are trying to make me angry.

미국 ☐

You're trying to push my buttons.

push someone's buttons : 성질을 건드리다

정작 본인은 자기가 지금 무슨 말을 하고 있는지 모르는 것 같네요. 저렇게 아무렇지도 않게 당신의 신경을 살살 긁는 말을 하고 있는 것을 보면요. 경고를 좀 해줘야겠네요.

464

넌 남자 볼 때 뭐 봐?

세계 ☐

What is the most important thing to choose your man for you?

미국 ☐

What do you look for in men?

모든 남자들이 궁금해하지요. 여자들은 남자를 볼 때 어떤 부분을 보는지, 여자들이 원하는 것은 무엇인지 하고요. 다양한 기준이 있겠지만, 어떤 기준이든 그리 중요한 것 같지도 않습니다. 항상 얼굴 타령만 하던 여자도 어느 날 정말 못생긴 남자와 함께 나타나고는 하잖아요.

465

넌 내게 정말 소중한 사람이야.

You are the important person to me.

You are the apple of my eye.

무슨 짓을 하더라도 믿고 지지해 줄 수 있을 것 같은 소중한 친구가 있으신가요. 그런 정말 소중한 사람을 가리켜 'apple of me eye'라고 표현할 수도 있습니다. 눈에 넣어도 아프지 않을 사람이라는 의미이지요.

466

넌 너무 고지식해(따분해).

You are boring.

You are so square.
정사각형

융통성 있는 사람을 가리켜 성격이 '둥글다'고 하잖아요. 그렇다면 '네모난' 성격은 어떤 것을 가리킬까요. 고지식한 사람을 가리키는 표현으로 네모나다, 'square'를 사용하고는 합니다.

467

넌 너무 낙관적이야.

You are too optimistic. 긍정적인
You think everything too positive.

You see the world through
rose-colored glasses.

무엇이든 낙관적으로만 생각하는 사람도 있지요. 장밋빛 (rose-colored) 유리잔을 통해 세상을 보는 것처럼요.

468

넌 너무 수다스러워!

You are so talkative.

You are such a chatterbox.
수다쟁이

'chatterbox'는 말이 정말 많은 사람을 가리키는 단어입니다. '수다를 떨다'라는 뜻의 단어인 'chatter'와 'box'가 합쳐진 것이지요.

469

세계 □

You will be in a trouble because of this.

미국 □

You will pay for this.

'공짜 점심은 없다'라는 말이 있습니다. 어떤 일이든 공짜는 없다, 그에 대한 대가를 지불하게 되어있다는 뜻의 말입니다. 당장의 달콤함에 이끌려 석연치 않은 어떤 일을 하려는 친구가 있다면, 이렇게 말하며 말려 줘야겠지요.

넌 대가를 치르게 될 거야.

470

세계 □

You should be honest to everybody.

미국 □

You should be *솔직하게 굴다* straight with people.

솔직함만큼 커다란 무기도 없습니다. 아무리 큰 잘못을 했다 하더라도, 그것을 숨기기 위해 다시 거짓말을 하고 일을 더 크게 만드느니 처음부터 솔직하게 말하고 용서를 구하는 것이 훨씬 낫지요.

넌 사람들에게 솔직하게 굴어야 해.

471

세계 □

You are telling a lie.

미국 □

You are lying through your teeth.

냉장고에 들어있던 케이크가 사라졌습니다. 이런 짓을 할 사람은 하나밖에 없네요. 바로 당신의 동생 말이에요. 방으로 쳐들어가 물어보니, 역시나 자기는 모르는 일이라고 잡아뗍니다. 하지만, 생크림의 흔적이 남아있는 접시는 아직 책상에서 치우지 못했군요.

넌 새빨간 거짓말을 하고 있어.

472

세계 □

You need to think carefully.

미국 □

You should put your thinking cap on. *put something on : ~을 입다 / 쓰다 / 걸치다*

생각해 보라는 말을 'thinking cap', 생각 모자를 써야 한다고 표현할 수도 있습니다. 중세 시대, 학자들이 쓰던 사각모를 쓰면 생각의 능력이 키워지는 것이라 믿는 사람들이 있었다고 하네요. 그에서 유래한 표현입니다.

넌 심사숙고해 봐야 해.

473

년 좋겠다.

You are lucky.

Lucky you.

이상하게 그 친구에게는 운이 따라다니는 느낌입니다. 별다른 노력을 하지 않는데도 일이 척척 풀리는 것 같네요. 오늘만 해도, 어젯밤 밤새도록 술을 마시고는 학교에 가지 않았다고 하는데… 마침 갑작스럽게 모든 수업이 휴강 되었다고 하는군요.

474

년 하나밖에 모르는구나.

You are so focussed.
You can't notice anything else.

You have a one-track mind.

한 가지 생각에 빠져 그것에 집착하게 되면, 그 외의 다른 것들은 전혀 눈에 들어오지 않게 되지요. 그런 편협한 생각을 가리켜 'a one-track mind'라고 표현할 수 있습니다.

475

년 항상 그의 편을 들잖아.

You are always
saying that he is right.

You always take his side.
You are always on his side.

당신에게 나쁜 감정이라도 있는 것인지, 무슨 일만 있으면 당신보다는 상대방의 편을 드는 친구. 더 이상은 못 참겠습니다. 뭐라고 한 마디 해줘야겠어요.

476

널 껴안고 싶어.

I want to hug you.

I want to cuddle you.
껴안다

귀엽고 사랑스러운 어떤 것을 볼 때면 가서 꼭 안아주고 싶은 충동이 들고는 합니다. 하지만 무작정 그렇게 들이댔다가는 큰일이 날 수도 있지요. 고양이라고 해도 함부로 껴안았다간 발톱에 긁힐 수도 있잖아요.

널 여기서 만나다니!

I am so surprised to meet you here.

Fancy meeting you here.

놀람이나 충격을 나타냄

해외여행을 하는 도중 초등학교 동창을 만났네요. 의외의 장소에서 의외의 사람을 만났을 때면 정말 반갑지요. 오래전 당신에게 사기를 치고 도망갔던 사기꾼이라면 더더욱 반가울 것 같네요. 어린 시절 헤어졌던 단짝보다도 말이에요.

널린 게 여자 (남자)야.

There are so many women (men) in the world.

There are plenty of fish in the sea.

평서한 양의

바다에는 셀 수도 없이 많은 물고기들이 있습니다. 여자 혹은 남자도 마찬가지입니다. 꼭 그 남자가 아니더라도, 거리에 나가 보면 널린 게 남자잖아요. 이성에게 차인 친구에게 이런 말로 위로를 해 주고는 하지요.

네 감정을 상하지 않게 하려고
최선을 다했어.

I have been doing my best to protect your feelings.

I've been bending over backwards to protect your feelings.

bend over backwards : (~하기 위하여) 최선을 다하다

뒤로 몸을 젖히는 것은 힘든 일이지요. 그에서 나온 말로, 'bend over backwards'는 불가능하더라도 끝까지 최선을 다하는 것을 의미합니다.

네 것이 더 많아.

You got the most of it.

You got the lion's share.

몫 / 공유하다

'lion's share'는 '분배된 것 중에서 가장 큰 부분 또는 가장 좋은 몫'을 가리키는 말입니다. 이런저런 이유로 먹잇감 중 대부분을 차지해 버리는, '이솝 우화'에 등장하는 사자에서 유래한 표현입니다.

481

I will remind you of it.

세계 ☐

Let me refresh your memory.

미국 ☐

생각을 되찾게 하다 / 기억을 되살리다

네 기억을 되살려 줄게.

당신에게 돈을 빌려주기로 약속을 했던 친구, 하지만 막상 때가 되니 그런 말 한 적 없다며 잡아떼네요. 이럴 때를 대비해서 그 친구가 하는 말을 몰래 녹음해 뒀었습니다. 과연 그걸 듣고도 끝까지 잡아뗄 수 있을까요.

482

I had a great day with you.

세계 ☐

You made my day.

미국 ☐

네 덕분에 즐거웠어.

기대하지 않고 나간 소개팅이었습니다. 하지만 상대방이 예상 외로 너무나도 괜찮은 사람이네요. 하루 동안 데이트를 하는 내내 너무나도 즐거운 시간을 보냈던 것 같습니다.

483

I will follow your opinion.

세계 ☐

I'm all yours.

미국 ☐

네 뜻대로 할게.

무엇인가를 선택해야 하는 것이 힘들 때가 종종 있습니다. 중요한 일도 아닌, 그저 사소한 일에 불과할 때라도 말이에요. 점심 메뉴 하나 정하는 데에도 한참 동안 고민하기도 하잖아요. 차라리 상대방에게 모든 결정 권한을 줘버리고, 그것에 무조건 따르는 것이 더 편할 때도 있습니다.

484

I know what you mean, but…

세계 ☐

With all due respect…

미국 ☐

존경

네 뜻은 알겠는데…

사업 방향에 대해 토론을 하는 중입니다. 누군가가 번번이 당신의 의견에 반론을 제시하네요. 그것도 그럴듯한 이유를 드는 것도 아니고요. 그 의견은 너무 이상적이기만 하거든요. 설득을 시켜야겠습니다.

485

네 맘 다 알아.

세계 ☐

I understand you.

미국 ☐

I feel for you.

누군가와 대화를 하고 싶다면 일단 상대방에게 '공감'을 해 주는 것이 가장 중요하지요. 도저히 공감할 수 없는 말을 하더라도, 일단은 이해하는 척하세요. 호감을 느끼고 있는 상대방이 하는 말이라면요.

486

네 맘대로 해.

세계 ☐

You decide.

미국 ☐

Up to you.
Suit yourself.

결국에는 자기 마음대로 할 것이면서, 괜히 당신에게 의견을 물어보는 친구. 나중에 일이 잘못되었을 때 돌아올 비난을 피하고 싶은 것이겠지요. 뭐라고 하겠어요. 그냥 네 맘대로 다 알아서 하라고 하는 수밖에.

487

네 솜씨가 단연 최고야.

세계 ☐

You are really good at it.

미국 ☐

Yours definitely takes the cake.

'cakewalk'라는 춤을 추는 대회에서는, 우승자에게 커다란 케이크를 선물로 주었다고 합니다. 'take the cake'는 그에서 나온 표현으로 '최고이다, 압권이다'라는 뜻으로 쓰입니다. 반어적으로 사용되기도 합니다. '참 잘났네'라는 비꼬는 듯한 뉘앙스로요.

488

네 스타일은 뻔해.

세계 ☐

Your style is the same
all the time. ⌒ 내내 / 줄곧

미국 ☐

You are in a rut.
⤷ in a rut : 틀에 박힌 / 단조로운
rut : 홈 / 틀에 박힌 생활

음악을 하는 친구가 새로운 곡을 썼다며 당신에게 들려주네요. 하지만… 저번에 썼던 것과 다른 점을 발견하지 못하겠습니다. 자기가 왜 뜨지 못하는지 이해할 수 없다는 친구. 솔직히 말해줘야겠어요. 뭐가 문제인지를요.

127

489

네 실력은 알아줘야겠다.

세계 ☐

You win.

미국 ☐

I gotta hand it to you.

오랜만에 만난 친구와 함께 골프를 치러 가기로 했습니다. 사실 이 날만을 위해 그동안 맹훈련을 했었습니다. 그 친구를 이기려고요. 하지만 결과는, 이번에도 어김없이 참패로군요.

490

네 쌩얼이 보고 싶은데.

세계 ☐

I wanna see your face without make up.

미국 ☐

I wanna see your naked face.

정나라한 / 나체의

화장을 전혀 하지 않은 맨 얼굴을 속된 말로 '쌩얼'이라고 하지요. 그럼 쌩얼을 영어로 하면 무엇일까요? '벌거벗은'을 뜻하는 단어인 'naked'를 붙여 'naked face'라고 하면 됩니다.

491

네가 꼬드겨서 하게 된 거잖아!

세계 ☐

You asked me to do this!

미국 ☐

You talked me into this!

talk somebody into : ~에게 ~을 하도록 설득하다

분명 재미있을 것이라는 말만 믿고 친구와 함께 아프리카의 오지로 여행을 가게 되었습니다. 하지만 여행 일정 내내 일이 꼬이고, 당신은 가만히 있는데도 오히려 친구가 불평을 잔뜩 늘어놓고 있네요. 자기가 먼저 하자고 했던 것인데 말이에요.

492

네가 나 싹 털어갔어.

세계 ☐

I spent all my money because of you.

미국 ☐

You have cleaned me out.

clean someone out : ~의 돈을 다 쓰게 하다

'clean something out'은 무엇인가의 속을 깨끗이 씻어낸다는 뜻의 표현입니다. 카드 게임 등에서 돈을 다 잃어버리는 상황을 이 표현을 사용해 비유적으로 표현하기도 합니다.

493

네가 날 괴롭히고 있어.

세계 ☐

You are **bothering** me. 신경 쓰이게 하다
귀찮게 하다

미국 ☐

You're **picking on** me.

pick on : ~를 괴롭히다

벌써 아침이 밝아오고 있습니다. 밤새도록 조금도 눈을 붙이지 못했는데 말이에요. 룸메이트가 물어오는군요. 왜 그러느냐고, 무슨 문제가 있느냐고요. 문제가 있지요. 바로… 당신의 룸메이트 말이에요. 코를 어찌나 심하게 골아대는지…

494

네가 잘하는 걸 해.

세계 ☐

Do what you can do well.

미국 ☐

Do your own thing.

이제 막 대학을 졸업한 친구가 앞으로의 진로에 대해 고민을 하고 있네요. 당장 할 수 있는 일을 아무것이나 하는 것보다는, 잘할 수 있는 일 혹은 좋아하는 일을 하는 것이 좋겠지요. 물론 무엇을 잘할 수 있는지를 찾는 것부터가 힘들긴 하지만요.

495

노력 중이야.

세계 ☐

I am trying.

미국 ☐

I'm working on it.

간단하게 해결되는 일들도 있지만, 세상엔 아무리 해도 안되는 일들도 있는 법입니다. 무엇인가를 하려고 열심히 시도 중인데 잘 되지가 않네요. 그럴 때 누군가가 옆에서, '잘 좀 해 봐'라며 훈수를 둘 때면 정말 짜증 나지요. 도와줄 것도 아니면서…

496

녹초가 되었어.

세계 ☐

I am exhausted.

미국 ☐

I went all to pieces.

너무 힘들고 지칠 때면 팔다리는 물론이고 온몸이 마음대로 움직여지지 않습니다. 'go all to pieces'는 그처럼 피곤한 상태를 '몸이 조각났어'라고 라고 은유적으로 표현한 말입니다.

497

농담 그만해!

세계 ☐
미국 ☐

Stop kidding.

Come off it.

상대방의 실없는 말이나 농담을 받아주기 힘들 때가 있지요. 몸이 많이 피곤할 때라든가 기분이 별로 좋지 않다면요.

498

누가 그러던데…

세계 ☐
미국 ☐

Somebody told me.

A little bird told me.

당신도 잘 아는 상대방과 연애를 하고 있는 것처럼 보이는 친구. 어째서인지 그 사실을 숨기고만 있네요. 어디 한번 떠보듯 말을 던져봐야겠습니다. "너희 연애한다며? 누군가가 그러던데…"

499

늦지 마!

세계 ☐
미국 ☐

Don't be late.

Don't be tardy.

↳ 느린 / 늦은

친구들과 아침 일찍 만나서 어딘가에 가기로 약속을 정했습니다. 그런데 그중 한 친구가 걱정되는군요. 안 그래도 가뜩이나 시간 약속을 잘 지키지 않는 친구인데, 오늘 저녁에 술 약속까지 있다고 하네요. 제발 늦지 않고 제시간에 도착해 주면 좋을 텐데…

500

다 준비되었습니다.

세계 ☐
미국 ☐

Everything is ready.

Everything is all set.

아무리 기억력이 좋고 일 처리를 잘하는 사람이라도, 이것저것 챙기다 보면 하나쯤은 빠뜨리기 마련입니다. 사람은 누구나 실수를 하니까요. 그러니 언제든 자기 자신을 과신하기보다는, 신중하고 꼼꼼하게 다시 한번 확인해 보는 것이 좋겠지요.

501

다시 한번 말해주실래요 ?

세계 ☐

Can you say that again?

미국 ☐

I'm sorry?
Come again?
I beg your pardon? ⌒부탁하다
Can you run that by me again?

상대방의 말을 잘 알아듣지 못했을 때, 다시 한번 말해달라고 요청하며 쓰는 표현입니다.

502

다시는 실망시켜 드리지 않겠습니다.

세계 ☐

I won't disappoint you again.

미국 ☐

I won't let you down again.

↘let somebody down : ~를 실망시키다

'믿는 도끼에 발등 찍힌다'라는 속담이 있습니다. 믿었던 사람에게 배신을 당하는 것만큼 실망스러운 일이 또 있을까요. 일을 그르치거나 잘못된 행동을 해서 누군가를 실망시켰다면, 이렇게 말하며 용서를 구할 수 있습니다.

503

다음 주 토요일 좀 비워 둬.

세계 ☐

Let's spend time with me next Saturday.

미국 ☐

Please keep next Saturday free.
Please keep next Saturday open.

일주일 뒤면 여자 친구의 생일입니다. 깜짝 파티를 열어주고 싶군요. 여자 친구에게 그날 시간을 비워두라고 말해 둬야겠어요. 파티에 주인공이 빠질 수는 없잖아요.

504

다음 회의 스케줄을 잡읍시다.

세계 ☐

Let's decide when we're going to have our next meeting.

미국 ☐

Let's schedule our next meeting.

상사들은 도대체 왜 그렇게 회의를 좋아하는 것인지 모르겠습니다. 틈만 나면 회의를 하자며 부하 직원들을 불러모으지요. 'schedule'은 명사로도, 동사로도 사용되는 단어입니다. '일정' 또는 '일정을 잡다'라는 뜻으로요.

다음날에는 파리를 관광했어.

세계 ☐

Next day, we toured Paris.

미국 ☐

Next day, we did Paris.

'do'는 어떤 동작이나 행위를 '하다'라는 뜻의 동사입니다. 이 동사는 문맥에 따라 다양한 의미로 활용되기도 합니다. 가령 'do the dishes'에서는 '접시를 씻다'라는 의미로 사용되었지요. 여기에서는 어떤 도시를 '여행하다'라는 의미로 사용되었고요. 접시를 씻든 여행을 하든, 어쨌거나 무엇인가를 '하는' 것이니까요.

다음에 하면 안 될까?

세계 ☐

Can we do it next time?

미국 ☐

Can I take a rain check?

'rain check'는 '우천 교환권'입니다. 야구 경기 도중, 갑작스럽게 폭우가 내려 경기가 중단될 경우 다음 경기에 다시 올 수 있도록 제공해주는 티켓이지요. 그에서 유래된 표현으로, 다음번 혹은 다음 기회를 'rain check'라고 표현하기도 합니다.

단도직입적으로 말해.

세계 ☐

Talk directly.

미국 ☐

Please talk turkey.

진지(심각)하게 말하다

'talk turkey'란 표현은 함께 사냥한 백인이 인디언에게는 까마귀만 주고 자신은 칠면조를 가지려 한 데에서 유래 되었습니다. 까마귀만 주려 하는 백인에게 인디언이 이렇게 이야기했다고 하네요. '까마귀는 됐고, 칠면조에 대해 이야기해 보자'라고요.

**당신 그녀를 연모하는 건
아니죠, 그렇죠?**

세계 ☐

It is not true that
you like her, right?

미국 ☐

You are not soft on her,
are you?

be soft on : ~을 연모하다

친구가 고민에 빠져 있습니다. 어떤 남자와 잘 되어가고 있는 것 같은데, 결정적인 상황이 만들어지지 않는다고요. 당신이 보기엔 친구가 어장 관리를 당하고 있는 것 같네요. 그 남자에게 가서 한번 직접 물어보고 싶네요.

509

세계 ☐

I will trust you.

미국 ☐

I'll take your word for it.

당신 말을 믿겠어요.

요즘 세상에서는 사람을 믿는다는 게 쉽지 않은 일이지요. 상대방의 믿음을 이용해 자신의 이익을 취하려는 사람이 너무나도 많으니까요. 아래의 표현은 상대방에게 믿음을 표시할 때 쓰는 말입니다. 그것을 '당신의 말을 받아들이겠어'라고 표현할 수도 있군요.

510

세계 ☐

Are you alone?
How many people are you?

미국 ☐

Do you have company?

단체 / 일행

당신 일행이 있으신가요?

식당에 들어갈 때면 테이블을 안내받기 전 이런 질문을 받고는 합니다. 'company'는 '회사'라는 뜻으로 우리에게 익숙한 단어입니다. 하지만 이 단어에는 함께 있는 사람들 즉 '일행'이라는 뜻도 있습니다.

511

세계 ☐

You are great!

미국 ☐

You're a piece of work.

작품 / 조각

당신 정말 대단하군요.

'a piece of work'는 말 그대로 어떤 작품, 산물을 가리킵니다. 상대방을 가리키며 'a piece of work'라고 하면 칭찬의 의미가 되겠지요. 하지만 이 표현이 반어적으로 사용되기도 합니다. 정말 못된 사람을 가리키면서도 이 표현을 쓸 수 있지요.

512

세계 ☐

I can tell others
that we are dating.

미국 ☐

You and I can go public.

대중에게 공적 사실을 알리다 / (비밀을) 공개하다

당신과 내가 사귀는 걸
밝힐 수 있어요.

직장이나 학교의 같은 과 내에서 하는 연애라면, 다른 사람들에게는 밝히지 않은 채 연애를 하는 것이 더 현명할 수도 있습니다. 당신의 연애가 다른 사람들 모두에게 생중계되는 상황을 피하고 싶다면요.

513

I have something
to discuss with you.

I have a nut to crack with you.

└ 결과   └ 박수다

콩나물이나 멸치를 다듬는 일처럼, 누군가와 함께 지루한 반
복 작업을 할 때면 많은 대화를 나누게 됩니다. 때문에 할 말
이 있다. 함께 논의할 것이 있다는 말을 이렇게 표현하기도 합
니다. 함께 땅콩 좀 까자고요.

당신과 논의할 게 있어요.

514

You are not interesting anymore.

You're yesterday's news.

헤어진 남자 친구가 당신에게 돌아오려고 하네요. 붙잡을 때
는 뒤돌아보지도 않고 가더니 말이에요. 하지만 이제 와 돌
아온다고 무슨 소용이 있겠어요. 당신은 이제 그에게 아무
런 관심이 없는데요. 이미 지난 어제의 뉴스는 오늘 소용
이 없는 것처럼요.

당신은 유통기한이 지났다고!

515

I will treat you good.

I'll roll out ⌒ 밀어서 펴다 / 출시하다
the red carpet for you.

시상식이나 영화제에 가면 바닥에 빨간색 카펫이 깔려있습니
다. 배우나 귀빈 자격으로 초청된 사람들이 그 레드 카펫을 밟
으며 식장 안으로 들어서지요. '너를 위해 레드 카펫을 깔아줄
게'라는 뜻의 이 표현은, 그만큼 상대방을 귀빈으로 대접해 주
겠다는 의미의 표현입니다.

당신을 귀빈으로 대접할게요.

516

Don't think that it's fair. ⌐ 타당한 / 공정한

Don't take things for granted.

take something for granted : 당연시하다

이런 유명한 말이 있지요. '호의가 계속되면 권리인 줄 안다'라
는 말이요. 몇 번 도와줬더니 이제 당신의 도움을 받는 걸 정
말 당연하게 여기는 사람, 아무 거리낌 없이 일거리를 당신에
게 밀어주는 사람. 정말 재수 없지요.

당연시하지 마. /
당연하게 받아들이지 마.

517

당연하지!

Sure.
For sure.
Of course.

Absolutely.
By all means.

상대방의 말에 대해서, 그것에 동의한다는 말을 간단하게 'absolutely'라고만 표현할 수도 있습니다.

518

대단하네. / 뜻밖이다.

That is great.

That's something.

보통 'something'은 '어떤 것, 무엇'이라는 뜻으로 쓰이지요. 구체적이지 않은 어떤 대상을 지목하는 의미로요. 하지만 그 것이 '대단한 것', '중요한 것'이라는 의미로 쓰이기도 합니다. 때문에 전혀 생각지도 못했던 소식을 들었거나 어떤 놀라운 상황을 겪었을 때, 그것을 가리켜 'something'이라고 표현 할 수도 있습니다.

519

대단한 장면이었어.

It was a great scene.

It was a Kodak moment.

꼭 봐야 할 장면

Kodak은 아주 유명한 필름 브랜드 중의 하나입니다. 어떤 장면이 정말 멋지다는 말을 'Kodak moment'라고도 표현하 는데요. 그 장면이 '사진 같다'라는 의미가 들어 있는 표현 입니다.

520

대변을 보고 싶어.

I want to go to the toilet.

I want to poop. 배설을 보다
I want to do a number two.

소변을 보러 화장실에 갈 때는 'number one', '1번'을 보러 간다고 말할 수 있지요. 대변을 보러 화장실을 갈 때에는 'number two', 즉 '2번'을 하러 간다고 말을 할 수 있습니다.

Just decide.

Quit **kicking the tires**.

kick the tires : 사전 점검하다

대충 보고 얼른 결정해.

중고차를 사러 가면 이 차 저 차를 둘러보며 타이어를 툭툭 쳐 보고는 합니다. 'kicking the tires'는 그에서 유래된 표현입니다. 결단을 내리지 못하고 우유부단하게 고민만 하고 있는 상황을 'kick the tires'라는 표현을 통해 설명하고는 합니다.

About.

Give or take.

대충.

가는 것이 있으면 오는 것도 있어야 한다는 말을 'give and take'라고 하지요. 'give or take'는 비슷해 보이지만 그와 전혀 다른 의미로 쓰이는 표현입니다. 차이는 조금 있겠지만 대충 그 정도는 된다는 뜻의 표현입니다.

Could you explain it more clearly?

Could you **clarify** it?

명확하게 하다 / 분명히 말하다 / 투명하게 만들다

더 분명히 말씀해 주시겠습니까?

보험 계약을 맺을 때면 너무 복잡해서 정신이 하나도 없습니다. 알아야 할 조항이 한두 개가 아니라서 말이죠. 하지만 그렇다고 해서 제대로 확인도 해 보지 않고 덥석 계약을 맺어버렸다간, 나중에 곤란해질 수도 있습니다.

I can't stand it anymore.

I can't take it anymore.

더는 못 참겠다.

옆집에 새로운 이웃이 이사를 왔습니다. 그런데 그 사람, 한밤 중에도 음악 소리를 큰 소리로 틀어놓는 바람에 제대로 쉬지를 못하겠네요. 몇 번이나 경고를 했는데도 마찬가지입니다.

525

도움이 필요하세요?

세계 ☐

Do you need any help?

미국 ☐

Do you need a hand?

'손'은 그냥 신체 기관 중의 하나로서의 손을 가리키기도 하지만 그 외의 다양한 의미로도 사용됩니다. 어떠한 일에 관여했음을 '손을 쓰다'라는 식으로 표현하기도 하고, 도움이 필요하냐는 말을 'Do you need a hand?', 즉 '손이 좀 필요해?'라고 표현하기도 하지요.

526

돈 환불해주세요.

세계 ☐

I would like a refund.

미국 ☐

I'd like my money back.

사기를 당한 것 같습니다. 무엇이든 잘 닦인다는 광고를 보고 새로 나온 세제를 구입했는데, '무엇이든'은 무슨… 아무것도 제대로 닦이지 않는 것 같네요. 당장 마트로 쳐들어가 제품을 환불받든지 해야겠어요.

527

돈만 있으면 다 돼.

세계 ☐

We can do everything if we have money.

미국 ☐

Money talks.

세상에 돈이 다가 아니라고는 하지만, 글쎄요. 전부는 아니라도 사실 팔십 퍼센트 정도는 돈이라고 해도 되지 않을까 싶네요. 어지간한 일은 돈으로 해결할 수 있으니까요.

528

돈으로 다 되는 건 아니야.

세계 ☐

We can't do everything even if we have money.

미국 ☐

Money can't buy everything.

돈이면 다 된다는 말은 'Money talks'라고 표현하면 되지요. 그와는 반대로 돈으로 다 되는 건 아니라는 말은 'Money can't buy everything'라고 표현할 수 있습니다. 가령, 진정한 우정은 돈으로 살 수 있는 것이 아니지요.

529

세계 ☐
미국 ☐

I spent too much money.

It's out of my budget.
↳ 예산 / 비용

돈을 너무 많이 썼어.

이번 달엔 분명 별다른 지출이 없었던 것 같은데, 월말에 통장을 확인해 보니 잔고가 텅텅 비어있네요. 어째서 이런 이상한 일들이 일어나는 것일까요. 누가 알겠어요… 그저 당신의 씀씀이를 탓해야겠지요.

530

세계 ☐
미국 ☐

I don't have enough money.

I'm a little short on dough.
↳ 돈

돈이 좀 부족해.

'dough'는 원래 '반죽'이라는 뜻의 단어입니다. 흔히 피자의 가장자리 부분을 'dough'라고 부르곤 하지요. 하지만 구어체에서는 돈을 가리켜 'dough'라고 말하기도 합니다.

531

세계 ☐
미국 ☐

I agree.

Ditto.

동감이야.

'ditto'라는 표현은 'ditto suit'에서 나온 말인데, 이는 상하가 동일한 옷감으로 만들어진 한 벌의 옷을 말합니다. 상하 한 벌의 옷은 서로 맞추어 입어야 하지요. 때문에 'ditto'라고 하면 '동감이야!'라는 표현으로 많이 쓰입니다.

532

세계 ☐
미국 ☐

I know.

Say no more.

됐거든. / 알고 있거든.

당신도 이미 알고 있는 소식입니다. 모를 리가 없지요. 그런데 굳이 당신에게 다가와, 그 소식에 대해 아느냐 물으며 다시 한번 상기시켜 주네요. 당신의 승진 탈락에 대한 소식을 말이에요. 물론 당신을 약 올리려는 속셈이겠지요.

533

되도록 군것질을
하지 않으려고 합니다.

세계 □

I am trying not to eat snacks.

미국 □

I'm trying not to eat between meals. ⌒ 식사

다이어트를 할 때는 무엇보다도 식이요법이 중요하다고 합니다. 특히 평소 군것질을 자주 하는 사람이라면, 일단 군것질부터 끊어야겠지요. 식사와 식사 사이(between meals)에, 아무 것도 먹지 않도록요. 그 대신 식사량을 더 늘려버린다면 부질없는 짓이 되겠지만요.

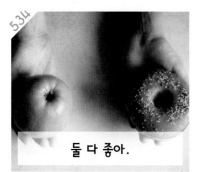

534

둘 다 좋아.

세계 □

Both are good.

미국 □

Either will do.
↳ (두 개) 양쪽 / (둘 중) 애 하나

친구와 함께 쇼핑하러 왔습니다. 당신이 먼저 그에게 쇼핑을 도와달라고 요청을 했었지요. 하지만 잊고 있었네요. 그 친구가 우유부단함의 대명사라는 것을요. 전혀 결정에 도움이 되지가 않네요. 무엇을 보여줘도 똑같이 대답하니까요. '이것도 저것도 다 좋아'하고요.

535

뒤통수치지 마.

세계 □

Don't lie and do something bad to me.

미국 □

Don't go behind my back.

믿는 도끼에 발등을 찍히는 것처럼 비참한 것도 없습니다. 정말 믿었던 사람에게 배신을 당하는 것 말이에요. 뒤통수치지 말라는 말을 'don't go behind my back', '내 등 뒤로 가지 마'라고 표현할 수 있습니다.

536

뒷북치지 마.

세계 □

Don't talk about the thing that everyone knows already.

미국 □

Thanks for the history lesson.

'thanks for the history lesson'은 조금은 비아냥거리는 듯한 뉘앙스가 담긴 표현이네요. 직역하면 '역사 공부 시켜 줘서 참 고맙네'라는 의미이지요. 이미 알고 있는 지난 일을 괜히 꺼내어 분위기를 망치거나 잔소리를 하는 상대방에게 이렇게 말할 수 있습니다.

139

537

드디어 신랑감을 찾았구나.

세계 ☐

You have finally found your perfect guy.

미국 ☐

You've finally found Mr. Right.

↳ 이상적인 남성

완벽한 남자란 어떤 남자일까요. 자상한 남자? 멋진 몸에 잘생긴 얼굴을 가진 남자? 돈이 많은 남자? 그 기준은 누구나 다르겠지만… 바라던 모든 조건을 충족하는 이상적인 남자를 가리켜 'Mr. Right'라고 표현하기도 합니다.

538

듣고 있는 거야?

세계 ☐

Are you listening?

미국 ☐

Am I talking to the wall?

↳ 벽

마치 벽을 보며 이야기하는 것처럼, 상대방이 당신의 이야기에 전혀 집중하지 않고 딴짓을 할 때 쓸 수 있는 말입니다. '내 말에 집중해라'라는 의미가 간접적으로 담겨 있지요.

539

들어가게 해 줘.

세계 ☐

Please let me enter.

미국 ☐

Please let me in.

함께 사는 여자 친구에게 들켜버리고 말았습니다. 그녀 몰래 바람을 피웠다는 것을요. 그 덕분에, 한밤중에 그녀의 집에서 쫓겨나고 말았네요. 외투 한 장 걸치지 못한 채 잠옷 바람으로요. 당연히 지갑도 챙기지 못했고요. 어쩌겠어요, 일단은 매달려 봐야겠지요…

540

들어가도 되겠니?

세계 ☐

Can I get in?

미국 ☐

Are you decent?

(방문객을 맞아도 될 정도로) 옷을 제대로 입은 / 적절한

동생이 우울한 표정으로 집으로 들어오더니. 아무 말도 없이 이 방으로 들어가 틀어박힌 채 나오려 하지 않네요. 무슨 일이 있는 것 같습니다. 가서 이야기를 좀 나눠봐야겠네요. 그가 허락한다면요.

140

딱이다 딱.

That is exactly what I need.

That really hits the spot.

└ 특정 장소 / 점

말하지도 않았는데 어떻게 알았는지, 친구가 당신의 생일 선물을 준비해서 전해주네요. 그것도 당신이 정말 가지고 싶어 했던 물건으로요. 'hit the spot', 즉 정확하게 당신이 원하는 점을 맞추었네요.

딴사람이 됐더라니까.

He has changed a lot.

He's like a new man.

대학 동창 모임이 있어 그 자리에 참석했습니다. 대부분 대학 시절 때와 다를 바 없이 비슷한 모습이로군요. 누군가가 정말 멋진 양복을 입고 다가오기에 봤더니… 세상에나. 대학 시절에 정말 '찐따'같이만 보였던 친구가 완전히 달라져서는 나타났네요.

또 거짓말하고 있네.

He is lying again.

He's crying wolf again.

'cry wolf'라는 말은 늑대가 나타났다며 거짓말을 하는 양치기 소년의 이야기에서 나온 말인데요, '도와 달라고 소란을 피우다', 또는 '허보를 전하다'라는 뜻으로 쓰입니다. 단어 순서만 바꿔 'wolf cry'라고 말하면 '거짓 경고', '허보'라는 명사 형태가 됩니다.

똑같지 뭐.

It is the same as before.

Same old, same old.

일어나면 씻고 학교 혹은 회사로 나서고, 저녁이 되면 집에 돌아와 식사를 한 뒤, 어영부영 시간을 보내다가 잠자리에 들고, 그런 일상들이 매일 반복되다 보면 지루하기도 하지만, 어떻게 보면 그런 반복에 길들여지고 있는 것 같기도 합니다. 그러다가 막상 어떤 변화가 주어지면 그게 귀찮게 느껴지기도 하거든요.

545

마음먹기 나름이야.

세계 ☐

It depends on you.

미국 ☐

Everything depends on what you think.

연습 때에는 한 번의 실수도 없이 매번 완벽하게 했던 일이라도, 막상 실전에서는 긴장을 하느라 실수를 할 때가 있지요. 그처럼 무슨 일이든 성공 여부는 마음먹기에 달려있는 것 같습니다.

546

마음이 시키는 대로 해.

세계 ☐

Do what you really want to do.

미국 ☐

Follow your heart.
↳ 심장 / 가슴

둘 이상의 것 중에 하나를 선택해야 할 때는, 그것들을 서로 비교해 잘 따져보고 결정하는 것이 좋겠지요. 하지만 때로는 그저 마음이 시키는 대로 가는 것이 중요한 것 같기도 합니다. 'what you want'는 '네가 원하는 것'이라는 의미의 명사절입니다.

547

마지막 기회야.

세계 ☐

It is the last chance.

미국 ☐

It's the eleventh hour.

'eleventh hour'는 마감이 임박한 시간 혹은 마지막 기회를 의미하는 표현입니다. 성경에 나온 일화에서 유래한 표현이라고 하네요. 일의 마감 시간인 열두 시가 되기 한 시간 전에, 가까스로 고용된 일꾼들에 대한 이야기에서요.

548

마크와 점심을 같이 먹었어.

세계 ☐

I had lunch with Mark.

미국 ☐

I lunched with Mark.

여자 친구 몰래 다른 여자와 함께 영화를 보고 온 당신. 여자 친구가 뭔가 수상함을 눈치챈 것 같습니다. 당신의 알리바이를 캐내려고 하는군요. 하지만 걱정 없습니다. 이미 친한 친구에게 부탁해 알리바이를 마련해 놨거든요. 그와 함께 점심 식사를 했던 것으로요. 설마 그가 당신을 배신한 건 아니겠죠.

만나는 사람 (데이트 하는 사람) 있니?

세계 ☐

Are you dating with someone?

미국 ☐

Are you seeing anyone?

보다 / (애인으로) 만나다

어떤 모임에 참석했다가 정말 멋진 여자를 발견했습니다. 당신이 지금까지 만나봤던 여자들 중에서, 일단 외모상으로는 가장 당신의 이상형에 가까이 다가서 있는 것 같은 여자를요. 그녀에게 지금 따로 만나는 남자가 없기만을 바라야지요.

많은 사람들이 그에 대한 잘못된 정보를 갖고 있어.

세계 ☐

Many people have wrong information about him.

미국 ☐

Many people are misinformed about him.

잘못된 정보를 주다

뭔가 오해가 있는 것 같습니다. 사람들이 당신의 친구에 대해서 아주 나쁘게 평가를 하고 있네요. 사실 싹싹하고 붙임성 있는 성격의 친구는 아니라 첫인상이 나쁠 수는 있지만, 그래도 알고 보면 괜찮은 친구이거든요.

말 끝까지 들어.

세계 ☐

Let me finish my words.

미국 ☐

Hear me out.

약속 시간에 늦어버리고 말았습니다. 예매해 두었던 영화 티켓은 무용지물이 되어버렸고, 친구는 머리끝까지 화가 나서 변명조차 제대로 듣지 않으려고 합니다. 정말 납득할 수 있을 만한 사정이 있었던 것인데도 말이에요.

말대꾸하지 마.

세계 ☐

Don't try to argue with me.

미국 ☐

Don't talk back to me.

동생과 말다툼을 하는 중입니다. 잘한 것 하나 없으면서, 당신의 말 한마디 한마디에 지지 않고 계속 토를 다네요. 말대꾸하지 말라며 따끔하게 혼을 내줘야겠습니다.

말도 안 돼!

Shut up!

Get out of here!

술자리에서 친구가 엉뚱한 소리를 해대는군요. 같은 동아리의 회원인 그 여자, 당신이 그녀를 좋아한다고요. 사실은 틀린 말도 아니지만… 일단 잡아떼겠어요. 아직은 마음을 들킬 때가 아니니까요.

말문이 막히네.

I can't say anything.

I am speechless. (너무 화가 나거나 놀라서)
I am lost at words.   말을 못 하는

화가 나기에 앞서 황당한 마음이 먼저 드네요. 당신이 가장 아끼던 부하 직원이. 사실 당신 팀 내의 기밀 정보를 다른 팀으로 빼돌리고 있었다고 합니다. 어떻게 그런 식으로 배신을 할 수가 있는지, 말도 나오지 않네요.

말실수하기 전에 떠날 거야.

I will leave before
I say something wrong.

I will leave before
I put my foot in my mouth.

put one's foot in one's mouth : 말실수를 하다 / 큰 실수를 하다

말조심의 중요함을 강조하는 속담은 아주 많이 있지요. 말실수하는 것을 'put my foot in my mouth', 입에다가 발을 넣어버렸다고 표현하기도 합니다.

말이 없는 편이죠.

I usually don't talk much.

I'm not much of a talker.

말을 하는 것이 정말 피곤할 때가 있습니다. 평소에 말이 많지 않은, 게다가 내향적인 사람이라면 더더욱 그렇지요. 여러 사람들을 만나 카페에서 모임을 가지거나 술자리를 가진 이후에는, 말을 몇 마디 했다는 것만으로도 온몸의 기운이 다 빠져버린 듯한 기분이 들기도 하잖아요.

말해 봐야 소용없어.

No need to say.

Save your **breath**.
↳ 숨 / 호흡

그런 쓸데없는 말을 하느라 숨 쉬는 걸 낭비하느니, 차라리 호흡(breath)을 아끼라는 의미의 표현입니다. 우리가 흔히 쓰는 말로 옮기자면 '말해 봐야 입만 아파' 정도가 될 것 같네요.

맘껏 물어보세요.

Ask me whatever you want.

Please **feel free to** ask.
↳ 마음대로 ~하다

이틀 전에 일어났던 절도 사건의 범인으로 당신이 지목받고 있습니다. 하지만 당신은 당당한걸요. 왜냐하면… 이미 완벽한 알리바이를 마련해 놓았으니까요. 어떤 질문에도 담담하게 대답할 수 있을 것 같습니다. 'whatever you want'는 '당신이 원하는 것은 무엇이든지'를 의미하는 명사절입니다.

맛이 끝내주네.

It is so **delicious**. ↝ 맛있는

That hits the spot.

'hit the spot'은 '만족시키다'라는 뜻입니다. 내가 정말 바라던 그 포인트(spot)를 정확하게 맞췄다(hit)는 의미이지요. 꼭 어떤 것이 맛있다는 말할 때뿐만 아니라 다양한 상황에서 쓸 수 있는 표현입니다.

맞았어!

You are right!

Exactly! ↝ 정확히 / 꼭 / 틀림없이
Right on!

어려운 문제를 냈는데 누군가가 그것을 정확히 맞췄습니다. 당신이 의도했던 바로 그 정답을 말했네요.

561

맹세해.

You swear.

Cross your heart.

cross one's heart : 맹세하다

몇 번째인지 모르겠습니다. 그 친구가 당신과의 약속을 제멋대로 깨버린 것이 말이에요. 마음 같아선 두 번 다시 그 친구와 무엇을 함께 하고 싶지 않지만, 쩔쩔매며 사과를 하는 그 친구를 보니 마음이 약해지는군요. 하지만 다시는 그러지 않겠다는 맹세는 받아내야겠습니다.

562

머리가 아파.

My head hurts.
My head is sore.

I have a headache. 두통

새 스피커를 사려고 합니다. 단지 그럭저럭 괜찮은 가격의, 그럭저럭 괜찮은 스피커를 사려고 하는 것일 뿐인데… 알아보면 알아볼수록 스피커의 세계는 무궁무진하네요. 밤새도록 찾았지만 가장 나은 스피커가 무엇일지 결정하지를 못했습니다. 머리가 아플 지경이네요.

563

머리가 안 돌아가.

My brain doesn't work.

My brain is fried.

fry : 기름에 튀기다

'fry'는 원래 '튀기다'는 뜻이지요. 너무 머리를 굴리느라, 머리가 튀기기라도 한 듯 뜨겁게 타 버렸다는 말일까요. 고장이라도 난 듯 머리가 제대로 돌아가지 않는 경우를 이렇게 표현할 수 있습니다.

564

먼저 하세요.

You go first.

After you.

화장실에서 차례를 기다리고 있는데, 누군가가 허겁지겁 화장실 안으로 뛰어 들어왔습니다. 표정이 정말… 너무 안 좋아 보이는군요. 양보해 줘야겠어요. 'After you'는 'Lady first~(여성분 먼저~)'와는 다르게 남녀노소 누구에게나 쓸 수 있는 표현입니다.

멍청아!

세계 ☐

You are an idiot. ⌐ 바보 / 멍청이

미국 ☐

You got no brain.

뇌 / 지능 / 똑똑한 사람

누군가를 가리켜 'brain', 즉 '두뇌'라고 한다면 그가 매우 똑똑한 사람임을 뜻하는 것이지요. 반대로 'no brain', '뇌가 없다'라고 하면 '멍청한 사람'을 의미합니다.

메뉴가 다 영어로 쓰여 있어.

세계 ☐

The menu is all written in English.

미국 ☐

The menu is all in English.

해외여행을 할 때면 현지에서만 먹을 수 있는 음식을 먹어보는 것도 큰 즐거움 중의 하나입니다. 문제가 있다면, 어떤 식당에 가든 다 메뉴가 현지어로 되어있다는 것이지요. 관광객들을 주로 상대하는 식당이라면 영어 메뉴판도 준비가 되어 있을 테지만요.

며칠 내로 연락 드리겠습니다.

세계 ☐

We will call you within a few days.

미국 ☐

We will get back to you within a few days.

아르바이트나 취직을 하기 위해 면접을 보러 가면 보통 일단 이런 대답을 먼저 듣지요. 그 자리에서 바로 채용을 해 준다면 정말 고마울 텐데요.

명단을 검토합시다.

세계 ☐

Let's review the list.

미국 ☐

Let's go over the list.

~을 검토하다

저렴한 가격에 여행을 가기 위해 사람들을 여러 명 끌어모았습니다. 하지만 그렇게 사람이 많아지면 그것을 관리하는 것 자체로 하나의 큰일입니다. 중간에 들어오는 사람도, 중간에 빠지는 사람도 계속 있으니까요. 수시로 명단을 꼼꼼하게 체크해 봐야겠지요.

569

몇 가지 아이디어를 적었어.

세계 □

I wrote down some ideas.

미국 □

I jotted down some ideas.

jot down : 적다 / 쓰다

'jot down'과 'write down' 모두 '적다'라는 뜻의 표현입니다.
보통 'jot down'이 'write down'보다 좀 더 대충, 급히 적는
것을 의미합니다.

570

모든 일이 수포로 돌아갔어.

세계 □

All I did became useless.

미국 □

It was all for nothing.

온종일 쌓아 올렸던 공든 탑이, 바람 한 번에 와르르 무너져
버렸습니다. 지금까지 했던 모든(all) 노력이 단지 아무것도 아
닌 것(nothing)을 위한 것에 그치게 되었네요.

571

모든 일이 제대로 되고 있어.

세계 □

Everything is going well.

미국 □

Everything is in order.

순서 / 정리

함께 사는 하우스 메이트가 감기에 걸렸습니다. 그를 위해서
죽을 끓이려고 하는데… 어쩌다 보니 주방이 엉망이 되어버
렸네요. 죽에서는 개도 못 먹을 맛이 나고요. 주방에서 들리는
소리를 듣고는 무슨 일이냐고 그가 물어보는군요. 음… 일단
둘러대고 어서 죽을 배달시키든지 해야겠어요.

572

모르는 게 약이다.

세계 □

You had better not know.

미국 □

Ignorance is bliss.

무지 / 무식   더 없는 기쁨

'Ignorance is bliss'는 직역하면 '무지(Ignorance)은 행복
(bliss)이다'라는 뜻입니다. '모르는 게 약이야'라는 의미이겠
지요.

148

573

모르는 척하지 마.

세계 ☐
Don't pretend you don't know.

미국 ☐
Don't play dumb.
↳ 말을 못 하는 / 바보 같은

누군가가 당신의 책상을 뒤진 것 같습니다. 무슨 목적으로 그런 것인지는 모르겠지만요. 옆자리에 앉아있던 동료라면 분명히 알 텐데, 어째서인지 모르는 척을 하네요. 설마, 그가 범인인 것일까요.

574

모른 척해줘.

세계 ☐
Please, ignore.

미국 ☐
Look the other way.

그냥 모른 척하고 한 번쯤 넘어가도 될 일인데도 굳이 그걸 짚고 넘어가야만 성질이 풀리는 사람들이 있지요. 깨뜨린 접시를 엄마 몰래 찬장에 다시 넣어놓으려고 하는데, 그 장면을 형에게 딱 걸리고 말았네요.

575

목소리 좀 높이지 마.

세계 ☐
Don't speak loud.

미국 ☐
Don't raise your voice.
↳ 들어올리다 / 키우다

목소리만 크면 전부인 줄 아는 사람들이 있습니다. 특히 무엇인가에 대해 주장을 하거나 싸움을 할 때라면 말이에요. 사실, 목소리가 크다는 게 확실히 유리하기는 합니다. 너무 시끄러워서 싸우고 싶은 마음도 사라져 버리거든요. 그저 입을 다물게 하고 싶을 뿐이지요.

576

목이 간질간질해.

세계 ☐
I have a sore throat. ↳ 아픈 / 따가운

미국 ☐
I have a frog in my throat.
↳ 목구멍

감기 기운이 있을 때면 목이 간질간질하거나 목소리가 갈라지고는 합니다. 그래서 개구리의 울음소리처럼 그르렁거리는 소리가 나기도 하고요. 그래서 감기 기운이 있다는 말을 아래와 같이 표현하기도 합니다.

149

You have a good **figure.** 몸매

You're in good **shape.** 몸상 / 형태

세계 ☐
미국 ☐

몸 좋으신데요.

언제부터인가 '몸짱' 열풍이 불더니. 요즘엔 멋진 몸매를 가지고 있는 사람들이 정말 많아졌습니다. 야외 수영장에 가면 훌륭한 몸매를 가진 사람들이 가득하지요. 애초에 몸매가 좋은 사람들만 자신감 넘치게 수영장에 오는 것일 수도 있지만요.

세계 ☐

Don't buy anything, just come.
You don't need to bring anything.

미국 ☐

Just bring yourself.

몸만 오세요.

이사를 하여 집들이를 하려고 합니다. 사람들을 초대하려고 하는데, 뭐 필요한 건 없느냐고 묻는군요. 글쎄요. 그저 몸만 오면 될 것 같습니다. 필요한 건 이미 다 구매를 했거든요.

세계 ☐

She has a hot body.

미국 ☐

She has a **smoking** body.

smoke : 연기가 나다 / 담배를 피우다

몸매가 끝내줘.

정말 멋진, '끝내주는' 몸매를 봤을 때 'hot'하다는 표현을 흔히 쓰고는 합니다. 'smoking body' 또한 멋진 몸매를 가리키는 표현인데요, 'hot'하다는 것보다는 조금 더 과장이 들어간 말이지요. 너무 핫한 나머지 연기가 날 정도라고 말이에요.

세계 ☐

Dress up yourself.

미국 ☐

Doll yourself up.

인형 / 차려입다

몸치장을 하세요.

파티를 가거나 오페라 공연 같은 격식 있는 자리에 갈 때는 그에 맞추어 옷을 차려입고 가는 것이 보통이지요. 'doll'은 '인형'이라는 뜻도 있지만 '차려입다'는 의미로도 쓰입니다. 'Doll yourself up'이라고 하면 마치 인형처럼 예쁘게 단장을 하라는 뜻의 표현이 됩니다.

581

무슨 말인지 알겠어.

세계 ☐

I know what you're saying.

미국 ☐

I see your point.

↳ 의견 / 요점

말귀를 잘 알아먹는 것도 일종의 재능일까요. 충분히 배울 만큼 배운 사람인 것 같은데도 말을 제대로 알아먹지 못해 답답한 사람들이 많이 있잖아요. 반면 애초에 말을 꺼낸 사람이 너무 우회적으로 표현을 했거나 제대로 말을 하지 못했더라도, 그것의 포인트를 정확하게 짚어내는 사람도 있고요.

582

무엇을 생각하고 있니?

세계 ☐

What are you thinking about?

미국 ☐

What's on your mind?

↳ on one's mind : 마음 속에 있는

친구가 가만히 앉아서 생각에 잠겨있네요. 불러도 말이 없고요. 도대체 무슨 생각이 마음속에 가득하길래 저러고 있는 것일까요. 설마 눈을 뜬 채로 자고 있는 것은 아닐 테고요.

583

무조건 최선을 다해 봐.

세계 ☐

Do your best.

미국 ☐

You'll just have to buckle down.

buckle down : 본격적으로 착수하다
buckle : 버클 / 버클로 잠그다

사람들은 다들 무슨 일이든 일단 최선을 다해 보라고 말하고는 합니다. 하지만 글쎄요, 무조건 최선을 다하는 것만이 능사일까요. 애초에 안 되는 일은 안 되는 것이잖아요. 무작정 들이대느니 처음부터 잘 판단을 해 보는 것이 더 현명할 수도 있지요.

584

문 열어 줘.

세계 ☐

Let me in.

미국 ☐

Buzz me in.

↳ 신호음 / 버저를 누른다

여자 친구와 크게 싸운 다음 날. 아무리 전화를 해도 받지 않아, 그녀의 집 앞으로 찾아갔습니다. 그런데 문도 열어주지 않는군요. 분명 안에 있는 것 같은데 말이에요. 건물 안으로 들어가기 전 그녀의 집에 불이 켜져 있는 것을 봤거든요.

문을 열어드릴게요.

세계 ☐

I will open the door.

미국 ☐

I'll get the door.

날씨가 춥고 바람이 많이 부는 날에, 음식점 등의 장소에서 누 군가가 문을 제대로 닫지 않은 채 들어오거나 나가버리면 짜 증이 나지요. 문 좀 제대로 닫는 게 뭐가 그리 어렵다고… 문 을 여는 것이든 닫는 것이든 똑같이 'I'll get the door'라고 표 현할 수 있습니다.

문자 메시지 보내줘.

세계 ☐

Send me a text message.

미국 ☐

Text me.

본문 / 글 / (휴대전화로) 문자를 보내다

'text'는 원래 문자나 글을 뜻하는 명사로 사용되는 단어입니 다. 하지만 이 단어가 '(휴대 전화로) 문자를 보내다'라는 뜻의 동사로 사용되기도 합니다.

뭐 때문에 그렇게 속상해?

세계 ☐

What is your problem?

미국 ☐

What's eating you?

친한 친구 중의 하나가 오늘따라 정말 우울해 보입니다. 무 슨 문제가 있는 것일까요. 온종일 넋을 놓고는 망연자실한 표 정으로 앉아있네요. 도대체 무슨 문제가 그를 잡아먹고(eat) 있는지…

뭐 생각하고 있는 거 있어?

세계 ☐

Do you have any idea about that?

미국 ☐

Do you have something in mind?

아이디어 회의를 하는 중입니다. 모두 자기만의 아이디어를 하나씩 꺼내어 말하고 있는데, 어느 한 친구는 아무 말도 하지 않고 가만히 앉아만 있네요. 설마 아무 생각 없이 그냥 회의에 참석한 것일까요. 말을 걸어봐야겠습니다.

What are you worried about?

What's worrying you?

뭐가 걱정이에요?

대회를 앞두고 있는 친구. 긴장한 모습이 역력합니다. 하지만 당신이 생각하기엔 전혀 긴장할 필요가 없을 것 같네요. 친구의 실력은 이미 충분하다 못해 과할 정도이고, 아마 이 대회에서 그보다 더 잘할 수 있을 사람은 아무도 없을 것 같으니까요.

Say anything.

Just say the word.

└ 단어 / 말

뭐든 말만 해.

친구에게 큰 빚을 졌습니다. 여자 친구 몰래 클럽에 갔다가 들킬 뻔한 것을, 친구 덕분에 완벽한 알리바이를 새로 만들어 낼 수 있었거든요. 걸렸다면 무시무시한 대가를 치르게 되었을 텐데 말이에요. 하지만 사실, 그 친구에게 약점을 잡힌 것이라고 할 수도 있겠네요. 그 친구가 입만 뻥긋하면…

Anything is ok.

Anything goes.

뭐든 좋아. / 너 원하는 대로.

어쩔 수 없이 하나만 해야 하는 것보다는, 무엇인가를 선택할 수 있는 상황 더 낫지요. 하지만 때로는 선택을 해야 한다는 것이 귀찮게만 느껴지기도 합니다. 그것이 잘 모르는 분야의 것이라거나, 이것과 저것 사이에 별다른 차이가 없는 문제라면요.

How should I say…

How shall I put it…

뭐랄까…

여자 친구가 음식을 만들어 내어놓고는 맛을 평가해주길 기다리고 있네요. 사실 정말 맛이 없지만, 솔직하게 말할 순 없잖아요. 뜸을 들이며 가장 적절한 표현을 떠올려봐야겠어요.

593

It is weird.
It is **suspicious**. 의심스러운

It's **fishy**. 수상한 / 생선 냄새가 나는
I smell a **rat**. 쥐

생선 비린내는 쉽게 가시지 않습니다. 방 안에서 생선 비린내
가 난다면, 그건 분명 누군가가 생선을 구워 먹었다는 증거가
될 수 있지요. 'It's fishy'는 어떤 수상한 낌새를 '생선 비린내'
에 빗대어 표현한 말입니다.

뭔가 수상한데.

594

Don't make me crazy.

Don't **drive** me crazy.
(극단적이 되도록) 만들다 / 몰아가다

여자 친구와 헤어진 지 얼마 되지도 않았는데, 친구가 자꾸
그 여자에 대해서 물으며 당신을 괴롭히는군요. 왜 헤어졌느
냐며, 지금은 연락을 전혀 하지 않느냐며, 다시 만날 생각은
없냐며 꼬치꼬치 캐묻는데 정말… 미쳐버릴 것만 같습니다.

미치게 하지 마.

595

It is hard to believe.

I find that hard to believe.

어렸을 때부터 만나기만 하면 서로 싸웠던 두 친구. 서로 전혀
맞지 않는, 서로 상극인 친구들이라고 생각했었는데 그들이
결혼하겠다고 합니다. 그 둘이 부부가 되어 한 가정을 이루겠
다니. 그 모습이 전혀 상상이 되지가 않네요.

믿을 수가 없네.

596

Selling price is too high.

What a rip-off.

친구들과 여행을 가게 되었습니다. 충동적으로 출발한 여행
이라 예약해 둔 것은 아무것도 없습니다. 어떻게든 되리라 생
각했거든요. 하지만 역시나 엉망이 되고 말아네요. 교통체증
을 뚫고 겨우 목적지에 도착해 숙소를 잡으려는데. 세상에나.
평소 가격의 세 배나 되는 숙박비를 부르네요.

바가지네!

597

세계 ☐

We should clean the floor.

미국 ☐

The floor needs a good scrub.

문질러 닦다 / 청소하다

바닥을 닦아야겠어.

비어있는 창고를 활용해 사무실을 차리기로 했습니다. 그런데 일단… 청소부터 해야겠군요. 바닥이 너무 더러워서 한 발자국도 들이기 싫을 지경이거든요

598

세계 ☐

I want to get some air.

미국 ☐

I want to refresh.

생기를 되찾게(상쾌하게) 하다

바람 좀 씌고 싶어.

마감 하루 전날. 토할 것 같은 기분이 드네요. 하루 종일 사무실의 책상 앞에 앉아 모니터만 들여다보고 있었거든요. 아무리 일이 급하더라도, 일단은 조금 쉬어야 할 것 같습니다. 바람이라도 좀 씌면서요.

599

세계 ☐

Start right away!

미국 ☐

Dive right in.

다이빙하다

바로 지체 없이 시작해.

'Dive right in'을 직역하면 '지금 바로 다이빙해', '지금 당장 뛰어들어'라는 정도의 의미가 되겠군요. 어떤 일을 지금 당장 시작하라는 말을 이렇게 표현할 수 있습니다.

600

세계 ☐

I am busy now.

미국 ☐

I'm in a hurry. 서둘러 / 급히

바빠요.

별다른 일이 없어 한가하게 앉아 있을 때는 가만히 있더니, 이제 막 뭔가를 시작하려고 할 때 뭔가를 부탁해 오는군요. 그냥 친구라면 바쁘다고 말하고 거절해 버리면 그만이지만, 직장 상사가 일거리를 던져주는 것이라면 짜증을 낼 수도 없고… 왜 상사들은 항상 일거리를 그렇게 몰아서 주는 것일까요.

155

601

밤을 새자!

Let's not sleep tonight.

Let's **stay up** all night. 〰 깨어있다
Let's **burn** the midnight oil.
〰 태우다

드디어 시험이 끝났습니다. 온종일 쉬며 체력을 충전해 놓고, 이제 밖으로 나가서 놀 차례입니다. 그동안의 답답함을 모두 풀어버리면, 남는 체력이 전혀 없을 때까지 밤을 불태워 놀아야겠군요.

602

밥을 조금밖에 안 먹는다.

She eats really little.

She eats like a bird.

밥을 조금만 먹는 사람을 가리켜 '새 모이만큼 먹는다'라고 표현하기도 합니다. 영어에서도 비슷한 방식의 표현이 쓰이는군요.

603

방금 나갔어요.

He just left.

He just **stepped out**.
〰 step out : 잠깐 떠나다 / 외출하다

누군가가 집의 초인종을 누르네요. 인터폰을 확인한 동생이 성급히 숨으면서, 자신이 집에 없다고 말해달라 하는군요. 그에게 빌린 돈을 한 달째 갚지 않고 있다고요.

604

방금 나한테 욕한 거야?

Did you say bad words to me?

Did you just give me the finger?

'give me the finger', 손가락을 주었다? 무슨 의미일까요. 주먹을 쥔 채 가운뎃손가락만을 내미는 욕 있잖아요. 여기에서 말하는 손가락은 욕을 할 때 쓰는 그 손가락을 뜻합니다.

배꼽 빠지게 웃겨요.

세계 ☐

It is so funny.
I can't help laughing.

미국 ☐

I am in **stitches**.

바늘땀 / 바느질하다 / (상처를) 봉합하다

친구가 메신저로 동영상을 하나 보내줬습니다. 그런데 정말 재미있네요. 하도 웃다 보니 배가 찢어져 버릴 것 같네요. 병원에 가서 꿰매야(stitch) 하게 될지도 모르겠습니다.

배불러.

세계 ☐

I am full.

미국 ☐

I'm **stuffed**.

(빽빽이) 채워 넣다

난민이나 굶주리고 있는 사람들을 돕기 위한 공익광고가 TV에서 나올 때면 정말 안타까운 마음이 들고는 합니다. 사고 싶은 것을 다 사지는 못하지만, 배불리 먹을 수는 있다는 것만으로도 감사하다는 생각이 들기도 하고요.

배불러서 더 못 먹을 것 같은데.

세계 ☐

I can't eat anymore.

미국 ☐

I don't think I can eat another **bite**.

한 입 / 물다

맛있는 음식을 먹는 일은 사람이 누릴 수 있는 가장 행복한 일 중의 하나인 것 같습니다. 그렇다고 해서 배가 터질 정도로 과식을 하면 오히려 불쾌감만 남게 되기도 하지요. 무엇이든 적절하게 조절하는 것이 필요한 것 같습니다.

버릇없이 굴지 마.

세계 ☐

Don't be **rude**. 무례한

미국 ☐

Don't be a **smart mouth**.

말대꾸하는 사람 / 버릇없이 구는 사람

부모님이 한마디 할 때마다 또박또박 말대답하며 버릇없이 구는 동생. 그렇게 버릇없이 굴지 말라며 한마디 해 주어야 할 것 같습니다. 'smart mouth'란 버릇없이 말하거나 말대꾸하는 사람을 말합니다. '그래 너 잘났다. 똑똑하다'라며 비꼬는 듯한 뉘앙스가 들어있습니다.

609

벌어서 쓰기 바빠요.

세계 ☐

I spend all the money
as soon as I earn. ~하자마자

미국 ☐

I live paycheck to paycheck. 급료

신용카드를 쓰는 사람이라면 아마도 공감하실 겁니다. 월급은 단지 통장을 스쳐 지나갈 뿐이지요. 통장에 돈이 들어오자마자, 신용카드 회사에서 다시 가져가 버리니까요… 'as soon as I earn'은 '내가 버는 대로 최대한 빨리'를 의미하는 부사구입니다.

610

변명이라도 해 봐.

세계 ☐

Please tell me the reason
why you did like that?

미국 ☐

What's your excuse? 변명 / 이유

친구가 또 당신과의 약속 시간을 어겼습니다. 한두 번 있는 일이 아닙니다. 그 친구가 약속을 지키는 것을 보는 건 흔치 않은 일이거든요. 그리고 그 친구에게는 아주 다양한 레퍼토리의 변명이 있고요. 이번엔 도대체 어떤 변명을 가지고 왔을까요.

611

별일 아니야. / 걱정할 필요 없어.

세계 ☐

No big deal.

미국 ☐

No biggie. 중요한 것 / 성공한 사람

당신의 노트북을 쓰고 있던 친구가 당황한 목소리로 당신을 부르는군요. 다가가서 살펴보니, 노트북이 완전히 망가져 있습니다. 테이블에서 떨어뜨렸다고 하네요. 그런데 뭐, 괜찮습니다. 새것으로 돌려받으면 되죠.

612

별일 없이 지내지?

세계 ☐

How are you?

미국 ☐

What's new?

자주 보지는 않는 누군가를 만날 때면 흔히 이렇게 묻고는 합니다. '요즘 별일은 없지?'라고요. 꼭 특별한 일이 있기를 기대하고 묻는 것은 아니더라도요.

세계 ☐

You had better go to the hospital.

미국 ☐

I think you should see a doctor.

병원에 가 보시는 게 나을 것 같아요.

'had better'는 '~하는 편이 낫겠어'를 의미하는 일종의 조동사입니다. 보통 줄여서 'I'd better'와 같은 형태로 사용하지요. 'see a doctor'는 문자 그대로 직역하면 '의사를 보다'라는 뜻이 되지만, 보통 '병원에 가다'는 의미로 쓰입니다.

세계 ☐

The report is over 300 pages.

미국 ☐

The report runs to over 300 pages.

run to : (치수, 양이) ~에 달하다

보고서는 300쪽 이상에 달한다.

동료로부터 보고서를 검토해 달라는 부탁을 받았습니다. 밥도 한 끼 미리 얻어먹었고요. 고작 그 정도쯤이야, 순식간에 해결해 주겠다며 보고서를 건네받았는데, 무려 300쪽도 넘는 분량의 보고서이네요. 어쩐지 비싼 식당에서 밥을 사주더라니…

세계 ☐

Now you are showing
who you really are.

미국 ☐

You're coming out.

come out : (진실이) 알려지다 / 드러나다

본색이 나오는구나.

자기만 믿고 따르면 된다던 사업 파트너. 일이 잘못되자 당신에게 모든 손해를 덮어씌우려 하네요. 역시, 믿을 만한 사람은 아니다 싶더라니! 'who you are'는 '네가 누구인지'라는 의미의 명사절입니다. 의문문인 'Who are you?'가 문장 속에 포함될 때는 어순이 바뀐답니다.

세계 ☐

Put it in a bag.

미국 ☐

Bag it.

봉투 / 가방 / (봉지, 가방 등에) 넣다

봉투에 넣어.

당신의 짐을 잠시 동생에게 맡겨 두려고 합니다. 하지만 칠칠찮은 동생이 짐을 잘 간수할 수 있을지 모르겠네요. 괜히 들고 있다간 잃어버릴 수도 있으니, 가방이나 봉투 안에 넣어두라고 말해 두어야 할 것 같습니다.

부끄러운 줄 알아!

세계 ☐

You need to know
that's a shameful thing.

미국 ☐

Shame on you.

부끄러움

부끄러움을 모르는 사람이 왜 그렇게 많은지… 길거리에서 아무렇지도 않게 담배를 피우며 걸어가는 사람이라든지, 공공장소에서 모두에게 소리가 들리도록 떠들어대는 사람이라든지요. 최소한의 상식만 좀 지켜주면 좋을 텐데 말이에요.

불난 데 부채질하지 마.

세계 ☐

You are making it worse.   더 나쁜 / 더 못한

미국 ☐

Don't add salt to the wound.
첨가 / 추가 하다   상처 / 부상

오랜 시간 공들여왔던 계약이 결국 실패로 돌아갔습니다. 상사에게 그것을 보고해야 하는데… 아무래도 오늘은 아닌 것 같군요. 그가 아침부터 무슨 일인지 기분이 좋지 않아 보이거든요. 괜히 상처(wound)에 소금까지 들이부어 상황을 악화시킬 필요는 없잖아요.

불가능해.

세계 ☐

That is impossible.

미국 ☐

It's a suicide mission.   자살 / 자살 행위
You are asking for the moon.

상사가 무리한 요구를 해 오네요. 책상 위를 모두 뒤덮어버릴 정도로 많은 서류 더미를 던져주더니, 내일까지 이걸 끝내라고 합니다. 오늘도 제시간에 퇴근을 하기는 글렀네요. 아니, 밤새도록 야근을 한다고 하더라도… 내일까지는 도저히 불가능할 것 같습니다.

불안해서 가만히 못 있겠어.

세계 ☐

I am too nervous to stay calm.

미국 ☐

I'm on pins and needles.   바늘
핀 / (핀 등으로) 꽂다

'too ~ to ~'형태의 문형이 사용된 문장입니다. 'to stay calm'하기에는 'too nervous'하다는 뜻이지요. 또한 그처럼 불안한 상태를 '핀과 바늘 위에 있다'라고 표현할 수도 있습니다. 우리가 쓰는 말 중에도 '가시방석 위에 앉아 있는 것 같다'라는 표현이 있잖아요.

621

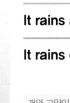

세계 ☐

It rains a lot.

미국 ☐

It rains cats and dogs.

비가 억수같이 쏟아져.

개와 고양이는 서로 사이가 좋지 않은 두 동물로 유명합니다. 서로 만나기만 하면 으르렁대며 싸우기에 바쁘다고 하지요. 'It rains cats and dogs'는, 비가 요란하게 쏟아지는 모양새를 개와 고양이가 서로 으르렁거리며 싸우는 것에 비유한 표현이라고 합니다.

622

세계 ☐

When it rains, I feel depressed.

미국 ☐

Rain depresses me.

우울하게 하다

비가 오면 기분이 우울해져요.

술을 끊기로 결심을 했다는 친구인데, 결심한 지 얼마 지나지도 않아 대낮부터 술을 마시고 있네요. 이게 도대체 어떻게 된 것이냐는 질문에 대한 친구의 답변. 비가 오니 어쩔 수가 없다는군요. 비가 오면 너무 우울해서 견딜 수가 없다고요.

623

세계 ☐

Keep it secret.

미국 ☐

Don't spill the beans.

쏟다   콩

비밀을 발설하지 마.

그리스의 한 비밀 단체에서 회원의 입회 여부를 흰 콩과 까만 콩을 단지 안에 넣어 결정했다고 하는데, 이 단지가 엎어지면 콩이 밖으로 나와 비밀이 탄로 나게 되었다고 합니다. '비밀이 누설되다'는 의미의 표현인 'spill the beans'는 그에서 유래된 표현입니다.

624

세계 ☐

It is expensive. 비싼

미국 ☐

It's pricey.

값비싼

비싸다.

도대체 어떻게 책정된 가격인지 알 수 없는 물건들이 있지요. 질도 별로이고 그렇다고 해서 디자인이 딱히 예쁜 것도 아닌데 말이에요. 더 신기한 것은, 그럼에도 불구하고 그것을 사는 사람들은 어디엔가 꼭 있다는 겁니다. 하긴, 세상에는 다양한 취향의 사람들이 있으니까요.

625

비용이 너무 많이 들어.

It costs a lot.

It costs an arm and a leg.
비싸이 들다

예전에 화가들이 초상화를 그릴 때, 얼굴만 그릴 때는 요금을 싸게 받았으나 팔이나 다리까지 그릴 때는 더 비싸게 받고는 했다는군요. 'It costs an arm and leg'는 그에서 유래된 표현입니다.

626

비켜 주세요!

Excuse me!

Make way!
길 / 방식
Clear the way!
치우다

사람들이 가득 들어찬 주말의 쇼핑몰. 급한 일이 있어 서둘러 밖으로 나가야 하는데, 쇼핑하는 데에만 정신이 팔린 사람들은 대체로 비켜달라고 말하기 전엔 자리에서 움직일 생각을 전혀 하지 않지요.

627

빙산의 일각에 불과해.

It is just a small part of it.

It is just the tip of the iceberg.
끝 / 꼭대기   빙산

바다 위에 떠 있는 빙산은 수면 위로 드러난 모습보다 훨씬 커다란 부분을 수면 아래쪽에 감추고 있습니다. 그래서 어떤 사건의 일부분에 지나지 않는 부분을 가리켜 바다 위로 드러난 빙산의 일각, 'the tip of the iceberg'라고 표현하기도 합니다.

628

사귀는 사람 있어요?

Do you have a boyfriend (girlfriend)?

You taken?

마음에 드는 이성이 생긴다면, 일단 그에게 지금 사귀는 사람이 있는지가 문제이겠지요. 마음 졸이며 기다릴 것 없이, 가서 직접 물어보세요. 사귀는 사람이 있다는 말을 'be taken'이라고 표현하기도 하는데요, 'You taken?'은 'Are you taken?'을 줄인 것이라고 이해하시면 됩니다.

사라가 계속 저기압이던데.

Sarah doesn't feel good.

Sarah has been
down in the dumps. 쓰레기 더미

기분이 저기압인 사람들은 그냥 피하는 것이 상책입니다. 괜히 기분을 풀어주겠답시고 가서 무엇인가를 시도했다가는, 화풀이 대상만 될 수도 있잖아요. 저기압에 빠진 누군가에게, 눈치 없이 다가가는 친구가 있다면 경고를 해 줘야겠지요.

사람도 많은데 왜 하필 나야!

There are so many people,
but why me?

Of all the people, why me?

직장 상사와 함께 출장을 가야 합니다. 설마 이제 입사한 지 얼마 되지도 않은 당신을 데려갈 거라고는 생각하지 않았는데, 그가 콕 집어 당신을 선택했다고 하는군요. 그것도 주말을 끼고 가는 출장인데 말이에요. 다른 사람들도 많은데, 도대체 왜 그런 걸까요.

사무실로 되돌아가자.

Let's go back to the office.

Let's head back to the office.
(특정 방향으로) 가다 / 향하다

나른한 오후, 도저히 일이 제대로 되지를 않군요. 외근을 핑계로 나와 있는데 동료에게서 전화가 왔습니다. 상사가 눈치채 버렸다고요. 당신이 근무지 바깥에 있다는 것을 말이에요.

사진 찍는 것이 허용되나요?

Can I take a picture?

Is photo-taking allowed?
사진 촬영   허락하다

유적지나 미술관, 박물관 등에서는 보통 함부로 사진을 찍을 수 없게 되어있습니다. 그러니 사진을 찍기 전 주변에 관계자가 보인다면 먼저 이렇게 물어보아야겠지요.

633

살을 빼려면 달리기보다
빨리 걷는 게 더 나아.

세계 ☐

**Walking fast is better than
running to lose your weight.**

미국 ☐

**Fast-walking burns more
calories than running.** 태우다

하우스메이트가 다이어트를 결심했습니다. 문제는, 그가 집 안에서 트레드밀로 운동을 하려 한다는 것이지요. 그를 집 안에서 뛰게 할 수는 없습니다. 너무 무거워서, 그가 뛸 때면 집이 내려앉을 것 같은 기분이 들거든요.

634

상황이 바뀌면 대처할 줄도 알아야지.

세계 ☐

**When things change,
you should be changed, too.**

미국 ☐

Things change, roll with them. 굴리다 / 돌다

결국 '똑똑함'이란 '상황 대처 능력'을 가리키는 말인 것 같기도 합니다. 아무리 많은 지식과 능력을 갖추고 있는 사람이라 하더라도, 예상치 못한 상황 앞에서는 얼어붙어 버리는 사람이라면 별 쓸모가 없지요. 모든 일은 대체로 마음먹은 대로만 되지 않으니까요.

635

상황이 안 좋아지고 있어.

세계 ☐

The situation is getting worse. 더 엉망인

미국 ☐

It's getting very ugly.

못생긴 / (사건, 상황) 험악한 / 추잡한

컴퓨터에서 확실히 문제가 있다고 여겨질 정도로 심한 소음이 발생하네요. 그것을 고치기 위해 이것저것 해 보고 있는 중인데… 이런, 이제는 아예 전원도 켜지지 않는군요.

636

샘이 데이트 신청했어.

세계 ☐

Sam asked me for a date.

미국 ☐

Sam asked me out.

'ask out', 어딘가로 나가자 혹은 근사한 곳으로 가자고 요청하는 것은 보통 데이트 신청이 되겠지요. 그래서 'ask someone out'은 누군가에게 데이트 신청을 하는 것을 의미합니다.

637

생각 좀 해!

세계 □

You need to think.

미국 □

Chew on that for a while.

(음식을) 씹다 / (무엇을 계속) 물어뜯다

무엇인가를 씹을 때에는 그냥 삼키는 것보다는 아무래도 시간이 더 걸리겠지요. 그래서일까요. 무엇에 대해 생각한다고 할 때 '씹다'라는 뜻의 단어인 'chew'를 사용해 표현하기도 합니다.

638

생각날 것 같아. / 감이 온다.

세계 □

I have almost got it.

미국 □

It **rings a bell**.

ring a bell : 생각(기억)나게 하다 / 종을 울리다

지난밤의 기억이 전혀 나지 않습니다. 술을 많이 마셨거든요. 정신을 차려 보니 침대 위에 누워 있고, 지갑이며 휴대폰은 모두 어딘가로 사라지고 없네요. 숙취에 괴로워하며 지갑의 행방에 대해 곰곰이 생각하고 있는데, 생각이 날 것 같기도 하고…

639

생각이 떠올랐어.

세계 □

I have an idea.

미국 □

An idea **hits** me.

때리다 / 치다

이상하게도 좋은 아이디어는 대부분 엉뚱한 순간에 떠오르는 것 같습니다. 샤워할 때라거나, 친구와 함께 그 일과는 전혀 상관없는 다른 어떤 주제로 이야기를 하고 있을 때라거나… 그렇다 보니 순간적으로 떠오른 그 아이디어를 금방 다시 잊어버릴 때도 있고요. 그럴 때면 정말 답답하지요.

640

서두르는 게 좋을 거야.

세계 □

You had better hurry up.

미국 □

You'd better **shake a leg**.

흔들다 / 흔들리다

어젯밤 밤새도록 술을 마시고 집에 들어갔던 친구. 오후에 전화해 보니, 아직까지도 잠을 자고 있네요. 아무래도… 오늘이 리포트 제출 마감인 걸 잊어버린 것 같네요. 학교에 와서 직접 제출해야 하는데 말이죠.

165

서둘러!

Hurry up!

Get a **move** on!

움직이다 / 움직임 / 이사

비행기를 타려고 공항에 왔는데, 깜빡하고 여권을 챙겨 오지 않았네요. 집에 있는 동생에게 가져다 달라고 부탁해야겠습니다. 비행기를 놓쳐버릴지도 모르니, 최대한 서둘러서 가져오라고요.

서울에서는 차 없이도
지낼 수 있습니다.

You can live
without a car in Seoul.

You can **get by**
without a car in Seoul.

살아가다 / 지나가다

서울은 대중교통 체제가 굉장히 잘 정비되어 있는 도시 중의 하나입니다. 굳이 개인용 자동차가 없더라도 서울 내에서 이동하는 데에는 큰 불편함이 없지요. 때로는 차를 몰고 나가는 것이 오히려 더 불편할 때도 있고요.

선생님에게 이르지 마.
고자질하지 마.

Don't talk to
the teacher about my **fault**.

잘못 / 책임

Don't **rat** on me.

쥐 / 비열한 놈

쥐는 배가 침몰했을 때 자신이 살기 위해서 가장 먼저 뛰어나온다고 합니다. 'rat on'은 그처럼 다른 사람들을 생각하지 않고 자신만 살겠다고 배반하는 것을 쥐에 비유한 표현으로, '버리다, 배반하다, ~를 고자질하다'라는 의미로 쓰입니다.

선생님이 날 호되게 꾸짖으셨어.

My teacher scolded me.

My teacher **chewed me out**.

chew out : 호되게 꾸짖다 / 비난하다

'chew'는 원래 '씹다, 물어뜯다'라는 의미의 단어입니다. 그런데 우리가 누군가에 대해 험담을 할 때, 그를 '씹는다'라고 말하기도 하잖아요. 그와 비슷하게 만들어진 표현인 것 같습니다. 'chew out'이라고 하면 누군가를 꾸짖거나 야단친다는 의미의 표현이 됩니다.

645

설거지는 내가 할게요.

I will wash the dishes.

I'll do the dishes.
└ 접시

밖에서 일할 때는 그렇게 부지런하게 이것저것 처리하다가 도, 집에만 들어가면 왜 그렇게 게을러지는지 모르겠습니다. 간단하게 할 수 있는 집안일이라도 귀찮게만 느껴집니다. 그래서 로봇 청소기며 식기 세척기 같은 것이 있는 것이겠지요.

646

성공했어!

It was successful. ☞ 성공한 / 성공적인

I made it.
I nailed it.
└ 이뤄내다 / 못으로 박다

'nail'이 동사로 쓰일 때는 보통 '못으로 박다'라는 뜻으로 쓰이지요. 일이 잘못되지 않도록 아예 못으로 박아버린다는 의미일까요? 어떤 일을 해내거나 성공했을 때에 'nailed it'이라고 표현하기도 합니다.

647

성급하게 결론 내리지 마.

Think once more before you make a decision.

Don't jump to a conclusion.
└ 성급한 결론을 내리다 / 단정짓다

남자 친구가 낯선 여자와 식당에 앉아 있는 것을 보았다며, 친구가 불같이 화를 내고 있습니다. 바람을 피우는 것이 분명하다며 당장이라도 쳐들어갈 기세네요. 그처럼 성급하게 결론을 내리는 것을 'jump to a conclusion', '결론으로 점프한다'라고 표현하기도 합니다.

648

성급하게 굴지 마.

Don't rush.

Don't jump the gun.
└ 총 / 대포

보통 한국 사람들을 보고 성격이 급하다고들 말합니다. '빨리 빨리'라는 말을 입에 달고 산다고요. 빠른 일 처리가 좋을 때도 있지만, 중요한 일이라면 성급하게 무엇을 결정하기보다는 신중하게 생각해 보는 것이 좋겠지요.

649

세계 ☐

Your effort is more important than the result.

미국 ☐

It's the **thought** that **counts**.

⤷ 생각   ⤷ 세다 / 중요하다

성의가 중요하죠.

친한 친구의 생일이 다가오고 있습니다. 뭔가 좋은 선물을 기대하고 있는 듯한 눈치로군요. 좋은 선물이라는 게 뭐 따로 있나요. 그저 마음이 담긴 선물이면 되지요. 'count'는 보통 '세다'라는 뜻으로 쓰이지만, '중요하다'라는 의미도 있습니다.

650

세계 ☐

I want to go to the toilet.

미국 ☐

I want to **pee**. ⤷ 쇠변을 보다
I want to do a number one.

소변을 보고 싶어.

재미있는 표현이네요. 소변을 보러 화장실을 갈 때 'number one', 즉 '1번'을 하러 간다고 말하기도 합니다. 우리 식으로 말하면 '작은 것'을 해결하러 간다는 말 정도의 뉘앙스일 것 같네요.

651

세계 ☐

Let's **increase** the speed. ⤷ 증가하다

미국 ☐

Let's speed up.

속도를 내자.

퇴근 시간은 가까이 다가오고 있는데 해야 할 일은 아직 많이 남아있습니다. 공동 업무라 그런지 다들 슬슬 하고 있는 것 같군요. 다른 사람이 열심히 해 주겠지, 라는 마음가짐으로 말이에요.

652

세계 ☐

My hand was hurt by fire.

미국 ☐

I burned my hand.
I got **burned** on my hand.

⤷ 불타다

손에 화상을 입었어.

주방은 위험한 곳입니다. 정신을 바짝 차리고 요리를 하지 않는다면 다칠 수도 있지요. 아무리 요리에 능숙한 사람이라 하더라도요. 뜨겁게 달궈진 상태의 오븐에서 음식을 꺼낼 때, 장갑을 착용하는 것을 순간적으로 잊어버린다든지…

수고하세요.

세계 ☐

Continue to do well.

미국 ☐

Keep up the good work.

여럿이서 함께 일을 하는 중이었습니다. 아직 일이 다 끝나지 않았는데, 급히 다른 일이 생겨 당신만 먼저 자리를 떠나게 되었네요. 이러한 상황에서 우리가 흔히 쓰는 말인, '수고하세요' 와 비슷한 의미가 담긴 표현입니다.

수학 시험에서 100점 맞았어.

세계 ☐

I got an A on my math test.

미국 ☐

I aced my math test.

태어나 처음 있는 일입니다. 수학 시험에서 만점을 받은 것은 요. 다른 모든 과목은 시험을 잘 봤더라도, 수학만 당신의 발목을 잡고는 했었는데 말이죠. 여기저기 자랑을 하고 다녀야 할 것 같네요. 이번 시험이 너무 쉬워 대부분 만점을 받았다는 말도 있긴 하지만요.

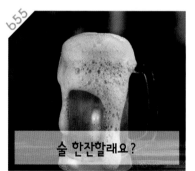

술 한잔할래요?

세계 ☐

Do you want to have a drink?

미국 ☐

Would you care for a drink?

좋아하다

사무실에서 함께 일하는 동료 중 마음에 두고 있는 이성이 있습니다. 오래전부터 호감이 있었는데, 기회가 없어 친하게 다가가 보지는 못했네요. 그리고, 그 기회가 이제 찾아온 것 같습니다. 단둘이서 야근을 하다가 함께 퇴근을 하게 되었거든요.

술을 끊었어요.

세계 ☐

I don't drink alcohol anymore.

미국 ☐

I'm off the alcohol now.

술을 즐기지 않는 사람이라면, 술을 끊는다는 게 얼마나 큰 결심이고 얼마나 이루기 힘든 일인지 모를 겁니다. 그리고 이상하게도 술을 끊기로 결심한 그 순간부터 술 약속이 마구잡이로 생기고는 하더라고요. 꼭 술을 마셔야 할 것 같은 일도 자꾸 일어나고요.

657

Let me take a rest for a while. 잠시 동안

Let me catch my breath.

catch breath : 숨을 돌리다

숨 좀 가다듬고.

밖에서 볼 일이 있어 잠시 나갔다 왔습니다. 날이 워낙 더워 기진맥진한 채 사무실에 돌아왔는데, 자리에 앉자마자 사람들이 그 일에 대해서 묻네요. 숨 돌릴 시간도 없이 말이에요.

658

I am unemployed. 실직한

I'm between jobs.

쉬고 있어요.

일하고 있지 않은 '백수' 상태일 때 보통 '쉬고 있다'라고 말을 하고는 합니다. 그것이 자의에 의해 쉬고 있는 것이든, 해고를 당해 어쩔 수 없이 백수가 되어버린 상태이든 말이에요. 실직 상태를 'between jobs'라고 표현하기도 합니다.

659

Let's stop at the supermarket.

Let's drop by at the supermarket.

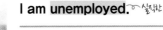

슈퍼마켓에 잠깐 들렀다 가자.

힘든 하루를 마치고 집으로 돌아가는 길입니다. 저녁을 아직 먹지 못했지만, 도저히 집에 들어가 무언가를 만들어 먹을 엄두가 나질 않네요. 너무 피곤해서요. 슈퍼마켓에서 간단한 먹을거리를 좀 사서 들어가야겠어요.

660

I need to go.
It is time to go.

I gotta go.
I should probably get going.

슬슬 일어나야겠다.

평일에는 그렇게나 그립게 느껴지던 잠이, 막상 주말이 되어 실컷 자려고 하면 그렇게 잘 안 되기도 합니다. 토요일, 하루 종일 침대 위에서만 뒹굴기로 결심했는데, 정오도 채 되기 전에 슬슬 좀이 쑤셔오네요.

승산이 거의 없어요.

세계 ☐

That is almost impossible. ⌒ 불가능한

미국 ☐

You don't stand a chance.
You stand very little chance.

권투 선수인 친구가 다음 달에 경기를 한다고 합니다. 상대 선수는 당신도 잘 아는 사람이로군요. 한 번도 링 위에서 쓰러진 적이 없다는 엄청난 맷집에, 번개처럼 빠른 주먹으로 유명한 선수입니다. 아무래도… 친구에게는 승산이 없을 것 같네요.

시간 좀 있어?

세계 ☐

Do you have time?

미국 ☐

You got a minute?

당신의 일을 도와 잔심부름을 해 줄 사람이 필요합니다. 마침 동생이 거실에서 TV를 보고 있네요. 일단 한번 슬쩍 떠봐야겠어요. 대뜸 본론부터 말했다가는, 분명 자기 곧 일이 있어서 시간이 없다고 할 테니까요.

Are you satisfied with your sta...
☐ Yes
☐ Not

시간을 두고 결정해.

세계 ☐

Take your time.

미국 ☐

Give it time.

좋은 일자리가 하나 생겼습니다. 넉넉한 보수에 그리 어려운 일도 아닙니다. 마침 일을 쉬고 있는 친구가 있어 그 자리를 권유해 봤는데, 당장 결정하기에는 힘들 것 같다고 하네요. 그것도 그럴 것이, 해외에 나가서 해야 하는 일이거든요.

시간을 지켜라!

세계 ☐

Be on time. ⌒ 시간을 어기지 않고

미국 ☐

Be prompt. ⌒ 시간을 엄수하는 / 즉각적인
Be punctual. ⌒ 시간을 지키는

한두 번도 아니고, 매번 시간 약속을 조금씩 어기는 친구. 누구나 그런 친구가 한 명쯤은 있으실 겁니다. 아무리 멋진 매력을 가진 사람이라도 시간 약속을 제대로 지키지 않는다면 정말이지 만나고 싶지가 않지요.

665

시간이 빨리 지나간다.

세계 ☐

Time passes so quickly.

미국 ☐

Time flies.
Time goes like an arrow.

↳ 화살

화살을 쏘면 아주 빠른 속도로 날아가지요. 시간이 'goes like an arrow', 즉 '화살처럼 간다'는 말은 시간이 그처럼 매우 빠르게 지나간다는 뜻의 표현입니다.

666

시간이 얼마 없어.

세계 ☐

We don't have enough time.

미국 ☐

We're running out of time.

run out of : ~을 다 써버리다 / ~이 없어지다

이제 곧 있으면 공항으로 출발해야 하는 시간입니다. 여행을 떠나기로 했거든요. 하지만 함께 여행을 가기로 한 당신의 친구는 아직도 짐을 다 싸지 못했다고 하네요. 도대체 얼마나 많은 짐을 싸 가려는 것일까요. 이민을 가는 것도 아니고…

667

시간이 없어서
그 궁전에는 들르지 못했어.

세계 ☐

Because we didn't have enough time, we couldn't visit the palace.

미국 ☐

Lack of time kept us ⌒부족
from visiting the palace.

Lack of time prevent us ⟋막다
from visiting the palace.

668

시차 때문에 너무 힘들어.

세계 ☐

I am so tired because the time is different between the two countries.

미국 ☐

I have jet lag. ⌒시차로 인한 피로

멀리 떨어져 있는 나라로 여행을 가게 되면, 가장 먼저 '시차 적응'이라는 괴로움을 겪게 되지요. 평소에 불면증을 겪고 있던 사람이라면 별 상관이 없을지도 모르겠네요.

시험 완전 죽 썼어.

I didn't do good on the test.

I **messed up** on the test.

mess up : ~을 엉망으로 만들다

오랜 기간 동안 준비해 왔던 시험인데, 완전히 망쳐버리고 말았습니다. 시험을 보는 내내 배가 아파서 집중할 수가 없었거든요. 아마도 아침에 먹었던 빵과 수프에 문제가 있었던 것 같네요.

**식당에 손님보다
종업원 수가 더 많았어.**

There were more
servers than customers.

The servers **outnumbered**
the **diners.**

보다 수가 더 많다

식사하는 사람(손님)

여행지에서 괜찮은 식당을 찾고 있는 중입니다. 친구가 아까 지나왔던 파스타 가게를 가자고 하네요. 그 가게라면 당신도 오면서 살펴봤었는데, 거기는 아닌 것 같네요. 점심시간인데도 손님이 정말 없었거든요.

식욕이 없어.

I don't want to eat anything.

I've lost my **appetite.**

식욕

함께 식사하고 싶지는 않은 사람이 점심을 먹으러 가자며 물어오네요. 그렇다면 이렇게 대답할 수 있겠지요. 식욕이 없어 아무것도 먹고 싶지 않다고요.

신용카드가 거래정지인데요.

Your credit card doesn't go through.

Your credit card was declined.

숙취에 시달리며 밖으로 나와, 해장하려고 음식점에 들어갔습니다. 식사하고 카운터에서 신용카드로 계산을 하려는데… 한도 초과로 거래 정지가 되었군요. 이게 도대체 어떻게 된 일일까요. 어젯밤 신용카드로 뭔가를 긁은 것 같기도 한데…

Did you submit your lab report?

Did you turn in your lab report?
Did you hand in your lab report?

실험 보고서

실험 보고서 제출했어?

마감 시간이 가까워져 올수록 작업 능률은 가파르게 상승하지요. 무슨 일이든, 처음 시작할 땐 도무지 진도가 나가지 않더라도 마감 직전이 되면 순식간에 진도가 확 나가버리잖아요. 물론 그 결과물의 질은 장담할 수 없지만요.

That is not funny.

That's a lame joke.

다리를 저는

썰렁한 농담이네. / 썰렁하네.

'lame'은 '절뚝거리는'이라는 뜻의 형용사입니다. 어떤 말이 설득력이 없다, 변변찮다고 할 때도 이 형용사를 쓸 수 있습니다. 그 말이 절름발이처럼 제대로 걷지도 못한다는 의미이겠지요.

I know him, but not that well.

No, he's just an acquaintance.

아는 사람 / 만남

아니, 그냥 아는 사이야.

당신의 직장 동료 중의 하나가 마음에 든다며, 자꾸만 그를 소개해달라는 친구. 그렇게 해주고 싶은 마음이 간절하지만, 그럴 수가 없습니다. 당신도 그와 친한 것은 아니라, 단지 '아는 사이'에 불과하거든요. 그런 사람에게 소개팅을 주선해 주겠다 나설 수는 없잖아요.

I don't think so.

I doubt it.

의심하다

아닐걸요.

무슨 일이든 그저 수긍하고 받아들이는 사람이라면, 처음에는 그 모습이 다른 이들에게 호감으로 받아들여질 수도 있겠지요. 하지만 그게 과연 좋은 걸까요. 너무 까다로운 것도 좋진 않지만, 그래도 어떤 일에 의심을 품고 다른 의견을 말해줄 수 있는 사람이 어디에서든 더 환영받을 수 있을 것 같습니다.

아마도 제가 한번
살펴봐야 할 것 같은데요.

세계 □

Maybe I need to check.

미국 □

Maybe I should take a gander.

숫거위

'gander'는 '수컷 거위'를 뜻하는 단어입니다. 그래서 'have a gander'라고 하면, 거위가 목을 쭉 빼고 두리번거리는 것처럼 무엇인가를 '찾아보다, 살피다'라는 뜻의 표현이 됩니다.

아버지는 건강하세요.

세계 □

My dad is healthy.

미국 □

My dad is in the pink.

건강한 사람을 가리켜 '혈색이 좋다'라고 하기도 하지요. 아래의 표현에서는 그처럼 좋은 혈색을 핑크색이라고 표현했네요.

아주 쉬워.

세계 □

It is so easy.

미국 □

It's a no-brainer. 알기 쉬운 것 / 간단한 일

스마트폰을 새로 장만한 친구가 사용 방법을 잘 몰라 끙끙거리고 있습니다. 전자기기라면 누구보다 더 잘 아는 얼리어답터인 당신. 친구에게 그 기기의 사용법에 대해 설명해주려고 합니다. 어떤 쉬운 문제나 결정을 가리켜 'no-brainer'라고 표현하기도 하는데요. 뇌가 없어도 해결할 수 있을 정도로 쉽다는 뜻이지요.

아주 유용한 웹사이트를 하나
발견했어요.

세계 □

I found a very useful website.

미국 □

I came across a very useful website.

come across : 우연히 찾아내다 / 우연히 만나다

인터넷이 발달하고 모든 사람들이 인터넷을 사용하게 되면서, 그 안에는 방대한 양의 정보들이 쌓이게 되었습니다. 그만큼 웹사이트들도 정말 많아졌고요. 이제는 오히려, 그중에서 정말 필요하고 유용한 웹사이트를 찾는 것이 더 힘들어졌지요.

681

I still like you.

I still have feelings for you.

아직 난 너 좋아해.

좋아하는 사람에게 용기를 내서 고백했습니다. 하지만 안타깝게도 차이고 말았네요. 자기에게는 이미 연인이 있다고 하는군요. 그런데⋯ 얼마 지나지 않아 그가 연인과 헤어졌다는 소식을 들었습니다. 어쩌면 당신에게 다시 한번 기회가 찾아온 것 아닐까요.

682

Is Jack still your boyfriend?

Are you still with Jack?

아직 잭이랑 만나?

소개팅을 해 달라는 부탁을 받았습니다. 적당한 친구가 있긴 한데, 그녀가 지금 솔로인지는 잘 모르겠네요. 누군가를 만나고 있다는 소식을 듣기는 했었거든요. 하지만 그들이 지금까지도 연애를 지속하고 있을 것 같지는 않습니다. 워낙 어울리지 않는 커플이라서요.

683

I still have so many things to do.

I have a long way to go.

아직 할 일이 많아.

어떤 일을 하는 과정에서 아직 할 일이 많이 남았을 때 쓰는 표현입니다. 우리말에서도 그러한 상황을 가리켜 '갈 길이 멀다'라고 표현하고는 하지요.

684

Still good.

Still going strong.

아직도 건재해.

예전에 기상통보관들이 태풍의 상황에 대해 말하면서, '태풍의 영향권이 여전히 남아있음'을 'It's still going strong'이라고 표현했다고 하는군요. 'still going strong'은 그에서 비롯된 표현입니다.

685

I found a gray hair this morning.

I spotted a gray hair this morning.

발견하다 / 점 / 얼룩

아침에 흰머리 하나를 봤어.

나이가 들수록 머리에 흰머리가 생기는 것에 대해 민감해지고는 합니다. 흰머리는 보통 노화의 시작으로 여겨지고는 하잖아요. 하긴, 젊은 사람이라도 흰머리에 민감하기는 마찬가지이겠네요. '벌써부터'라는 생각이 들게 될 테니까요.

686

Do you usually get up early in the morning?

Are you an early bird?
Are you an early riser?
Are you a morning person?

아침형 인간이세요?

아침 일찍 일어나는 사람 혹은 부지런한 사람을 흔히 새에 비유하여 'early bird'라고 칭하기도 합니다.

687

I called to say that I will be absent from work because of illness.

결석한 / 결근한

I called in sick.

call in sick : 병가를 내다

아파서 일 못 간다고 전화했어.

'that 이하를 말하기 위해 전화했다'는 뜻이지요. 여기서 'that'을 흔히 '명사절을 이끄는 that'이라고 부르는데요, 생략되는 경우가 많습니다. "I just called to say (that) I love you."라는 가사처럼 말이지요.

688

I don't believe.

I don't buy it.

믿다 / 사다

안 믿기는데.

딱 보기에도 가짜같이 보이는 물건을, 명품이라고 하며 높은 가격에 팔려고 한다면 그걸 누가 사겠어요. 아무도 사지(buy) 않겠지요. 어떤 말을 믿지 않는다는 것을 'I don't buy it'이라고도 표현할 수도 있습니다.

177

689

세계 ☐

Fasten your seatbelt. 안전벨트

미국 ☐

Buckle up.

과속하지 않는다고 해서, 주의 깊게 운전을 한다고 해서 사고가 나지 않는 것은 아닙니다. 아무리 안전 운전을 하더라도 사고는 언제든지 일어날 수 있지요. 그러니 차에 시동을 걸고 운전을 시작하기 전, 안전벨트를 매는 것은 필수라는 것을 잊지 마세요.

안전벨트를 매시오.

690

세계 ☐

Sit down.

미국 ☐

Have a seat. 좌석

'앉아'라는 말을 하려고 할 때 떠오르는 가장 대표적인 표현이 바로 'sit down'입니다. 하지만 공적인 자리에서라면 되도록 그 표현은 쓰지 않는 것이 좋습니다. 'sit down'은 주로 편한 사이에서 쓸 수 있는 표현이고, 'have a seat'가 조금 더 정중한 표현입니다.

앉아.

691

세계 ☐

I got it.

미국 ☐

Your point well taken.

오랜 협상 끝에 결론을 내리게 되었습니다. 점심시간을 한 시간 앞당기는 것에 대해 이야기를 하고 있었거든요. 점심시간을 앞당기면 식당에 사람이 더 적을 테니 음식을 오래 기다리지 않아도 되고, 그러면 그만큼 시간이 절약되어 결국엔 일할 시간이 더 늘어난다는 상대방의 주장. 일리가 있네요.

알아들었어.

692

세계 ☐

Can you understand?

미국 ☐

Are you with me?

말이 잘 통하지 않는 사람과 대화를 할 때면 정말 답답합니다. 특히나 어떤 것에 대해서 설명을 하고 있거나, 무엇인가 부탁할 일이 있어 그에 대해 말하고 있을 때라면요. 중간 중간에 자주 확인을 해 주어야 하지요. 무슨 말인지 알아들을 수 있겠느냐고요.

알아들을 수 있겠어?

앤디하고는 끝났어.

I broke up with Andy.

Andy is ancient history.
고대의

'ancient history'라고 하면 '고대 역사'라는 뜻이지요. 이미 지나간 일에 대해서, 그것을 과장하여 강조하는 표현입니다.

야, 그건 좀 심했잖아.

Hey, that is too much.

Hey, that's a little uncalled for.
부적절한 / 부당한

서로 어느 정도 장난은 허용해 줄 수 있는 친한 사이라 하더라도, 그럴수록 어느 정도의 선은 엄격하게 지켜야 하는 것 같습니다. 괜히 도를 지나친 장난을 시도했다가는 한순간에 관계가 틀어져 버릴 수도 있지요.

야, 조심해!

Hey, be careful. 조심하는

Watch out.
Hey, easy.

'take it easy!'를 줄여서 'easy!'라고만 말하기도 합니다. 보통 조금 더 다급한 상황에서 그렇게 쓰이지요. 솥이 쏟아져 국을 다 버리게 생겼는데, 천천히 느긋하게 말을 할 수는 없잖아요. 다른 것도 아니고 먹을 것인데…

야식 먹지 마.

Don't have a midnight snack.

Don't raid the refrigerator at night.
습격하다   냉장고

최고의 야식은 무엇일까요. 치킨? 족발? 간단한 스낵? 하지만 건강이나 외모를 위해서라면 야식은 되도록 포기하는 것이 좋습니다. 야식을 먹지 말라는 말을 이렇게 표현할 수도 있군요. '밤에 냉장고를 습격하지 매'라고요.

얌전히 좀 있어.

세계 ☐

Stay calm.

미국 ☐

Don't horse around.

'Don't horse around'는 마차를 다루는 상황에서 비롯된 표현입니다. 말들이 돌아다니도록 내버려 두면, 마차가 가만히 있을 수가 없겠지요.

양심 찔려 죽겠다.

세계 ☐

I feel guilty.

미국 ☐

My conscience is killing me.

양심 / (양심의) 가책

실수로 친구의 휴대폰을 망가트리고 말았습니다. 당황해서 휴대폰을 원래 있던 자리에 놔두고는 전혀 손댄 적이 없는 양 가만히 있는데… 누가 그랬냐며 화를 내며 날뛰는 친구의 모습을 보니 마음에 찔리는군요. 그렇다고 이제 와 내가 그랬다며 나설 수도 없고…

어디까지 말했는지 잊어버렸어.

세계 ☐

I forgot where I was.

미국 ☐

I've lost my train of thought.

친구들과 이야기를 하다 보면 순간적으로 대화의 흐름을 놓쳐버릴 때가 있잖아요. 잠시 화장실에 다녀오거나 다른 일을 하는 사이에 어떤 말을 하고 있었는지 잊어버렸거나요. 그럴 때 사용하는 표현입니다. 'train of thought', '생각의 기차'를 잃어버렸다고 표현했군요.

어떤 쪽 일 하세요?

세계 ☐

What do you do?

미국 ☐

What line of work are you in?

부문 / 선

소개팅에 나가면 모두가 약속이라도 한 것인 양 던지는 질문들이 있습니다. 무슨 일을 하느냐는 이 질문도 그중의 하나인 것 같네요.

701

I haven't decided which cell phone to choose.

I'm still debating which cell phone to choose.

debate : 숙고하다 / 논쟁하다

어떤 휴대전화를 살지 아직도 결정하지 못했어.

'과거의 어떤 한순간, 그 순간에 결정하지 않았다'고 할 땐 'didn't decided'라고 하면 됩니다. '아직 결정하지 않았다' 는 뉘앙스로 말하고자 할 때는 과거분사 시제를 사용하여 'haven't decided'라고 표현하면 됩니다.

702

How did you find them?

How did you track them down?

track someone down : 찾아내다

어떻게 그들을 찾아낸 거니?

백화점처럼 사람이 많고 복잡한 곳에서는, 일행들과 함께 꼭 붙어 다니지 않는다면 자칫하다간 서로를 놓쳐버릴 수도 있 습니다. 게다가 한 번 놓쳐버리면 서로 연락을 해서 찾아내지 않는 한 다시 만나기도 어렵지요. 엄청난 감이라도 가지고 있 는 게 아닌 이상에는요.

703

How did you do that?

How did you swing that?

전환하다 / 흔들다

어떻게 한 거야?

자전거가 고장이 났는데, 혼자 힘으로는 도저히 고칠 수가 없 네요. 할 수 있는 것은 다 해 봤지만 고쳐지지 않습니다. 나 중에 수리점에 가져가려고 그냥 놔뒀는데, 집에 놀러 온 친 구가 몇 번 만졌더니 어느새 멀쩡하게 고쳐졌군요. 도대체 뭘 만진 것인지…

704

How do you think about it?

What do you say?

어떻게 할래?

'What do you say?'는 직역하면 '너는 뭐라고 말해?'라는 뜻 이 됩니다. 하지만 문자 그대로의 의미보다는, '어떻게 할 거 야?' 혹은 '네 생각은 어때?'라는 의미로 쓰이는 표현입니다. 네 생각을 말해 보라는 것이지요.

181

어떻게든 이겨내라.

Anyway, get over it.

세계 ☐

Roll with the punches.

미국 ☐

때리다 / 주먹질

복싱에서 상대의 공격에 맞추어 몸을 움직이는 것을 '롤링'이라고 합니다. 펀치의 방향에 따라 몸을 움직여 펀치를 무력화하고, 상대방을 지치게 만드는 것이지요. 'roll with the punches'는 쏟아지는 펀치를 복싱 선수가 이리저리 피하듯, 곤란을 이겨내고 힘든 상황에 적응하라는 뜻의 표현입니다.

어렴풋이 기억나.

I think I remember, but not clearly.

세계 ☐

I vaguely recall it.

미국 ☐

어렴풋이 / 막연히

정신을 차려보니 침대 위로군요. 어젯밤 술을 많이 마셨는데, 어떻게 집에 들어왔는지가 도저히 기억이 나질 않습니다. 친구에게 물어보니 어젯밤의 당신, 술주정 때문에 난리도 보통 난리가 아니었다고 하네요. 뭔가 어렴풋이 기억이 나는 것 같기도…

어림없는 소리!

Never!

세계 ☐

Not in a million years!

미국 ☐

백 만

친구가 어처구니없는 소리를 하네요. 당신이 팔려고 내어놓은 스쿠터를, 시세의 반값에 사겠다고 말하는군요. 친한 친구 사이이니 좀 깎아달라고요. 어느 정도 말이 되는 소리를 해야 들어주지 그건 뭐…

어머나!

Oh my god!

세계 ☐

Cat's foot!

미국 ☐

고양이들은 깜짝 놀라면 네 발로 펄쩍 뜁니다. 'cat's foot'은 그런 고양이의 행동에서 나온 표현입니다. 깜짝 놀랐을 때 감탄사로 쓸 수 있는 말입니다.

709

어서 먹자.

Let's eat.

Let's dig in.

↳ 파다 / 발굴하다

음식점에서 음식을 주문해 두고는 기다리는 중입니다. 함께 식사하기로 한 친구가 아직 도착하지 않았는데 벌써 음식이 나와버렸네요. 다들 먹어야 하나 기다려야 하나 눈치를 보고 있는 것 같은데… 스푼으로 음식을 뜨는 것은 삽으로 땅을 파는 것과 비슷하게 보이기도 하지요.

710

어쩌다 거기에 휘말렸어요?

How were you involved in that?

How did you get roped into that?

↳ 휘말리다 / 떨하다

길을 가다가 아는 사람을 만났습니다. 그런데 어째서인지, 엉뚱한 사람들과 함께 싸움을 하고 있네요. 'rope'는 '줄'을 뜻하는 단어이지요. 'get roped'라고 하면 마치 줄에 엉킨 것처럼 어떤 사건이나 사안에 '휘말리다, 얽히다'라는 뜻의 표현이 됩니다.

711

어쩔 수 없어.

There is nothing I can do.

I can't help it.
I have no choice.

친구의 일을 도와주기로 했습니다. 그런데 마침 그때 가족들이 외식하러 나가겠다고 하네요. 그것도 당신이 가장 좋아하는 식당으로요. 그렇다면, 뭐, 어쩔 수 없지요. 친구에게는 미안하지만 흔한 기회가 아니니, 선택의 여지가 없잖아요.

712

어쩔래! / 배 째.

Kill me.
So what?
That's all I can do.

Bite me.

'bite me'는 우리말의 '배 째'라는 말과 비슷한 뉘앙스를 가진 표현입니다. 직역하면 '날 물어'라는 뜻이지만, 사실은 '나를 문다고 해도 내가 어떻게 해줄 수 있는 게 없다'는 의미가 담겨있지요.

얼마예요?

How much is it?

What's the damage?
피해 / 배상금

사고 싶은 물건을 사더라도, 막상 결제를 하고 돈이 빠져나 가면 가슴이 쓰라릴 때가 있습니다. '얼마예요?'라는 말을 'What's the damage?'라고 표현할 수도 있습니다.

얼음 조금만 주세요.

Less ice, please.

Easy on the ice, please.
낙낙한 / 넉넉한 / 쉬운

패스트 푸드점에서 음료를 주문할 때 이 표현이 유용하게 쓰 이기도 합니다. 얼음을 빼면 그만큼 컵에 음료를 더 받을 수 있잖아요. 얼음이 많이 들어있다면 그것이 녹으면서 음료의 맛이 좀 밍밍해지기도 하고요.

엄마 바꿔 줘.

Let me talk with mom.

Put mommy on.

전화 통화상에서 누군가를 바꿔 달라고 부탁할 때 네이티브 들은 보통 'put someone on'이란 표현을 사용합니다. 'put someone on the line'에서 'the line'이 생략된 표현입니다.

엄청나네.

That is amazing.

You can't beat that.
이기다 / 때리다

제기차기를 좋아하는 친구. 어느 날 당신에게 전화해서는, 숨 가쁜 목소리로 자랑을 하네요. 제기를 한 번에 무려 이백 스물 한 번이나 찼다고요. 세상에나… 그것보다 더 나은 기록이 나 올 수 있을 것 같지도 않네요.

717

Let's **cancel it.** 취소하다

Let's call it off.

없던 거로 하자.

친구와 함께 여행을 가기로 했습니다. 함께 여행 계획을 짜고 있는데, 의견이 맞는 부분이 하나도 없습니다. 여행을 출발하기도 전에 벌써 서로 감정만 상하고 있네요. 이럴 바에야, 차라리 여행이고 뭐고 다 취소해버리는 것이 나을 것 같습니다.

718

I got lost.

I'm a **wreck.**

난파선

엉망진창입니다.

'wreck'은 '난파선'이라는 뜻입니다. 무엇을 하고 있는지도, 어디로 가고 있는지도 모르는 엉망진창의 상황을 난파선에 빗대어 표현하기도 합니다.

719

Short **distance.** 거리

It's a stone's **throw** away. 던지다

엎어지면 코 닿을 거리야.

'엎어지면 코 닿을 거리'라는 말을 영어에서는 아래처럼 표현할 수 있군요. 돌(stone)을 던지면(throw) 닿을 정도로 가까운 거리라고요.

720

Amy and Tom are a couple again.

Amy and Tom **are an item** again.

be an item : 연애를 하다

에이미와 탐은 다시 커플이 됐어.

헤어질 때 서로 다시는 보지 않을 것 같더니, 어느새 다시 팔짱을 끼고 나타났네요. 하긴, 그 둘이 사귄 세월이 얼마인데 그리 쉽게 헤어질 리가 없지요. 'be an item'은 '연애를 하다'라는 뜻의 표현입니다.

여기 담당자가 누구인가요?

Who is the manager of this shop?

Who's in charge here?

~을 맡은 / 담당인

돈을 내고 서비스를 제공받는 상황이라면 원하는 것에 대해서 당당하게 요구하는 것이 당연합니다. 잘못된 것이 있다면 따지는 것 또한 당연하고요. 하지만 애꿎은 점원만 탓해 봐야 소용없지요. 따지려면 담당자를 알아보고 그에게 따지세요.

여긴 어쩐 일이야?

Why are you here?

What brings you here?

먼 친척의 결혼식에 참석했습니다. 식장 안에서 의외의 인물을 만났네요. 고등학교 때 가장 친하게 지내던 동창 중의 한 명입니다. 그가 어째서 여기에 있는 것일까요. 결혼 상대측의 친척이라도 되는 것일까요.

여동생 데려와도 돼.

You can come with your sister.

Your sister can tag along.

tag along : ~를 따라가다 / 따라붙다

옷에 붙어있는 꼬리표를 'tag'라고 하지요. 꼬리표를 붙인 것처럼 누군가를 졸졸 따라다니는 것을 'tag along'이라고 표현하기도 합니다. 'tagalong' 이라고 붙여서 쓰면 '언제나 남을 따라다니는 사람'이라는 뜻의 명사형이 됩니다.

여러모로 편해.

It is useful.

It comes in handy.

편리한

홈쇼핑을 좋아하는 친구가 또 쓸데없는 물건을 새로 샀네요. 만능 접착제라고 합니다. 도대체 왜 그걸 산 것이냐는 물음에, 여러모로 편하다고 대답하는 친구. 과연 그걸 두 번 이상 쓰게 될지 잘 모르겠네요.

725

세계 ☐

It is time to relax and have fun.

미국 ☐

It's time to kick back.

└ 긴장을 풀고 쉬다

여유를 즐기는 때야.

지난달 말까지만 해도 마구 밀려들어 오는 일감 때문에 정신이 없었는데… 이번 달에는 오히려 일감이 없어서 큰일이네요. 하긴, 이럴 때 조금 쉬어두는 것도 나쁘지 않지요.

726

세계 ☐

Let's contact.

미국 ☐

Keep in touch.
Don't be a stranger.
Please stay in contact.

연락하고 살자.

'stranger'는 모르는 사람, 낯선 사람을 뜻하는 단어입니다. 'Don't be a stranger', '모르는 사람이 되지 말자'는 연락이 끊길 수도 있는 누군가와 헤어지면서, '연락하며 지내자'는 의미로 작별 인사 대신 쓰이는 표현입니다.

727

세계 ☐

I heard that more than ten times.

미국 ☐

I heard you the first ten times.

열 번도 넘게 들었어.

아무리 재미있는 말이고 아무리 좋은 말이라도 여러 번 듣다 보면 짜증이 나지요. 특히나 술자리에서, 술에 취한 채 같은 말을 계속 반복해서 말하는 사람은 정말 최악입니다. 들어주고 반응해 주는 것도 한두 번이지…

728

세계 ☐

I can't get in because
I left my key inside.

미국 ☐

I locked myself out.

└ 잠그다 / 자물쇠

열쇠를 두고 나와서 못 들어가요.

음료수를 사려고 잠깐 차에서 내려 편의점에 다녀왔습니다. 다시 차에 타려고 보니, 열쇠를 차 안에 놔둔 채로 문을 잠가 버리고 말았네요. 이런 상황을 'lock myself out', '자신을 밖에다가 가두었다'라고 표현할 수도 있습니다.

729

세계 □

I need to improve my English.

미국 □

I need to **brush up on** my English.

↳ ~를 다시 공부하다 / 복습하다

영어 실력 좀 키워야겠어.

무엇인가를 다듬거나 정리를 할 때 'brush', 솔질을 하고는 합니다. 그에 빗댄 표현으로, 'brush up on'은 '예전에 공부했던 것을 다시 다듬으며 정리를 한다', 즉 '복습하다'는 의미로 쓰이는 말입니다.

730

세계 □

Let's watch a movie.

미국 □

Let's **catch** a movie.

↳ 잡다

'catch'는 보통 '잡다'라는 의미로 사용되는 동사입니다. 하지만 이 단어가 다른 다양한 의미로 활용되기도 합니다. 가령, '너 그거 캐치했어?'라는 문장에서는 '발견하다, 눈치채다'라는 의미로 사용된 것이지요. 여기에서처럼 '~을 보다, ~에 참석하다'라는 의미로 사용되기도 합니다.

영화 보자.

731

세계 □

For example?

미국 □

Such as?
Like what?

예를 들면 어떤 거?

친구가 말도 안 되는 소리를 하네요. 자기는 마음만 먹으면 뭐든 다 잘할 수 있는데, 단지 귀찮을 뿐이라고요. 하지만 당신은 그 친구가 뭔가를 제대로 하는 것을 한 번도 본 적이 없는데 말이죠. 예를 들자면, 도대체 뭘 잘할 수 있다는 것일까요.

732

세계 □

You don't need to make a reservation, just come.

미국 □

First come, first **served**.

↳ 제공하다 / 차려주다

RESERVED

예약은 필요 없습니다.

기념일에 식사하려 하거나, 유명한 식당에 가려 할 때는 예약이 필요한 경우가 있지요. 크리스마스이브, 여자 친구와의 데이트를 위해 가고 싶었던 식당에 전화를 걸었습니다. 혹시 예약이 가능한가 하고요.

옛날 생각을 해 봐.

Remember your past.

Look back on the past.

개구리가 올챙이 적 생각 못 한다는 속담이 있습니다. 사람들은 끊임없이 새로운 것을 요구하고, 그렇게 바라는 대로 변화가 이루어진 뒤엔 예전 일을 금방 잊어버리기도 합니다. 과거에 얽매여 살 필요는 없지만, 그래도 자기가 예전에 언제 그랬었냐는 듯 과거의 자신을 부정한 채 살아가는 사람들을 보면 재수가 없다는 생각이 들기도 하지요.

오늘 늦게까지 잤어.

I woke up late today.

I slept in today.

잠을 잘 시간이 지났는데도 도저히 잠이 오질 않습니다. 오늘 하루 종일 잠만 잤거든요. 이제 와서 또 잠이 올 리가 없지요. 이렇게 밤새 잠을 못 이루다 보면, 내일은 또 오후 늦게까지 잠을 자버릴 테고 그럼 내일 밤에도…

오늘 일은 여기까지!

Let's finish here today.

Let's bail out. 벗어나다 / 탈출하다
Let's call it a day.
Let's leave off work. 중단하다 / 멈추다

'bail'은 '보석금'이라는 뜻의 단어입니다. 직장을 감옥에 빗대어, 퇴근하자는 말을 '보석금 내고 나가자', 'Let's bail out!'이라고 비유적으로 표현하기도 합니다.

오늘 정말 재수 없는 날이야.

I got bad luck today.

Today was one of those days.

일이 잘 안 풀리는 날

일이 잘 풀리지 않고 자꾸 꼬이기만 하는 것, 불행한 일이 몰아서 연달아 일어나는 것을 가리켜 '머피의 법칙'이라는 말을 쓰고는 합니다. 잘 되던 일까지도 제대로 되지 않는 재수 없는 날이라면 이 표현을 사용해 불평해 보세요.

오늘 밤 청혼할 거야.

세계 □
I am going to propose tonight.

미국 □
I'm going to pop the question tonight.

POP the question : 구혼하다

청혼할 때는 보통 몰래 준비하여 상대방을 깜짝 놀라게 해 주지요. '청혼하다'는 말을, 질문을 '깜짝 터트리는 것' 즉 'pop the question'이라고 표현하기도 합니다.

28 오늘이 무슨 날인가? 30

tuesday   wednesday   thursday

세계 □
Is today special day?

미국 □
What is this, happy hour?

'happy hour'는 원래 레스토랑이나 바에서 주중 오후 시간에 손님들에게 할인해 주거나 공짜로 음료를 제공하는 시간을 말합니다. 그래서 어떤 특별한 날 혹은 특별한 순간을 그에 빗대 'happy hour'라고 표현하기도 합니다.

오래 안 걸려.

세계 □
It will only take a minute.

미국 □
It won't be long.
It won't take long.

게임을 하는 중입니다. 친구가 자꾸만 당신을 보채는군요. 사실은 곧 약속이 있거든요. 시간에 맞추려면 지금 바로 나가야 한다고 하네요. 하지만… 그럴 수 없습니다. 지금 중요한 순간이거든요.

오랜 습관은 쉽게 없어지지 않아.

세계 □
You can't fix old habits.
Old habits are not fixed easily.

미국 □
Old habits die hard.

새해 다짐으로 아침 운동을 결심했습니다. 습관적으로 늦잠을 자고 지각을 하고는 했거든요. 새벽반으로 수영 강습을 등록했는데, 역시나… 일주일이나 제대로 나갔을까. 강습료만 날리게 되었네요.

오버하지 마!

That is too much.

Don't over do it.
Don't go too far.
You're out of your league.
You have crossed the line.
건너다

오후는 졸면서 보냈어.

I took a nap in the afternoon. 낮잠을 자다

I napped the afternoon away.

밤이 새도록 한숨도 자지 못했습니다. 게임을 하느라고, 새벽녘에야 잠자리에 들었다가, 아침에 겨우겨우 일어나 출근을 했지만 멀쩡할 리가 없지요. 점심을 먹자마자 잠이 미친 듯이 쏟아지네요. 졸음을 도저히 이길 수 없어 눈치껏 요령 있게 졸다 깨기만을 반복했는데… 설마 상사가 그것을 눈치챈 것은 아니겠지요.

완전 킹카지.

He is hot.

He's a catch. 탐나는 인물 / 잡다
He's a total stud.
성적 매력이 있는 남자 / 단추형 보석

'catch'는 보통 '붙잡다'라는 뜻으로 사용하는 단어이지요. 어떤 사람을 가리킬 때도, '놓치지 말고 꼭 잡아야 하는 사람'이라는 뜻의 명사로 'catch'를 사용하기도 합니다.

왈가왈부하지 마.

No more on it.

Don't argue.
언쟁하다

'사공이 많으면 배가 산으로 간다'는 말이 있습니다. 하나의 일에 여러 사람이 붙다 보면, 그리고 그 사람들이 모두 한마디씩 자기주장을 이야기하다 보면 일이 엉뚱한 곳으로 흘러간다는 말이지요. 토론을 통해 합의를 이끌어내는 것도 좋지만… 가끔은 모두의 입을 그저 다물게 하는 것이 가장 훌륭한 방법일 때도 있습니다.

왜 그 제안을 거절했니?

세계 ☐

Why did you reject the offer?

미국 ☐

Why did you **turn down** the offer?
거절하다

당신이 보기에는 정말 파격적인 제안인데, 친구는 그걸 단칼에 거절해버렸네요. 당신이 친구의 입장이었다면 생각도 해보지 않고 받아들였을 텐데 말이에요. 뭐, 사람마다 다 다른 사정이 있는 법이지만요.

왜 그렇게 시무룩하니?

세계 ☐

Why do you look so sad?

미국 ☐

Why are you so cross?

오랜만에 여자 친구를 만났는데, 기분이 영 좋지 않아 보입니다. 어서 원인을 파악하고 기분을 풀어줘야겠군요. 그렇지 않으면 모처럼 만의 데이트가 엉망이 되어버릴 테니까요. 기분이 X 표처럼 꼬여있다는 말일까요. 'cross'는 짜증 난 상태를 나타내는 형용사로 쓰이기도 합니다.

왜 또 그래?

세계 ☐

What is the problem this time?

미국 ☐

What is it **this time**?
이번은

만나기만 하면 서로 싸우기 바쁜 두 친구. 어쩐 일인지 이번에는 잠잠하군요. 하지만 잠잠한 것도 잠시, 만난 지 두 시간도 되지 않아 또 싸움을 하기 시작하네요. 도대체 왜 그러는 것일까요.

왜 말이 없어?

세계 ☐

Why are you so quiet?
Why don't you say anything?

미국 ☐

Cat got your **tongue**?
혀

우리가 관용적으로 흔히 쓰는 말 중에 '꿀 먹은 벙어리'라는 말이 있습니다. 네이티브식으로는 'Cat got your tongue?'라고 표현할 수 있습니다. 즉, '고양이가 혀를 가져가기라도 한 거야?'라고요.

왜 애초에 그렇게 하지 않은 거야?

Why didn't you do that from the beginning?

Why didn't you do that in the first place? ⌐애초에

이미 지나간 일에 대해 후회하는 것은 부질없는 짓이지요. 하지만… 그 일의 책임을 뒤집어쓸 사람, 비난의 화살을 맞을 샌드백이 되어 줄 사람은 필요할 때가 있는 것 같네요. 당신의 마음을 조금 더 편하게 하려면요.

왜 이렇게 늦었어?

Why were you so late?

What took you so long?

약속 시간이 한참이나 지나서야 친구가 도착했습니다. 분명 오늘도 늦잠을 자느라 그랬던 것이겠지요. 어젯밤에는 과음을 했을 테고요. 오늘은 또 무슨 변명을 댈지 한번 들어봐야겠네요.

왜 이렇게 신나있어?

Why are you so excited?

Why are you jumping up and down?

항상 피로감이 가득한 얼굴로 우울하게 돌아다니던 친구인데, 오늘은 무슨 일인지 기분이 아주 좋아 보이네요. 평소의 그 친구답지 않게 말이에요. 당장이라도 팔짝팔짝 뛰기라도 할 것처럼 보이네요. 어떤 일이 있었던 것일까요.

요새 정말 건망증이 심각해.

I always forget things.

I'm so forgetful lately. ⌐최근에

요즘 들어 자꾸만 모든 것을 깜빡하는 듯한 느낌입니다. 휴대폰을 집에 놔둔 채 외출을 하질 않나, 중요한 약속을 잊어버린 채 지나가 버리질 않나… 그런데 어째서 술 약속만큼은 깜빡하지 않는 것일까요.

753

요점만 말해.

Tell me the point.

Get to the point.
Don't beat around the bush.

beat around : 어슬렁거리다
beat : 때리다 / 휘젓다
덤불

친구가 자꾸만 말을 빙빙 돌리며 당신의 눈치를 보고 있네요. 도대체 뭘 원하는 것일까요. 어려운 부탁이라도 하려는 것인지…

754

요즘 자주 보네요.

I see you often.

We keep bumping into each other.

부딪혔다 / 쿵

사는 곳도 다르고 직장도 달라 서로 마주할 일이 별로 없는 사람인데, 이상하게 최근 들어 여기저기에서 자주 만나게 되네요. 지난주엔 서점에서 우연히 마주쳤고, 며칠 전엔 모임에 나갔다가 그 사람을 만났었고, 그리고 오늘도요.

755

Sorry

욕해서 미안해.

I am sorry to say bad words.

I'm sorry for lashing out.

후려치다 / 채찍질

친한 친구인데, 싸우다가 감정이 격해진 상태에서 심한 말을 해버리고 말았습니다. 당신이 먼저 사과를 해야 할 것 같네요. 'lash'는 '채찍질, 채찍 등으로 후려치다'라는 뜻의 단어인데요, 누군가를 비난하거나 상처를 주는 말을 할 때 'lash out'이라고 표현할 수도 있습니다.

756

우리 데이트를 미뤄야 할 것 같아.

We have to delay the date.

We have to call off the date.

연기하다 / 취소하다

내일은 여자 친구와 데이트를 하기로 했던 날입니다. 하지만… 아주 중요한 일을 깜빡하고 있었군요. 아무래도 데이트를 미뤄야 할 것 같네요. 내일 당신이 응원하는 축구팀의 결승경기가 있을 예정이거든요.

우리 모두 널 응원하고 있어.

We are all cheering for you.

We're all rooting for you.

응원하다 / 뿌리

서른이 다 되도록 모태솔로로만 살아온 친구가, 소개팅했던 여자와 잘 되어가고 있는 분위기라고 합니다. 이번엔 제발 좀 잘 되어야 할 텐데… 모두가 한마음이 되어 응원해 줘야겠지요.

우리 이제 공평해?

Is it fair now?

Are we square now?

공평한 / 정사각형

'square'는 '공평한'이라는 의미로도 쓰입니다. 일반적으로는 입장이나 상황이 같아진다는 의미로 쓰이지요. 돈 관계에 있어서는 서로 빚진 게 없다는 뜻으로 쓰입니다.

우리가 조금씩 모았어.

We collected money little by little.

We all chipped in.

(그릇이나 연장의) 이가 빠진 흔적 / 조각 / 부스러기

'chip'은 '조각'이라는 뜻이 있습니다. 'chip in'이라고 하면 조각들처럼 작은 돈을 조금씩 모은다는 의미가 되지요.

우리가 함께 그 작은 문제들을
해결할 수 있습니다.

We can solve
the small problems together.

We can iron out
해결하다 / 다리미질 하다
the small problems together.

'iron out'은 원래 '다림질을 하다'는 의미로 쓰는 표현이지만, 어떤 문제를 해결하거나 잘못을 바로잡을 때도 이 표현을 사용할 수 있습니다. 복잡하게 구겨진 문제들을, 다림질하듯 깔끔하게 펴 버린다는 의미이지요.

We need to accept the result.

세계 ☐

미국 ☐

We need to **face** the music.

↳ 직시하다

우리는 결과를 받아들여야 합니다.

'face the music'은 행사 등 시끄러운 환경에서도 어쩔 수 없이 곡을 연주해야만 했던 음악가들의 어려움에서 비롯된 표현입니다. 무언가 하기 싫은 일을 어쩔 수 없이 하거나 받아들이는 것을 뜻합니다.

We shared a room.

세계 ☐

미국 ☐

We **roomed** together.

↳ 한 방을 쓰다 / 방

우리는 방을 같이 썼어.

'room' 역시 원래는 명사이지만 나중에 동사로써의 의미가 추가된 단어입니다. '방을 얻다' 혹은 '방을 같이 쓰다'라는 의미로도 쓰이지요.

We are getting married in Vegas.

세계 ☐

미국 ☐

We are getting **hitched** in Vegas.

↳ ~을 묶다

우리는 베가스에서 결혼할 거야.

'hitch'는 '~을 묶다'라는 뜻의 표현입니다. 결혼한다는 것을, 서로를 줄로 묶는 것에 비유하여 'get hitched'라고 표현할 수 있습니다.

It still takes long.

세계 ☐

미국 ☐

We have a long way to go.

우리는 아직 갈 길이 멀어.

이제 겨우 문제 하나를 해결했을 뿐입니다. 하지만 동료들은 마치 모든 일이 다 끝났다는 듯 환호를 하고 있군요. 분위기에 찬물을 끼얹긴 싫지만…

세계 ☐

We are already drunk.

미국 ☐

We're already blitzed. 술 취한
We're already plastered. 술에 취한

오랜만에 만난 친구들과 함께 술자리를 가지고 있습니다. 1차
와 2차를 거쳐 3차까지. 밤도 늦었으니 이제 슬슬 자리를 파
하고 집에 가려는데, 친구들이 계속해서 붙잡네요. 4차를 가
자고 말이에요.

세계 ☐

We decided not to
go there on this trip.

미국 ☐

We decided to
skip there on this trip.
건너뛰다 / 생략하다

to부정사를 부정할 때는 'not'이 그 앞에 붙어, 항상 'not to ~'
의 형태가 됩니다. 어떤 경우에도 'to not ~'이라는 형태의 표
현은 만들어지지 않는 것이지요.

세계 ☐

We are well-matched. 어울리다

미국 ☐

We are meant for each other.
~에 대한 운명을 타고난

천생연분이라는 게 따로 있을까요. 어차피 모든 부분에서 완
벽한 사람이란 있을 수 없으니, 그저 서로에게 완벽하게 충실
할 수 있는 사람이라면 된 거 아닐까요.

세계 ☐

We ate a lot of chocolate.

미국 ☐

We pigged out on chocolate.
pig out : 마구 먹다 / 과식하다

'pig'는 모두가 알다시피 '돼지'라는 뜻의 단어입니다. 'pig
out'은 '돼지처럼 많이 먹다'라는 뜻의 표현이고요. 이 표현이
다소 부정적인 뉘앙스로 사용되기도 합니다. '게걸스럽게 먹
다'라거나 '처먹다'라는 의미로 말이에요.

우리는 통하는 게 있어.

세계 □

There is something
between you and I.

미국 □

We have **chemistry**.
└ 화학

슬픔이든 기쁨이든 어떤 감정에 대해 공감하는 것을 'have chemistry', '화학반응이 있다'라고 표현하기도 합니다. 마음이 통하는 것뿐만 아니라 성적으로 끌린다는 말할 때도 이 표현을 쓸 수 있습니다.

우리는 하와이로 휴가를 가.

세계 □

We will go to Hawaii for vacation.

미국 □

We will **vacation** in Hawaii.
└ 휴가를 보내다 / 휴가

드디어 기다리던 여름 휴가가 다가오고 있네요. 이번 휴가는 특히 기대가 됩니다. 어떤 행사에 응모했다가, 하와이 여행 티켓이 경품으로 당첨되었거든요.

우리는 함께 많은 것을 겪었습니다.

세계 □

We experienced a lot together.

미국 □

We **went through** a lot together.
└ 경험하다

누군가와 친해지는 가장 손쉬운 방법은, 어떤 일을 함께하며 경험을 공유하는 일인 것 같네요. 특히나 그 경험이 고생스러운 것일수록 더 빨리, 깊게 친해지는 것 같고요.

우리는 협력해야 해.

세계 □

We must cooperate.

미국 □

We must **pull together**.
└ 끌다 / 당기다

한집에 사는 하우스메이트이면서도 서로 앙숙인 두 친구. 함께 있을 때 항상 싸우는 두 친구이지만, 이번만은 서로 협력해야만 할 것 같군요. 공공의 적이 나타났거든요. 엄청난 층간 소음을 만들어내고 있으면서도 태연하게 모르쇠로 일관하는, 뻔뻔한 윗집 여자 말이에요.

773

세계 ☐

We meet once in a two days.

미국 ☐

We meet every other day.

우린 격일로 만나.

정기적으로 과외를 받기로 했습니다. 영어 시험에 대비해야 하거든요. 과외 날짜를 정하려고 하는데, 아무래도 격일로 만나 과외를 하는 것이 가장 좋을 것 같네요. '격일'은 영어로 어떻게 표현하면 될까요.

774

세계 ☐

We can't follow him.

미국 ☐

We can't tail him.

미행하다

우린 그를 미행하면 안 돼.

'tail'은 보통 '꼬리'라는 뜻으로 사용하는 단어입니다. 하지만 이 단어에는 '미행하다'라는 뜻도 있습니다. 누군가가 나를 미행하고 있는 것 같을 때, '꼬리가 붙었다'라고 표현하기도 하잖아요.

775

세계 ☐

We have no more money.

미국 ☐

We are out of money.

우린 돈이 다 떨어졌어.

여행 도중 할인율이 높은 쇼핑몰을 발견했습니다. 한국에서 사는 것보다 훨씬 더 싼 가격에 물건들을 판매하고 있네요. 정신없이 이것저것 사다 보니…

776

세계 ☐

We got lost.

미국 ☐

We're in the middle of nowhere.

아무데도

우린 어딘지 모르는 외진 곳에 있어.

'the middle of nowhere'은 '아무도 없는 외진 곳'을 뜻합니다. 말 그대로 외딴곳에 있을 때 이렇게 말할 수도 있겠지만, 운전하다가 길을 잃었을 때도 이 표현을 사용해 말할 수 있습니다. 너무 외진 곳이라 여기가 어딘지도 모르겠다는 것이지요.

세계 ☐

We finished our work
at about 10:00.

미국 ☐

We wrapped up ⌒ 싸다 / 두르다
a little after 10:00.

우린 열 시 좀 넘어서 일을 마쳤어요.

'wrap'은 '싸다, 포장하다'는 의미의 단어입니다. 보통 포장은 가장 마무리 단계에서 하는 일이지요. 'wrap up'이라고 하면 무엇인가를 '그만하다, 마무리하다'라는 의미가 됩니다.

세계 ☐

We have known
each other for a long time.

미국 ☐

We got history.

우린 오랜 친분이 있어.

과거의 특정한 한순간에 무엇을 알았다고 할 때는 'knew'만 사용해도 되지만, 무엇을 과거부터 지금까지 지속적으로 알아 왔다고 할 때는 'have known'라고 시제를 달리하여 말해야 합니다.

세계 ☐

Do you exercise?

미국 ☐

Are you working out?
work out : 운동하다

운동 좀 해?

애초에 운동을 좋아하는 사람이 아닌 이상, 주기적으로 운동을 꾸준히 하는 것은 쉬운 일이 아닙니다. 운동하려면 시간도 필요하고, 운동할 장소도 필요하고, 무엇보다도 운동해야겠다는 굳은 다짐이 필요하지요. 연초에 운동을 꾸준히 하겠다는 결심을 했던 친구, 아직도 그 결심을 잘 이어오고 있는지 모르겠네요.

세계 ☐

I believe my luck.

미국 ☐

I'll take my chances.
기회 / 운

운에 맡겨 보지 뭐.

'운칠기삼'이라는 말이 있습니다. 어떤 일이든 그 일이 성사되기 위해서는 단지 삼 할만이 사람의 재주에 의한 것이고, 나머지 칠 할은 운의 문제라는 뜻의 말입니다. 하지만 그렇다고 해서 무작정 모든 것을 운에 맡겨버리라는 말은 아닙니다. 그 '삼 할'을 이루어내는 데에 들어가는 노력 또한 무시할 것이 못 되니까요.

781

세계 ☐

**I almost hit
a person while driving.**

미국 ☐

**I came close to running over
a person while driving.** run over : ~을 치다

운전하다가 사람을 칠 뻔했어.

십년감수했네요. 어젯밤 술을 잔뜩 마셨더니, 자고 일어나서도 술이 다 깨지 못한 것 같습니다. 출근 도중에 자동차로 사람을 칠 뻔했거든요. 잠깐, 그러고 보니 그게 사람이었는지 전봇대였는지도 헷갈리네요.

782

세계 ☐

I want to cry.

미국 ☐

I feel like crying.

울고 싶다.

나쁜 일을 당하여 기분이 좋지 않을 때는 그냥 속 시원하게 울어버리고 싶기도 합니다. 한 번 그렇게 울고 나면 기분이 훨씬 나아지곤 하잖아요. 단, 그렇다고 해서 다른 사람들과 술을 마시고 울지는 마세요. 술을 마시면서 우는 사람은… 모두에게 민폐이잖아요.

783

세계 ☐

**Will you help me choose
my wedding dress?**

미국 ☐

**Will you help me pick out
my wedding dress?** 고르다

웨딩드레스 고르는 것 좀 도와줘.

결혼식 날짜가 코앞으로 다가왔습니다. 결혼 준비에 너무 바빠 정신이 없네요. 하지만 웨딩드레스를 고를 때만큼은 정신을 바짝 차려야지요. 일생에 단 한 번 입는 웨딩드레스인데, 가장 예쁜 것으로 골라야 하잖아요.

784

세계 ☐

We don't use MSG in our foods.

미국 ☐

All our foods are MSG-free.

음식에 화학조미료를
사용하지 않습니다.

건강한 먹거리를 추구하는 바람이 불면서, 이런 광고를 내거는 식당들이 많이 생겨나고 있습니다. 자기네 업소에서는 MSG, 즉 화학조미료를 전혀 사용하지 않는다는 광고요. 그런데 사실, MSG가 들어간 음식이 더 맛있는 것 같기도 한데 말이죠.

785

That is **absolutely** true. ← 완전히

There is no **doubt** about it.
← 의심 / 의혹

의심의 여지가 없어.

테이블 위에 초콜릿 몇 조각을 올려두었습니다. 그런데 화장실에 다녀온 사이에, 모두 어딘가로 사라지고 없네요. 그리고… 초콜릿을 정말 좋아하는 동생도 함께 사라지고 없군요. 그렇다면야, 범인이 누구인지는 의심의 여지가 없겠지요.

786

He is mine.
I will get him.

I called **dibs** on this man.
← 소유권

이 남자는 내가 찜했어.

최근 어떤 남자와 잘 되어 가는 중입니다. 친구들에게도 그 남자를 소개해 주었고요. 그런데 최근 들어 당신의 친구 중의 한 명이 자꾸만 그 남자에게 집적거리고 있는 듯한 기분이 드네요. 평소에도 하는 짓이 거슬리던 친구인데… 불러서 따끔하게 한마디 해 줘야겠습니다.

787

Please contact me by email.

Please **drop** me a line by email.

이메일로 연락 좀 주세요.

'drop me a line'은 '나에게 연락 좀 해, 소식 전해줘'라는 뜻의 표현입니다. 주로 편지 등 글을 통한 연락을요. 한 줄(a line), 즉 몇 자 적어서 보내라는 것이지요.

788

I will return the **favor**. ← 호의 / 은혜

I'll **make** it up to you.
← 보상하다

이 빚 갚을게.

퇴근 시간까지 일을 다 마치지 못할 것 같습니다. 오늘까지 꼭 끝내서 넘겨야만 하는 일인데요. 다행히도 옆자리에 앉아 있던 동료가 일을 좀 거들어 주겠다고 합니다. 그저 시간이 남아 좀 도와주는 것이라고는 하지만, 세상에 공짜는 없는 법. 어떤 방법으로든 고마움의 표시를 해야겠지요.

789

Don't <u>run away</u> from that trouble. 도망치다

Face it.
직시하다

문제만 있으면 그것을 외면하고 숨어버리는 친구. 이번에도 마찬가지이네요. 하고 있던 일이 자기 뜻대로 돌아가지 않자, 대뜸 잠적해 버렸습니다. 피하기만 해서는 아무것도 해결할 수 없는데 말이죠.

이 상황을 직시해.

790

These colors don't match well.

These colors don't go together well.

색상을 얼마나 잘 매치시켰느냐 하는 것도 옷을 입는 센스를 가늠하는 판단 기준이 됩니다. 따로 떼어내어 보면 각각 예쁜 셔츠, 예쁜 바지이더라도 둘의 색상이 잘 어울리지 않는다면 함께 입었을 때 예뻐 보이지가 않지요.

이 색들은 잘 안 어울립니다.

791

Is anyone sitting here?

Is this seat taken?

혼자서 한잔하러 동네에 있는 바에 방문했습니다. 술을 마시고 있는데, 정말 예쁜 여자가 아까부터 계속 바에 혼자 앉아 있네요. 옆에 다가가 앉아서 뭐라고 말이라도 붙여보고 싶습니다.

이 자리에 누가 있나요?

792

**I used this product
for one week.**

**I <u>tried out</u> this product
for one week.** try out
: 시험적으로 사용해보다

새 휴대폰을 사야 할 것 같습니다. 친구 하나가 구매를 도와주겠다고 합니다. 그 친구는 전자기기를 정말 좋아하는 얼리어답터이거든요. 문제가 있다면, 그는 어떤 기기이든 일주일 이상은 사용하지 않는다는 점이지요.

이 제품을 일주일 정도 써 봤어.

Once you start reading it, you can't stop.

This book is quite a <u>page-turner</u>.

숨막힐 듯이 재미있는 책

'once'는 원래 '한 번'이라는 뜻입니다. 하지만 'once you ~'
와 같이 어떤 절 앞에 사용되면, '단 한 번만 ~해 보면'이라
는 의미가 됩니다. 다시 말해 'if you do it once'와 같은 의미
가 된다는 것이지요.

이 책은 한 번 손에 잡으면
놓을 수 없다.

It looks like someone <u>slept in</u> this bed. sleep in : 입주하다 / 늦잠 자다

This bed looks slept in.

하우스메이트가 당신이 집을 비운 사이 집에서 파티를 하겠
다기에, 그저 당신의 방에만 들어가지 말아 달라고 당부를 해
두었습니다. 집에 돌아와 보니… 정리를 한답시고 해 두었지
만, 당신의 눈에는 흔적이 보이는군요. 누군가 당신의 침대를
사용한 게 분명합니다.

이 침대에서 누가 잠을 잤던 것 같아.

Do you have it in another color?

Does this <u>come</u> in another color?

(물품 상품 등이) 나오다

디자인이 정말 예쁜 옷을 발견했는데, 색상이 너무 튀어 쉽게
소화하기가 힘들 것 같네요. 똑같은 모양에 색깔만 조금 더 무
난하면 좋을 텐데… 그럴 때면 이 표현을 사용해 점원에게 물
어볼 수 있습니다.

이거 다른 색도 있나요?

Is it for free?

Is it <u>on the house</u>?

무료로 제공되는

단골 술집에 놀러 갔습니다. 간단한 안주를 하나 시켜놓고는
맥주를 마시고 있는데, 점원이 와서 주문하지도 않은 음식을
놓고 가네요. 서빙이 잘못된 것인지 아니면 서비스로 준 것인
지 확인해 봐야겠어요.

이거 서비스인가요?

이거 정말 끝이 없네!

세계 □
미국 □

It is endless.

This has no end to it.

밤사이에 눈이 많이 내렸습니다. 집 앞에 잔뜩 쌓여 있는 눈을 이른 아침부터 열심히 쓸어 대충 정리해 두었지요. 잠시 식사를 하러 집에 들어갔다 나왔더니. 다시 폭설이 쏟아지고 있네요. 쓸어둔 바닥 위에는 다시 눈이 수북이 쌓이고 있고요.

이거면 될 거 같은데.

세계 □
미국 □

This will be fine.
This will be enough.

This one will do.

이것저것 다 먹고 싶어서 음식을 잔뜩 주문했다가는, 나중엔 다 남겨서 버려야 하지요. 지나친 욕심은 결국엔 재앙을 불러 일으키게 될 수도 있습니다. 언제나 충분하다 싶은 선에서 끊어내는 것이 중요하지요.

이건 무의미한 경쟁이야.

세계 □
미국 □

It is a meaningless competition.

It's a rat race.

여러 마리의 시험 쥐들을 미로 속에 가두어 두었다고 상상해 보세요. 그리고 그 미로의 끝에는 치즈 한 덩이를 놔두었다고 요. 서로를 짓밟으며 정신없이 뛰어다니는 쥐들로 인해 미로 안은 순식간에 혼란에 휩싸이게 됩니다. 'rat race'는 과도한 경쟁 혹은 무의미한 경쟁을 의미하는 표현입니다.

이건 비밀이야.

세계 □
미국 □

This is a secret.

This is just between you and me.

너와 나만 아는 / 비밀인

어떤 것을 가리켜 'between you and me'라고 하면 너와 나 사이에서만 알고 있어야 하는 일, 비밀을 의미합니다. 하지만 사실 비밀이라는 게, 그 누군가에게라도 일단 한번 말을 꺼내기 시작하면 그것은 더 이상 비밀이 아니게 되는 것 아닐까요.

It is easy and peaceful life. 평화적인

It's a bed of roses.

아무런 어려움 없이 편안한 삶을 가리켜 '장밋빛'이라고 표현하기도 하지요. 'bed of roses' 또한 그와 비슷한 뉘앙스의 표현입니다. 근심 걱정이 없는 환경 혹은 안락한 지위를 의미하지요.

세계 □
미국 □

이건 안락하고 편안한 생활이야.

It is a normal job.

It's a nine-to-five job.

세계 □
미국 □

일반적인 정규직 사원들은 오전 아홉 시에 출근해 오후 다섯 시쯤 퇴근하는 것이 보통입니다. 요즘은 열 시에 출근하는 회사도 많이 있긴 하지만요. 그래서 평범한 직장 혹은 직업을 가리켜 'nine-to-five job'이라고 표현하기도 합니다.

이건 평범한 직업이야.

I will briefly explain it.

I will sketch it out.
스케치 하다 / 개요를 서술하다

세계 □
미국 □

그림을 그릴 때 가장 먼저 하는 작업이 바로 '스케치'이지요. 세부적인 작업에 들어가기 전 간단하게 틀을 잡듯 쓱쓱 그려내는 작업 말이에요. 무엇인가에 대해 간단하게 말을 하거나 설명하는 것 또한 'sketch out', '스케치를 한다'라고 표현할 수 있습니다.

이것에 대해 간단하게
설명해 드리겠습니다.

It is about 200 dollars.

It goes for around 200 dollars.

세계 □
미국 □

친구가 당신의 게임기를 부수어버리고 말았습니다. 그것도 말도 없이 가져가서 가지고 놀다 가요. 괘씸해서라도, 기어이 보상 금액을 받아내야겠네요. 한 200달러 정도 부르죠 뭐. 사실은 중고 시장에서 100달러에 산 게임기이지만요.

이것은 200달러 정도 해.

If you are considering both price and quality, this one is the best.

This is the best buy.

가장 잘 산 물건 (싸고 좋은 물건)

이게 가격대비 최고야.

요즘엔 워낙 많은 상품들이 쏟아져 나오고 있다 보니, 무엇 하나 사려 해도 쉬운 일이 아닙니다. 차라리 누군가가 나서서 '이게 최고야, 이걸 사'라며 정해주었으면 싶을 정도로요.

It is your last chance.

It's now or never.
It's your last shot.

이게 마지막 기회야!

다시 오지 않을 마지막 기회를 잡았을 때 'It is now or never'라는 말을 쓰기도 합니다. 지금(now)이 아니면 다음 기회는 절대 없을 것(never)이라는 뜻이지요.

I didn't hear your name.

I didn't catch your name.

이름을 잘 못 들었어요.

상대방이 말해 준 이름을 잘 못 들었거나 기억하지 못할 때 쓰는 말입니다. 우리도 어떤 이야기를 잘 알아듣지 못했을 때, 그것을 '캐치'하지 못했다고 표현하기도 하지요.

It has already happened.

It's crying over spilt milk.

엎질러지다 / 쏟다

친구가 실의에 빠져 있습니다. 여자 친구로부터 이별 통지를 받았거든요. 하지만 모두 그의 잘못입니다. 그가 바람을 피웠었거든요. 그런 실수라면 돌이킬 수 없지요. 그러게, 있을 때 잘할 것이지… 이미 엎질러진 우유라면, 아무리 울어봐야 그것을 다시 주워 담을 순 없는 법이잖아요.

이미 엎질러진 물이야.

Let's not talk about something that is already over.

Let's not beat a dead horse.

이미 끝난 일을 다시 거론하다 / 문제 삼다

이미 죽은 말을 때려 봤자, 그 말이 다시 일어나 달릴 수 있을 리가 없습니다. 'beat a dead horse'는 이미 끝난 일을 다시 거론하거나 문제 삼는 행동을 뜻하는 표현입니다.

이미 지난 일을 다시 얘기하지 말자.

This trip will heal you. 치유하다

This trip is going to get you back on your feet.

get back on one's feet : 회복하다

'on one's feet'은 스스로 두 발로 서 있는 상태를 말합니다. 몸이든 마음이든 제 상태가 아닐 때는 스스로 서 있기도 힘들 잖아요. 그래서 'get back on one's feet'라고 하면, 쓰러져 있을 정도로 힘든 상황에서 벗어나 제 발로 일어날 수 있는 상태로 회복하는 것을 뜻합니다.

이번 여행이 널 회복 시켜 줄 거야.

I thought we already solved all the problems.

I thought we had a deal. 거래

여러 사람이 함께 일을 하다 보면, 꼭 뒤에 가서 다른 소리를 하는 사람이 있지요. 문제점을 하나하나 다 분석하고 해결한 뒤에 이제 막 그 일을 시작하려고 하는데, 나중에 와서는 '그런데 지금 그 일을 꼭 해야겠다는 거야?'라고 되묻는 사람이라든지…

이야기가 다 된 줄 알았어.

Be sure not to bother your neighbors.

Be considerate to your neighbors.

사려 깊은 / 배려하는

새로운 이웃이 옆집으로 이사를 왔습니다. 그런데, 이사 온 첫 날부터 당신을 괴롭히는군요. 시도 때도 없이 음악을 큰 소리로 틀어놓거든요. 아무래도 찾아가서 따끔하게 한마디 해야 할 것 같습니다.

이웃에게 피해를 주지 않도록 합시다.

813

이제 내 차례야.

It is my turn.

The ball is in my court.

↳ 법정 / 테니스 등의 코트

테니스나 배드민턴 같은 운동 경기에서는 먼저 공격하는 사람이 자신의 코트에서 공을 가지고 시작하지요. 'The ball is in your court'라고 하면 '내 차례가 아니다, 네가 뭔가를 결정해야 할 때이다'라는 의미의 표현이 됩니다.

814

이제 내가 맡을게.

I will manage it now. ↳ 다루다 / 해내다

I'll take over now.

↳ 떠맡다 / 양도받다

친구와 함께 게임을 하고 있습니다. 그런데 친구가 실력 발휘를 제대로 하지 못하는군요. 같은 스테이지에서 몇 번이나 탈락해 버리고 있습니다. 아무래도 당신이 나서야 할 차례인 것 같네요.

815

이제 넌 어려운 기간은 다 지났어.

Your hard time is over.

You are over the hump.

↳ 지면상에 툭 솟아 오른 곳

쥐구멍에도 볕 들 날이 있다고, 힘든 일이 있었다면 반드시 언젠가 좋은 날도 찾아오는 법입니다. 그 '언젠가'라는 게 정확히, 도대체 언제인지는 누구도 모르지만요.

816

이제 말이 통하네!

Now you understand what I'm saying.

Now we're talking.

계약 문제로 상대방과 말씨름을 벌이는 중입니다. 도저히 물러설 생각을 하지 않더니, 알고 있던 상대방의 약점을 몇 개 들추자 바로 넘어오는군요. 이제야 상황을 좀 이해하는 것 같습니다.

이제 말해주면 어떻게 해.

세계 ☐

Why didn't you tell me earlier?

미국 ☐

That's such a short **notice**.

공지 / 주목

새로 시작하게 될 수도 있는 프로젝트에 대해서 한참 동안 이야기나 토론을 나누었습니다. 그런데 구석에서 조용히 듣고 있던 누군가가 가만히 손을 들더니 이렇게 말하는군요. 그 프로젝트, 이미 다른 팀에서 맡기로 결정이 되었다고요. 그 말을 도대체 왜 이제야…

이제 못 참아.

세계 ☐

I can't stand **anymore**. 더 이상

미국 ☐

I've had it.

화가 여기까지 올라왔으니, 조금만 더 참으면 폭발하겠다는 뜻으로 'I've had it'이라는 표현을 사용하기도 합니다. 'I've had it up here'라고 말하는 경우도 많이 있습니다.

이제 시작하자!

세계 ☐

Let's get started.

미국 ☐

Let's **get this show on the road**.

get the show on the road :
활동을 개시하다 / 여정을 시작하다

드디어 준비가 다 되었습니다. 이제 당장 일을 시작할 수 있겠군요. 여기에서 'show'는 흔히 쓰는 말대로 어떤 공연이 아닌, '일, 작업' 등을 의미합니다.

이제 우리는 비겼어.

세계 ☐

Now, we are the same score.

미국 ☐

Now, we are **even**.

동일한

여기에서 'even'은 '두 사람이 대등한, 동일한'의 뜻으로 쓰였습니다. 게임에서 비겼을 때 쓸 수 있는 표현이기도 하지만, 빚을 하나씩 주고받았거나 번갈아 가며 장난을 치는 상황에서도 이 표현이 쓰일 수 있습니다. 가령 점심을 계산했던 친구에게 저녁 식사를 대접했다면 이렇게 말할 수 있겠지요.

이제부터 내 의지대로 행동할 거야.

I will do as I want to
from now on.

미국 ☐

I really need to be 나 자신
with **myself** right now.

고집이 센 사람은 주위의 모든 사람을 피곤하게 만들지요. 하지만 무작정 다른 사람들의 말을 따르기만 하는 사람이라면 결국엔 자기 자신만을 피곤하게 할 뿐입니다. 가끔은 고집이 센 사람이 되어보는 것도 좋겠네요.

이해가 안 돼.

세계 ☐

I don't understand.

미국 ☐

You lost me.
I don't get it.
It is **over my head**. 내 머리의 한계를 넘겼다
It's all **Greek** to me. (알아들을 수 없는 외국어)
그리스어로 들린다
I don't quite follow you.

이해했어?

세계 ☐

Do you understand?

미국 ☐

Is that clear?
You hear me?
Are you with me?
Do you catch me?
Do you get a picture?
Are you following me?

인터넷으로 찾아봤어.

세계 ☐

I searched it on the internet.

미국 ☐

I **googled** it.
(특히 구글 검색 엔진을 사용하여) 웹에서 정보를 찾다

마음에 드는 여자의 페이스북 계정을 알아냈습니다. 그걸 도대체 어떻게 안 거냐고 물어보는 친구. 사실, 뭐 대단한 방법을 썼던 것도 아닙니다. 인터넷에서 검색 한번 해 보았을 뿐이지요. 'google'은 세계적인 검색 사이트 이름이지만 이것을 '검색하다'라는 뜻으로 동사처럼 사용하기도 합니다.

211

825

인터뷰 어땠어요?

세계 ☐

How was the interview?

미국 ☐

How did the interview go?

입사 면접을 볼 때 가장 중요한 건 무엇일까요. 아무래도 당당한 자신감이 아닐까요. 모두가 그걸 알고 있지만, 막상 면접장에 들어서면 자신감 있는 태도로 모든 질문에 대답하기가 쉽지 않습니다.

826

일이 밀려있어.

세계 ☐

I have a lot of work to do.

미국 ☐

I am behind in my work.

└ 뒤에

사소한 일 하나를 부탁받았습니다. 당신이라면 쉽게 해결할 수 있는 문제이지만… 하필이면 부탁을 한 사람이, 당신이 가장 싫어하는 사람 중의 하나로군요. 게다가 저번에 일 하나를 해 줬다가 괜히 불평만 듣기도 했고요. 적당한 핑계를 들어 거절해야겠어요.

827

일이 순조롭게 진행될 거야.

세계 ☐

Everything will be smooth.

미국 ☐

It'll be a smooth sailing.

└ 매끄러운   └ 항해하다

진행되고 있는 어떤 일을 '항해'에 빗대어 말하기도 합니다. 누군가와 함께 일을 하게 되었을 때, '한배를 탔다'라고 표현하기도 하잖아요. 일이 순조롭게 진행된다는 말 또한 'It'll be smooth sailing', '항해가 순조로울 것이다'라고 표현할 수 있습니다.

828

입 다물어!

세계 ☐

Stop talking.

미국 ☐

Zip it. ☞ 지퍼를 잠그다
Bite your tongue.

'Bite your tongue'을 직역해 보면 '너의 혀를 물어'라는 뜻이네요. 입을 다물고 말 좀 그만하라는 말을 그렇게 표현할 수도 있습니다. 'zip it'은 '입을 지퍼로 잠가'라는 의미이고요.

입이 귀에 걸렸네.

세계 ☐

He looks so happy.

미국 ☐

He is smiling from ear to ear.

아이라면 질색이라고 하던 친구. 결혼해도 아이는 낳지 않고 싶다고 하더니… 정작 아이를 낳고 나니 그 아이 때문에 너무나도 행복해하네요. 웃음이 입가에서 떠나지를 않는군요.

자동차로 한 시간 걸립니다.

세계 ☐

It takes an hour by car.

미국 ☐

It's just an hour's drive.

처음 가보는 장소로 여행을 떠나고자 할 때는 교통편을 어떻게 할지 정말 고민이 됩니다. 가서 대중교통을 이용할지, 택시를 타고 이동해야 하는 것인지, 아예 차량을 빌려야 하는 것인지 하고요. 여행지에서 가보고 싶은 곳이 각각 어디에 있으며 자동차를 타고 이동했을 때 시간이 얼마나 걸리는지를 잘 고려해 계획을 세워야겠지요.

자러 가자.

세계 ☐

Let's go to sleep.

미국 ☐

Let's hit the hay. 건초
Let's hit the sack. 한 부대 / 봉지 / 침대
Let's get some z's.

만화책을 보면 잠을 자는 상황이 'zzz'로 표현되어 있고는 하지요. 'z's'는 'zzz'에서 나온 말입니다. 카우보이들이 건초에 누워 자는 데서 유래한 표현인 'hit the hay' 역시 같은 뜻의 표현이고요.

자리 좀 비켜주시겠어요?

세계 ☐

Please go out for a moment. 잠시 동안

미국 ☐

Can you excuse us?

부하 직원에게 긴히 할 이야기가 있어. 회의실로 그를 데리고 들어갔습니다. 비어있는 줄 알았더니. 이미 먼저 와서 회의실을 사용하고 있는 사람이 있군요. 미안하지만 자리를 좀 비켜 달라고 해야겠습니다. 다른 사람이 들으면 안 되는 이야기이거든요. 이번에 있을 대규모 정리해고에 관한…

Look carefully. 〰주의하여

Have a close look.

숨은그림찾기를 해 보지 않은 사람은 없겠지요. 어렸을 적에 누구나 한 번쯤은 그런 놀이를 경험해 보았을 겁니다. 아주 간단한 놀이인데도, 난이도가 높은 그림의 경우 숨어있는 정답을 찾는 것은 정말 어렵습니다. 그저 자세히 보기만 하면 찾을 수 있는 것인데 말이에요.

자세히 보세요.

It was all because of yourself.

You had it coming.

〰 have it coming : 자초하다

뿌린 대로 거둔다고들 하지요. 매번 아무런 죄책감 없이 길거리에 담배꽁초를 버리던 친구, 단속하던 요원에게 딱 걸렸네요. 벌금을 내게 되었습니다. 아무리 사정을 하고 불평을 해봐야, 자업자득입니다.

자업자득이야.

**Stop talking about
what I've done wrong.**

Stop lecturing me.

〰 lecture : 강의하다 / 잔소리를 하다

하는 일마다 사사건건 시비를 걸고 잔소리를 하는 친구. 이번에도 당신이 하려는 일에 한 소리 하려고 나서는군요. 자기 일이나 잘할 것이지 말이에요.

잔소리하지 마!

I'm listening.

I'm all ears.

대화의 기본은 상대방의 말을 잘 들어주는 것이라고들 합니다. 하지만 말이 정말 많은 사람과 대화를 할 때는… 그것이 정말 괴로울 때도 있습니다. 나도 모르게 딴청을 피우게 되지요. 제발 말 좀 그만하라며 화를 낼 수도 없고 말이에요.

잘 듣고 있다고!

잘 섞어 주세요.

Mix them well.

Give it a good mix.

한식을 먹어본 적이 없는 외국인 친구와 함께 비빔밥을 먹으러 갔습니다. 그런데 그 친구, 밥 위에 예쁘게 올려진 고명을 비비지도 않은 채 그냥 먹으려고 하네요. 먹는 방법을 설명해 줘야 할 것 같습니다.

잘 알겠어.

It is clear. 확실한
I understand.

Crystal clear. 아주 분명한

당신에게 무엇인가를 신신당부하는 친구. 뭐 중요한 일 같지도 않은데, 그게 뭐라고 거듭 강조해서 말하네요. 일단은 잘 알겠다고 말한 뒤에, 나중에 무시해버리죠 뭐. 광물 중의 하나인 수정을 의미하는 단어, 'crystal'이 '명확한'이라는 뜻으로 쓰이기도 합니다.

잘 있어!

Take care.

So long.

누군가와 헤어질 때 작별 인사로 쓰는 말입니다. 'good bye'와 같은 '안녕히'라는 뜻 외에 '조금 이따 보자', '고마웠다' 등 등의 복합적인 의미가 담긴 말입니다.

잘 처리하고 있어.

I am working on it.

I'm on top of that.

친구의 컴퓨터를 고쳐주기로 했습니다. 그런데… 아무래도 잘 되지가 않네요. 어떻게 되어가냐고 묻는 친구, 하지만 솔직하게 말할 수는 없습니다. 당신이 먼저 나서서, 자신만만하게 그것을 해결할 수 있다고 말했었거든요. 그것 하나 못하냐며 비난을 하기까지 했었고요.

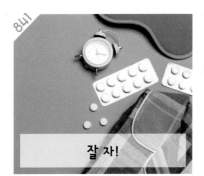

잘 자!

세계 ☐

Good night.

미국 ☐

Sleep tight. 푹 / 충분히 / 꽉 끼는
Don't let the bedbugs bite. 반대

옛날에는 자다가 벌레를 물리는 일이 잦았습니다. 때문에 'Don't let the bedbugs bite', '벌레에 물리지 말라'는 말이 잘 자라는 인사로 쓰였지요. 'sleep tight'는 동아줄을 엮어서 만들었던 옛날 침대에서 비롯된 말입니다. 줄이 느슨해지지 않도록 꽉 묶고 자라는 뜻이지요.

잘했어!

세계 ☐

Good job!

미국 ☐

Way to go.
Give me five.

무엇인가를 잘 해냈을 때 하는 행동 중 '하이파이브'라는 게 있지요. 서로 손바닥을 마주치는 행동 말이에요. 'give me five'는 '하이파이브를 하자' 정도의 의미라고 생각하면 될 것 같네요.

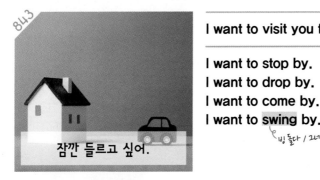

잠깐 들르고 싶어.

세계 ☐

I want to visit you for a while.

미국 ☐

I want to stop by.
I want to drop by.
I want to come by.
I want to swing by.
빙 돌다 / 그네

잠깐만!

세계 ☐

Wait.

미국 ☐

Hold up. 잡다
Give me a minute.

친구들과 함께 점심을 먹으러 중국집에 왔습니다. 오랜 고민 끝에 짜장면을 먹기로 결심한 당신, 이제 막 주문을 하려고 하는데, 옆 테이블의 손님이 먹고 있는 짬뽕이 너무나도 맛있어 보이네요. 잠깐… 메뉴를 조금 더 고민해 봐야 할 것 같습니다.

845

We just talked about casual things.

We had small talk.
We had a little chat. ⌐담소를 나누다

잡담 좀 했어.

누군가와 진지한 대화가 아닌 가벼운 대화, 즉 가볍게 안부를 물었거나 농담을 주고받았을 때 'small talk'라고 표현할 수 있습니다. 말 그대로 중요한 이야기가 아닌, '작은 이야기'라고요.

846

I won't work tomorrow.

Tomorrow is my day off.
⌐쉬는 날 / 비번

저 내일 쉬는 날이에요.

사무실을 한번 둘러보더니, 당신을 향해서 다가오는 직장 상사. 서류 한 뭉치를 당신에게 던져주더니 내일까지 해결해 달라고 하는군요. 하지만 당신은 내일 쉬는 날인데 말이에요.

847

He makes trouble again.

There he goes again.

저 녀석 또 시작이네!

사고뭉치와 친하게 지내다 보면 피곤한 일들을 정말 많이 겪게 됩니다. 왜냐하면 그가 사고를 칠 때마다 당신이 그의 옆에 있을 것이고, 결국 뒷수습은 당신의 몫이 될 테니까요. 당신도 함께 사고뭉치가 되지 않는 이상…

848

I hate him.

I hate his guts.
⌐내장 / 배 / 배짱

저 사람 정말 싫어.

그의 내장까지도 싫다는 뜻일까요? 그 사람이 정말 싫다고 말할 때 'I hate his guts'라고 표현할 수도 있습니다. 내장이 싫다기보다는 그의 배포 혹은 속내가 싫다는 의미이겠지요.

849

세계 ☐

I am saying good words
to get your heart.

미국 ☐

I'm sucking up. 아부하다

저 지금 아부하고 있는 거예요.

아부의 포인트는 어쩌면, 상대방이 지금 자신이 아부를 당하고 있다는 것을 눈치채도록 하는 데에 있는 것 같기도 합니다. 그래야 아부를 하는 사람이 무엇인가 바라는 것이 있다는 것을 눈치채고 그에 합당한 보상을 줄 수 있겠지요.

850

세계 ☐

Please park the car over there.

미국 ☐

Please pull up the car over there.
차를 세우다 / 멈추다

저쪽에 차를 세워주세요.

택시를 이용할 때 자주 사용하게 될 표현입니다. 목적지에 거의 다 도착했을 즈음이면 그때부터 긴장하고 대기를 하게 되지요 아래의 표현과 같은 말을 할 순간을 기다리면서요.

851

세계 ☐

That table is awesome.

미국 ☐

That table is off the hook.

WOW!!!

저 테이블은 정말 끝내줘.

쇼핑하다가 멋진 옷이 옷걸이에 걸려있는 것을 발견했습니다. 일단 고리(hook)에서 꺼내어 자세히 살펴봐야겠지요. 어떤 좋은 물건, 눈여겨 볼만한 물건을 가리켜 'off the hook'이라고 표현하기도 합니다.

852

세계 ☐

Those are fake tears.
Those are not real tears.

미국 ☐

Those are crocodile tears.
악어

저건 가짜 눈물이야.

'crocodile tears'는 '악어의 눈물'이라는 뜻입니다. 사람을 잡아먹고는 그를 위해 눈물을 흘렸다는 악어의 전설에서 유래된 표현으로, '거짓 눈물'을 의미합니다.

853

저는 고기를 안 먹습니다.

세계 □

I don't eat meat.

미국 □

I'm not a meat eater.

채식주의자를 가리켜 'vegetarian'이라고 부릅니다. 채식주의자와 반대인, 고기를 먹는 사람은 'meat eater'라고 부르고요, 맥주를 마시는 사람을 'beer drinker'라고 부르기도 합니다.

854

저는 그 아이디어에 찬성합니다.

세계 □

I **agree** with the idea. ᐸ 동의하다

미국 □

I'm all for the idea.
I totally **support** the idea.
ᐸ 지지하다

오랜 시간의 회의는 누구라도 지치게 만듭니다. 회의가 막바지에 이르렀을 때는, 그저 이 회의가 빨리 끝나기만을 바랄 뿐이지요. 그래서 마음에 꼭 들어차는 아이디어는 아니더라도, 그것을 무조건 찬성해 버리기도 하고요.

855

저는 기독교 가정에서 자랐습니다.

세계 □

My family is Christian.
I grew up in a Christian family.

미국 □

I was **brought up** ᐸ bring up : 기른다 / 제기하다
in a Christian family.

새로 부임한 상사가 당신을 싫어하는 눈치입니다. 승진을 위해서는 어떻게 해서든 그에게 잘 보여야 하고요. 동료 하나가 첩보를 입수했다며 당신에게 알려주는군요. 그 상사는, 아주 독실한 기독교 신자라고 합니다.

856

저는 보통 일곱 시에 일어납니다.

세계 □

I usually get up around 7.

미국 □

I'm usually up around 7.

한때 '아침형 인간'이라는 키워드가 유행했던 적이 있습니다. 아침에 일찍 일어나 하루를 준비하는 사람일수록 성공할 가능성도 높다는 내용의 주장이었지요. 하지만 글쎄요. 꼭 아침에 무엇인가를 해야 하는 것은 아니잖아요. 늦게 일어나 밤늦게까지 해도 될 만한 일도 많은데 말이에요.

857

세계 ☐
I usually choose simple fashion.
미국 ☐
I usually go for the simple look.
↳ go for something : ~을 택하다

과한 스타일은 패션에 있어 독이 될 뿐입니다. 집 밖으로 나가기 전 액세서리 하나를 빼서 내려놓으라는 말도 있잖아요. 차라리 가장 심플하게 입고 다니는 것이, 어중간하게 꾸미는 것보다 훨씬 나은 것 같네요.

저는 보통 심플한 패션을 선택합니다.

858

세계 ☐
I usually go to bed around 11.
미국 ☐
I'm usually in bed by 11.

불면증이나 수면 장애를 앓아보신 적이 있다면, 그게 얼마나 끔찍한 것인지도 아마 알고 계시겠지요. 잠을 잘 수 있다는 것도 축복받은 일인 것 같네요. 애초에 밤에 일하는 사람이거나, 일하는 시간이 정해져 있지 않은 프리랜서라면 별로 상관없겠지만요.

저는 보통 열한 시면 잠자리에 듭니다.

859

세계 ☐
I usually skip lunch.
미국 ☐
I often go without lunch.

식단 조절을 위해 식사를 생략하는 것이라면 몰라도, 단지 일이 바빠서 제대로 식사를 하지 못한다는 건 정말 안타까운 일인 것 같습니다. 무슨 일이든 다 먹고 살자고 하는 짓인데 말이죠.

저는 보통 점심은 생략합니다.

860

세계 ☐
I am not good at having conversations with others.
미국 ☐
I'm not much of a conversationalist.

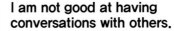
↳ (다른 사람들과) 이야기를 잘 하는 사람

'be good at ~'은 무언가를 잘한다는 뜻의, 자주 쓰이는 패턴의 표현입니다. 'be not good at ~'라고 하면 반대로 무언가를 잘 못 한다는 의미가 됩니다.

저는 사람들과 대화를 잘 못합니다.

세계 ☐

I usually go to bed late.

미국 ☐

I'm a night owl.

올빼미

몇몇 사람들과 매일 만나서 운동을 함께 하기로 했습니다. 만날 시간을 서로 맞추어 보려 하는데, 그중 한 명이 새벽이나 아침에 보자며 제안을 해 오네요. 매일 새벽이 거의 다 되어서야 잠자리에 드는 당신에게는 무리입니다.

저는 올빼미족이에요.

세계 ☐

I don't particularly like sea food.

미국 ☐

I don't particularly care for sea food.

사람들과 함께 식사하러 가는 중입니다. 누군가가 제안을 하는군요. 새로 생긴 해산물 전문 레스토랑이 있다고요. 하지만 당신은, 해산물만 먹으면 온몸에 두드러기가 나는걸요. 'care for'는 보통 '보살피다'라는 의미로 쓰이지만, '좋아하다'라는 뜻도 있습니다.

저는 해산물을 특히 좋아하지 않습니다.

세계 ☐

That is too bad.

미국 ☐

Bummer.

실망 / 게으름뱅이

운이 지지리도 없는 친구네요. 새로 나온 최신형 태블릿을 힘들게 손에 넣었는데, 이틀 만에 망가져 버렸다고 합니다. 그 위에 라면을 엎질러버렸다고 하는군요.

저런…

세계 ☐

Are you trying to date with me?

미국 ☐

Are you hitting on me?

hit on : ~에게 집적대다

'hit'이라고 하면 '때린다'라는 의미부터 떠오르시겠지만, 'hit on'은 마음에 드는 사람, 성적으로 끌리는 사람을 살짝살짝 건드리며 꼬신다는 의미의 표현입니다.

저한테 지금 작업거시는 거예요?

221

Our budget isn't enough.

We're on a tight budget.

꽉 조이는

저희 예산이 넉넉하지 않습니다.

'tight'는 '꽉 죄인', 또는 '단단한'이라는 뜻의 단어이지만, 돈에 대해서 'tight'하다고 할 때는 돈이 부족한 상태를 말합니다.

I don't confuse business matter and personal matter.

I don't mix business with pleasure.

기쁨 / (일과는 대조적으로) 재미로 하는 행동

전 공과 사를 혼동하지 않아요.

어떤 의혹을 받고 있습니다. 신입사원 중 한 명이, 당신의 지인이라서 그 덕에 들어온 것이 아니냐고요. 정말 억울하네요. 당신은 맹세코 그에 관여한 바가 없거든요.

I just tried to make you feel better.

I just tried to throw you a bone.

throw someone a bone : ~의 환심을 사려고 하다
~의 기분을 맞추려고 하다

전 그냥 당신 기분을 맞추려고 했던 것뿐이에요.

개가 무언가 착한 일을 하면, 보상으로 뼈다귀를 던져주고는 하잖아요. 'throw someone a bone'은 그에서 나온 표현입니다. 어떤 사람의 기분을 맞추어 주려고 하거나 환심을 사려고 보상을 주는 것을 말하지요.

I usually follow what others say.

I allow people to boss me around.

쥐고 흔들다 / 지배 하다

전 사람들에게 휘둘려요.

다른 사람이 하는 말에 금방 흔들리는 사람을 가리켜 보통 '귀가 얇다'고 표현하지요. 'boss'는 '사장, 상사'라는 뜻으로 자주 쓰이는 단어입니다. 또한, 이 단어에는 '~을 쥐고 흔들다'라는 뜻도 있습니다. 그게 상사들이 하는 일이니까요.

The total is ten dollars. 합계

It all comes to ten dollars.

전부 해서 10달러네요.

돈을 쓰는 것만큼 재미있는 일이 또 있을까요. 통장 잔고에 대한 걱정 없이 원 없이 쇼핑하는 것. 누구나 그런 상상을 해 봤을 겁니다. 하지만 현실은…

Heat it in a microwave oven.

Microwave it.

전자레인지에 돌리세요.

요리를 잘 해 먹지 않는 사람들에게 전자레인지는 너무나도 유용한 물건입니다. 단지 식은 음식을 데울 수 있다는 것뿐만 아니라, 요즘엔 전자레인지를 사용해 간편하게 조리가 되는 가공식품들도 많이 나오잖아요.

I don't know at all.

I have no idea.
I haven't the faintest idea.
희미한 / 아주 적은

전혀 모르겠어.

'I haven't the faintest idea.'를 직역하면 '내겐 가장 희미한 아이디어도 없어'라는 뜻이지요. 어떤 문제에 대해 전혀 감을 잡지 못할 때 쓸 수 있는 표현입니다.

I don't care.

I don't give a damn.

전혀 상관 안 해.

'damn'은 보통 짜증이 나는 상황에서 부정적인 의미로 쓰이는 감탄사입니다. 하지만 'give a damn'이라고 하면, 부정문에서 '관심을 가지다. 중요시하다'라는 의미의 표현이 됩니다. 'damn'이 가진 원래의 의미를 생각하면, 'I don't give a damn'은 '그딴 것 상관 안 해' 정도의 뉘앙스가 될 것 같네요.

873

전화 줘!

세계 ☐

Call me!

미국 ☐

Get me on the **blower**.

전화 / 송풍기

보통 기류를 불어 내는 장치를 'blower'라고 칭하지요. 예를 들어 온풍기는 'a hot-air blower'라고 하고요. 하지만 전화기 역시 'blower'라고 부르기도 하는데요. 전화 통화를 하다 보면 수화기에 입김을 불어 넣게 되기 때문인 것 같네요.

874

전화 바꿔!

세계 ☐

Can I talk with him?

미국 ☐

Put him on the phone.

엄청난 사실을 알아버렸습니다. 사실 이번 승진에서 당신이 가장 유력한 후보였다고 하는군요. 하지만 옆 부서에서 일하는 당신의 동기 하나가 엉뚱한 소문을 흘리는 바람에, 당신의 승진이 날아가 버렸다고 합니다. 이제 당신이 할 일은 하나밖에 없지요. 일단 당장 전화를 들고, 전화해서는…

875

전화 수신 상태가 별로 안 좋네.

세계 ☐

I can't hear you well.

미국 ☐

The **reception is** 접수처 / 수신 상태 pretty **lousy** up here.

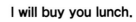 형편없는

때로는 기술의 발달이 아직 완벽하지 않다는 게 고맙게 느껴지기도 합니다. 싫어하는 사람과 전화 통화를 할 때라면 말이에요. 눈치가 없는 친구, 벌써 한 시간 째 당신은 아무 관심이 없는 이야기를 쏟아내고 있네요. 이럴 때 사용하는 아주 전통적인 방법이 있지요.

876

점심은 제가 사겠습니다.

세계 ☐

I will buy you lunch.

미국 ☐

Lunch is on me.
I will treat you to lunch.

직장 동료에게 신세를 졌습니다. 당신이 해야 했을 일을 그가 대신해줬거든요. 하지만 세상에 공짜는 없는 법, 식사라도 대접해서 은혜를 갚아야겠지요. 다음번에도 다시 부탁할 일이 생길지도 모르잖아요.

877

점잖게 행동해.

세계 ☐

Don't behave like a kid.

미국 ☐

Behave yourself.

친구 한 명을 데리고 파티에 놀러 왔습니다. 그런데 아무래도 괜히 데려온 것 같네요. 술에 취한 채 이 여자 저 여자에게 집적거리며 돌아다니고 있습니다. 점잖게 좀 굴어야 할 텐데 말이죠.

878

점점 더 좋아져요.

세계 ☐

I start to like it more and more.

미국 ☐

It is **growing on me**.

grow on : 점점 좋아지다

처음에는 별로라고 생각했던 것이라도, 나중에는 가면 갈수록 좋아지는 것들이 있지요. 그러니 첫인상만 보고 판단하기보다는 일단 경험해 보는 것이 중요한 것 같습니다. 그것이 어떤 일이든, 어떤 사람이든 말이에요.

879

정 그러시다면!

세계 ☐

If you really want!

미국 ☐

If you **insist**!

고집하다 / 주장하다

구하기 정말 힘든 한정판 음반을 한 장 가지고 있습니다. 친구가 그걸 사겠다고 하는군요. 몇 번 거절했는데, 급기야는 정말 놀라운 가격을 부르네요. 그렇게까지 한다면야…

880

정말 끝내준다!

세계 ☐

It is great!

미국 ☐

It's out of this world!

여행을 다니다 보면 태어나 처음 보는, 정말이지 너무나 멋진 절경을 만날 때가 있지요. 이 세상의 것이 아닌 것만 같은 그런 장면이요. 무엇인가 대단한 것, 특별한 것을 가리켜 'out of this world'라고 표현하기도 합니다.

정말 많은 것을 배울 수 있었어.

I learned a lot from it.

It was both highly informative and educational.
↳ 유용한 정보를 주는 / 유익한   ↳ 교육적인

세미나에 참석했습니다. 사실 딱히 관심도 없는 세미나였는데, 당신의 친한 친구가 발표한다고 하기에 억지로 참석을 했지요. 귀찮음을 무릅쓰고요. 세미나가 끝난 이후, 자신의 발표가 어땠냐 물어보는 친구. 사실은 그저 따분했지만, 뭐 어쩌겠어요.

정말 반가운 소식인걸.

That is good news.

It's music to my ears.

좋아하는 음악을 들을 때면 기분이 좋아지지요. 반가운 소식이나 듣기 좋은 이야기를 들었을 때 그 소식이 마치 음악처럼 들린다고, 'It's music to my ears'라고 표현하기도 합니다.

정말 싸다!

It is so cheap.

What a steal!
↳ 절도 / 훔치다

아래의 'What a steal!'을 직역하면 '훔친 거네!'라는 뜻입니다. 물건의 가격이 너무 싸서, 훔친 것이나 다름없다 즉 공짜나 다름없다는 뜻이지요.

정말 아름답다!

That is so beautiful!

How beautiful it is!

친한 친구 중 하나가 의상 디자이너가 되었습니다. 자기의 첫 작품이라며 옷 한 벌을 선물로 주네요. 그리고 사실 그 옷은, 당신이 보기엔, 정말 별로로군요. 하지만 뭐… 칭찬에 대한 기대감으로 가득 찬 친구의 얼굴을 보니 차마 솔직하게 말할 수가 없네요.

He works so hard.

He works like a dog.

정말 열심히 일한다.

야근도 모자라서 주말 근무까지. 도대체 무슨 바람이 든 것
인지 친구 중의 하나가 미친 듯이 일만 하네요. 열심히 일하
는 것을 가리켜 'work like a dog', '개처럼 일한다'라고 표현
하기도 합니다.

You are doing really great.

You're really on fire.

정말 잘하는구나!

동생에게 자전거를 타는 법을 알려주고 있습니다. 몇 번 넘어
지기를 반복하더니, 이제 자전거 타는 법을 완전히 터득한 것
같네요. 무엇인가에 열중해 있거나 특출하게 잘하는 모습을
보고 '불붙었다'라고 표현하기도 하지요.

That is great.
That is the best.

I give it two thumbs up.
~ 엄지손가락

정말 훌륭해! 최고야!

직장 동료가 정말 어려운 프로젝트를 훌륭하게 수행해 냈습
니다. 축하해 줄 일이지요. 정말 멋진 것, 훌륭한 것을 볼 때면
엄지손가락을 들어 내밀고는 하잖아요. 'two thumbs up'이
라고 하면 엄지손가락을 두 개나 들어 내밀었으니, 강한 칭찬
이 담긴 표현이라고 볼 수 있겠네요.

That was a tough one.

It was like pulling teeth.

정말 힘든 일이었어.

누구나 어렸을 적 치과에 가기 싫었던 기억이 있을 겁니다.
이를 뽑아내는 건, 막상 하고 나면 쉽지만 뽑기 전엔 어렵고
힘들게만 느껴지곤 하지요. 정말 힘든 일에 대해 말할 때 'It
was like pulling teeth', '그건 이를 뽑아내는 것 같았어'라고
표현하기도 합니다.

정말이야?

세계 ☐

미국 ☐

Really?

You don't say!

친구가 말하길, 사실 술은 살이 전혀 찌지 않는다고 하는군요. 술이 아니라 안주 때문에 살이 찌는 것이라고요. 듣다 보니 진짜 같기도 하지만… 설마 그렇겠어요. 'You don't say'는 직역하면 '그런 말 하지 마라'라는 뜻인 것처럼 보이지만, '설마, 그럴 리가…'라는 의미로 쓰는 표현입니다.

정보를 알려 줘.

세계 ☐

미국 ☐

Please explain.

Fill me in.

'fill'은 보통 '채우다'라는 의미로 사용하는 단어입니다. 지원서 등의 서류에 빈칸을 작성할 때 'fill in'이라는 표현을 쓰고는 하지요. 그리고 'fill somebody in'이라고 하면 '누군가에게 알려주다'라는 의미가 되고요.

정신 차려!

세계 ☐

미국 ☐

Wake up!

Dream on.
Come down to earth.   ~지구 / 세상

현실성이 전혀 없는 엉뚱한 고민을 하는 친구가 있네요. 그것도 아주 진지하게요. 'Dream on'은 상대방의 생각에 현실성이 없음을 반어적으로 꼬집는 표현입니다. '그렇게 꿈 꿔 봐. 바라는 대로 되나'라는 의미가 담겨있지요.

정신을 잃었습니다.

세계 ☐

미국 ☐

I lost consciousness.   ~의식

I blacked out.
  ↳ black out : 의식을 잃다

평소 술을 잘 마시지 않던 사람이 갑작스럽게 술을 많이 마시면 필름이 끊길 위험이 있습니다. 정신을 잃고 쓰러져버리는 것 말이에요. 기억도 함께 날아가 버리고요. 그래서 필름이 끊긴 다음 날에는 정말 괴롭지요. 도대체 어젯밤 무슨 짓을 저지른 건지 알 수가 없으니…

정직하게 답해 줘.

세계 ☐

Answer me honestly.

미국 ☐

Give me a straight answer.

솔직한 / 똑바른

어젯밤 밤새도록 전화기를 꺼두었던 남자 친구. 왜 꺼두었냐고 추궁을 하니 너무 피곤해서 충전하는 것도 잊고 잠들어 버렸다고 하네요. 하지만 이미 알고 있습니다. 그게 거짓말이라는 것을요. 어젯밤에 그를 클럽에서 봤다는 제보를 받았었거든요.

정확히 맞췄어.

세계 ☐

Exactly.
You are correct.

맞는

미국 ☐

You've hit on the nose.

수학 같은 과목을 좋아하신다면 아마도 공감하실 겁니다. 어려운 문제 하나를 해결하고 나면 기분이 정말 좋지요. 친구에게 어려운 퀴즈나 문제를 냈는데 단박에 그것을 맞췄네요. 그럴 때면 이 표현을 사용해 정확히 맞췄다고 말할 수 있습니다.

제 글이 지루했다고요?

세계 ☐

My writing was boring?

미국 ☐

My writing was kind of a yawn?

하품

좋은 글이란 무엇일까요. 얼마나 좋은 주제를 담고 있는지, 얼마나 많은 정보를 담고 있는지 등도 중요한 요소이겠지요. 하지만 무엇보다도 읽는 사람으로 하여금 끊임없이 재미를 느끼게 하는 것이 가장 중요한 것 같습니다. 일단은 읽게 만들어야 하니까요. 그 글을 읽으며 지루하게 느끼기 시작한다면, 그걸로 끝장이지요.

제 동생은 고등학교에 다닙니다.

세계 ☐

My sister is a high school student.

미국 ☐

My sister is in high school.

학창 시절에는 학교를 졸업하고 대학생이 되거나 사회생활을 하는 '성인'이 부러웠는데… 막상 성인이 되고 나서 보니, 학교를 다니던 때가 훨씬 더 재미있었던 것 같기도 합니다. 길을 지나가다가 교복을 입고 있는 학생들을 보면 부러운 마음이 들고는 하지요.

제 앞으로 달아 두세요.

세계 ☐

Charge it to my account. 청구하다

미국 ☐

Put it on my tab.
└ 계산서

단골로 다니는 카페에 가서 차를 마시고 있었는데, 계산하고 나가려고 보니 지갑이 없네요. 집에 놔두고 나온 것 같습니다. 카페의 직원과도 안면이 있는 사이라면 일단 외상으로 달아 두라고 말해 볼 수 있겠지요.

세계 ☐

I will write a contract.

미국 ☐

I'll draw up a contract.
└ 작성하다 / 멈춰서다

제가 계약서를 작성하겠습니다.

'draw up'은 어떤 세심한 생각이나 계획이 필요한 것을 만들거나 작성할 때 사용하는 표현입니다. 주로 계약서나 공문서 등을 작성할 때 'draw up'이라고 표현하고는 합니다.

세계 ☐

Let me try at them.

미국 ☐

Let me have a crack at them.

have a crack at someone : ~을 찔러보겠다
crack : 금이가다 / 때리다 / 타격 / 금

제가 한번 그들을 찔러 볼게요.

당신이 일하는 회사에 친구가 입사 원서를 냈습니다. 무슨 일인지 합격자 발표가 늦춰지고 있네요. 자기가 어떻게 된 것인지 궁금해하는 친구. 인사팀에 가서 슬쩍 알아봐야겠습니다.

세계 ☐

Please tell me what you know.

미국 ☐

Do tell.

제발 말해.

뭔가 비밀을 품고 있는 것 같습니다. 친구가 당신의 눈치를 보며 자꾸만 당신을 피해 어딘가로 도망치려 하는 것을 보니 말이에요. 도대체 왜 그러는 것인지, 궁금해서 미쳐버릴 것만 같네요. 'what you know'는 '네가 알고 있는 것'이라는 뜻의 명사절입니다.

897
898
899
900

Please tell me we have potential.

Please tell me we **have a shot.**

가능성이 있다 / 승산이 있다

제발 우리에게 가능성이
있다고 말해줘.

다른 모든 면에서 밀린다고 하더라도, '한 방'이 있다면 상대
방을 이길 가능성은 얼마든지 있지요. 'have a shot'이라고
하면 '한 방을 가지고 있다'라는 뜻이니. '가능성이 있다'라는
의미의 표현이 됩니다.

Are you crazy?

Are you out of your mind?

제정신이야?

모두가 부러워하던 회사에 다니던 친구. 잘 다니던 그 회사를
느닷없이 그만두겠다고 합니다. 하고 싶은 일을 하며 살고 싶
다고, 회사를 그만두고 모든 것을 처음부터 다시 시작하고 싶
다고요. 부럽기도 하겠지만, 일단은 이런 생각이 먼저 들지 않
을까요. 미친 거 아니야?

Be quiet.

Belt up.

조용해!

학교나 학원에서 선생님들이 많이 쓸 것 같은 표현이로군요.
누군가가 시끄럽게 떠들고 있을 때. '벨트 꽉 조이고 정자세
로 집중해라'는 뜻으로 'belt up'이라는 표현을 쓰고는 합니다.

Why don't you stay
here for a little bit?

막대기 / 달라 붙다

Why don't you stick
around for a little bit?

좀 더 머물러 있는 게 어때?

'stick around'를 직역하면 '주변에 붙어있다'는 뜻인데요. 무
엇인가를 기다리기 위해 머물러있는 상태를 나타내는 표현
입니다.

231

905

Let me think more about it.

Let me sleep on it.
I'll give it some more thought.

↳ 생각

고민이 있을 때면 쉽게 잠을 이루지 못하고 침대 위에서 한참이나 뒤척이고는 합니다. 침대가 아니라 그 심란한 고민 위에 누워있는 것처럼 말이에요. 그래서 무엇인가에 대해 생각을 해 보겠다는 말을 'sleep on it', '그것 위에서 잠을 잔다'라고 표현할 수도 있습니다.

906

Look (at it) more closely.

Take a closer look (at it).

삼 일간 밤을 새워 작성한 기획서를 상사에게 가져갔습니다. 자신만만하게 기획서를 내밀었지만, 제대로 읽어보지도 않고는 그것을 당신에게 돌려주네요. 아무런 장점을 찾을 수 없는 기획이라면서요.

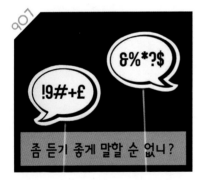

907

Can't you say nicely?

Can't you sugar-coat it a little?

↳ 듣기 좋게 꾸며 말하다

'아' 다르고 '어' 다르다는 말이 있습니다. 같은 말이라도 어떻게 말하느냐에 따라 더 좋게 들리기도 하지요. 설혹 그것이 사실은 나쁜 내용을 담은 말이라도요. 그리고 그렇게 예쁘게 포장한 말을 가리켜, 설탕발림(sugar-coat)이라고 말하고는 합니다.

908

There is something we are not sure.

There are some gray areas.

↳ 회색

서로 명백하게 대립하는 두 가지 다른 방향을 흑과 백으로 나누기도 합니다. 회색은 검은색과 백색이 섞여 만들어진, 그 둘 사이의 중간에 있는 색깔이지요. 그래서 이것이라고도 저것이라고도 할 수 없는 애매한 부분을 가리켜 회색에 빗대어 표현하기도 합니다.

좀 움직여!

Move!

Look alive!

↳ 살아있는

'alive'는 '살아 있는'이라는 뜻의 단어입니다. 때문에 'look alive'라고 하면 '싱싱해 보인다. 활기차 보인다'라는 뜻이 되는 것처럼 보입니다. 그렇기도 하지만, 이 표현은 '서둘러라, 어서 움직여라'라는 의미로도 쓰입니다.

종교를 갖고 계세요?

Do you have a religion?

Are you a believer?

종교가 아무짝에도 쓸모없는 것이고, 되려 해로운 것이라고 말하는 사람도 있습니다. 하지만 누구나 다 다른 가치관을 가지고 살아가는 법이니까요. 때로는 종교 하나쯤 가지고 있는 것이 살아가는 데 도움이 될 수 있는 것 같기도 하네요.

좋아. 아주 잘 지내.

I am good enough.

Can't complain.

↳ 불평하다

오랜만에 술자리에서 만난 친구가 요즘은 어떻냐고, 잘 지내느냐고 물어보네요. 사실 그리 잘 지내는 것은 아니지만, 오랜만에 만나서 불평이나 늘어놓기는 좀 그렇잖아요. 이렇게 대답할 수밖에 없지요. 응, 별일 없어, 아무것도 불평할 게 없어.

좋으실 대로.

As you want.

You're the boss.

직장에서는 모든 것이 상사의 마음대로 결정되어버리고는 합니다. 때문에 'You're the boss', '네가 상사야'라고 하면 네 마음대로 하라는 뜻의 표현이 되는 것이지요.

913

좋은 일은 지금부터야.

세계 □

**Good things will
happen from now on.**

미국 □

The best is yet to come.
↳ 아직

마가 끼기라도 한 건지, 하는 일마다 족족 실패를 거듭하던 친구. 이런 말로 위로를 해 줄 수 있을 것 같네요. 좋은 일이 아직 일어나지 않았을 뿐이라고, 지금부터는 좋은 일만 있을 수도 있다고요. 물론, 최악의 일도 아직 일어나지 않았을 수도 있지만요…

914

주위에 여자가 넘쳐.

세계 □

Girls like him.

미국 □

He's a real ladies' man.

도대체 무슨 재주가 있길래… 아니면 전생에 무슨 덕을 얼마나 쌓았길래… 딱히 잘생긴 것도, 돈이 많은 것도 아닌데 저절로 여자가 꼬이는 남자를 보면 정말이지 부러운 마음이 들고는 합니다. 물론 여자들만이 캐치할 수 있는 어떤 매력을 가지고 있어 그러는 것이겠지만요.

915

주의를 게을리하지 마!

세계 □

Keep watching it.

미국 □

Keep your eyes peeled.
↳ 껍질을 벗기다

정원을 예쁘게 가꾸어 놓았는데, 매일 아침에 일어나 보면 잔디가 완전히 망가져 있습니다. 도대체 범인이 누군지 알아내야겠군요. 며칠 밤이든 밤새 몰래 숨어 지켜봐서라도요. 눈꺼풀을 닫지 않고 까놓은 채(peeled) 말이에요.

916

죽기 아니면 살기야.

세계 □

I have to do my best.

미국 □

It's do or die.

'It's do or die'는 우리가 흔히 쓰는 표현인 '이제 이판사판이야'라는 말과 비슷한 뉘앙스의 표현입니다. '하거나(do) 죽거나(die)'라는 것이지요. 어떤 일에 대해서 비장한 각오와 결의를 보이는 표현입니다.

917

세계 ☐

Stand in line!

미국 ☐

Line up!

줄 서세요!

좋아하는 가수의 공연장에 들어가기 위해 줄을 서 있습니다. 그런데 줄에 대한 질서 관리가 제대로 이루어지지 않고 있네 요. 누군가가 당신의 앞쪽으로 새치기를 하려는 것 같습니다.

918

세계 ☐

It is not important.

미국 ☐

Just small potatoes.
└ 감자

중요치 않은 일들이야.

감자를 즐겨 먹는 영어권 문화에서는 그것이 다양한 비유의 대상으로 사용됩니다. 대표적으로 어떤 논란이 되는 사안을 의미하는 'hot potato' 같은 표현이 있고요. 'small potatoes' 는 하찮은 것 혹은 별 볼 일 없는 사람을 가리키는 표현입 니다.

919

세계 ☐

It was so quiet.

미국 ☐

I could hear a pin drop.
└ 떨어지다

쥐 죽은 듯 고요했다.

좌중을 완벽하게 압도하는 연설가가 강단에 올라가 있을 때 면 관중석은 고요에 휩싸이고는 합니다. 어둠 속에서는 희미 한 빛도 잘 보이듯, 그렇게 아무 소리도 없이 조용한 곳에서는 아주 작은 소리도 들을 수 있게 되지요. 핀 하나가 바닥에 떨 어지는 소리라도 들을 수 있을 정도로요.

920

세계 ☐

Should I just do it
준비
without any preparation?

미국 ☐

Should I just wing it?

└ wing it : 즉흥으로 하다
wing : 날개 / 날아가다 / 신속히 보내지다

즉흥적으로 해야 하는 거야?

갑작스럽게 발표를 대신 해달라는 부탁을 받았습니다. 아무 런 준비도 하지 않았는데 말이에요. 즉흥적으로 하기엔 조금 어려운 내용인데…

921

세계 ☐

I am reading Chapter 1 now.

미국 ☐

I'm on Chapter 1 now.

지금 1장을 읽고 있습니다.

책을 읽는 것을 좋아하는 것이 아니라, 단지 책 자체가 좋아 그것을 구입하고 수집하는 사람들도 있더라고요. 그런 사람의 집에 가 보면 커다란 책장에 책이 한가득 꽂혀있지요. 하지만 그중 대부분은 책의 첫 번째 챕터만 읽은 뒤에 책장에 꽂힌 것이 분명한, 아주 깨끗한 상태를 유지하고 있고요.

922

세계 ☐

What is showing on TV now?

미국 ☐

What's on TV now?

지금 TV에서 무엇을 하고 있나요?

이상한 일입니다. 케이블 TV에는 수십, 수백 개의 채널이 있는데 그중에서 정말 재미있는 무엇인가를 하는 채널은 얼마 안 되지요. 그저 하염없이 채널을 돌리며 재미있는 프로그램을 찾아 헤매야만 하고요.

923

세계 ☐

Are you threatening me now? *협박하다*

미국 ☐

Are you trying to blackmail me?

협박하다 / 돈을 뜯어내다

지금 날 협박하는 거예요?

'blackmail'에서의 'mail'은 우리가 흔히 생각하는 대로 '편지'라는 뜻은 아닙니다. 원래 중세 스코틀랜드어에서 'mail'은 소작료 혹은 삯을 의미했다고 하네요. 또한 본래의 합법적인 소작료와는 다르게, 협박을 통해 갈취했던 소작료를 일컬어 'blackmail'이라고 불렀다 합니다.

924

세계 ☐

You can take the bus now.

미국 ☐

You can catch the bus now.

지금 버스를 탈 수 있어.

버스를 타는 것과 지하철을 이용하는 것 중 어느 것을 더 선호하시나요. 물론 목적지에 따라 다르겠지만, 낯선 곳에 가는 것이라면 버스보다는 지하철이 훨씬 더 편할 수도 있을 것 같네요. 서울처럼 지하철 노선이 잘 정비된 곳이라면요.

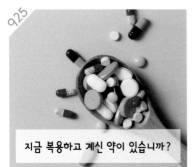

925

지금 복용하고 계신 약이 있습니까?

세계 ☐

Are you taking any medicine?

미국 ☐

Are you on any medication?

약 / 약물 치료

진료를 받으러 병원에 가면 가장 먼저 듣는 질문 중의 하나입니다. 복용하고 있는 약물이 있다면, 그에 따라 치료 방법이나 처방을 달리해야 하니까요.

926

지금 아니면 끝이야.

세계 ☐

If you don't do now, you won't have any more chances.

미국 ☐

It's now or never.
It's your last shot.

함께 놀이공원에 놀러 가기로 약속을 했었는데, 남자 친구가 갑자기 다른 중요한 약속 하나를 잊고 있었다며 당신과의 약속을 취소해버리려 하네요. 사실 이 약속도, 아주 오래전에 했던 약속인데 말이에요.

927

지난 일은 잊어버려.

세계 ☐

Forget it.

미국 ☐

Let bygones be bygones.

과거의 / 과거지사

아무리 나쁜 일이라도 이미 끝나버린 일이라면, 그것에 대해 계속 생각해 봐야 기분만 더 나빠질 뿐입니다. 과거의 (bygone) 것은 과거의 것으로 남겨두는 것이 좋습니다. 하지만 피해자의 입장에서, 가해자에게 이런 이야기를 듣는다면 정말 화가 날 것 같네요.

928

지하철로 통근/통학합니다.

세계 ☐

I go to work by subway.

미국 ☐

I commute by subway.

통근하다

학교나 회사를 마음대로 선택할 수 있다면 그저 집에서 가까운 곳이 최고인 것 같습니다. 반대로 집을 고른다면 학교나 회사에서 가까운 곳이 가장 좋고요. 통근, 통학 시간대의 대중교통은 정말 끔찍하잖아요.

지하철은 밤새도록 운행합니다.

The subways are 24 hours.

The subways run all night.
운영하다

서울의 대중교통은 어디에다 내놓아도 뒤처지지 않을 정도로 잘 정리되어 있지요. 하지만 늦게까지 일을 하는 사람이라거나 술을 좋아하는 사람이라면, 24시간 운영되는 대중교통이 없어 아쉬울 것 같기도 하네요. 어쩌면 그게 다행일 것 같기도 하고요. 술 취한 사람들로만 가득할 테니까요.

직장을 그만두었어.

I quit my job.

I gave up my job.

휴가를 하루 얻었습니다. 딱히 할 일이 있었던 것은 아니라, 여유롭게 쇼핑을 하러 백화점을 왔는데 친구를 만났네요. 그도 휴가를 얻은 것인지 하고 물어봤더니… 어제 직장을 때려치워 버렸다고 합니다. 도저히 그의 상사를 견딜 수가 없었다네요.

진심이야.

I am serious.
진지한 / 심각한

I mean it.
진심으로 / 의미하다

탄자니아로 여행을 갈 계획입니다. 이미 비행기 티켓까지 다 끊어놓았는데, 당신의 계획을 들은 친구는 그게 정말이냐며 장난치지 말라고 되묻네요. 전혀 장난이 아닌데도 말이에요.

진정하고 기다려.

Stay calm and wait.

Hold your horses.

말들(horses)을 붙잡으(hold)라니, 무슨 의미일까요. 마차를 타고 다니던 때의 상황에서 비롯된 표현입니다. 출발하지 않고 기다리기 위해서는 말들을 붙잡아둬야 하잖아요.

933

진정해.

세계 □

Calm down.

미국 □

Chill out. ⌐ 냉기
Keep cool.
Mellow out. ⌐ 그윽한 / 부드러워지다
Keep your shirt on.
Don't lose your cool.

934

진짜 오랜만이다!

세계 □

Long time no see.

미국 □

It's been ages! ⌐ 나이 / 오래됨
It's been a while.

학교를 졸업한 이후 한 번도 만나지 못했던 친구를 우연한 기회에 다시 만나게 되었습니다. 그런 경우엔 그리 친한 친구는 아니었다 하더라도 정말 반갑지요.

935

진짜 힘든 하루였어.

세계 □

It was a tough day.

미국 □

It was a long day.

힘든 일들이 잔뜩 있었던 날이라면 다른 날들보다 유난히도 길었던 것처럼 느껴지고는 합니다. 그래서 힘든 하루를 아래처럼 'a long day'라고 표현하기도 합니다.

936

질문 하나 할게.

세계 □

I have a question.
Can I ask you something?

미국 □

Let me put a question to you.

오랜만에 연락이 닿아 만난 친구. 무슨 일인가 했더니, 투자를 부탁하네요. 게다가 친구가 말하는 그 사업이라는 게, 들으면 들을수록 허무맹랑하기만 합니다. 일단 그 친구의 말을 끊고, 이렇게 물어보고 싶군요. 나 말고 그 사업에 투자하려는 사람이 하나라도 있기는 한 거야?

집중해.

Focus on it.

Put yourself together.

라이벌 팀과 축구 경기를 하는 중입니다. 팀의 스트라이커가 자꾸만 실수하는군요. 거의 다 잡은 골을 몇 번이나 놓쳐버렸네요. 경기에 집중하지 못하고 있는 것 같습니다. 사실, 그는 어제 여자 친구와 헤어졌거든요. 하지만 그건 그의 사정일 뿐… 일단은 경기에 집중하도록 주의를 줘야겠습니다.

차가 꽉 막혔어.

It is heavy traffic.

It's bumper to bumper.

↳ 자동차 범퍼

교통 체증이 심하면 도로 위에서 차들이 꼬리에 꼬리를 물고는 꼭 붙어 서 있지요. 그 모습이 마치, 자동차와 자동차의 범퍼들이 서로 붙어있는 것처럼 보이기도 합니다. 그래서 'bumper to bumper'는 어딘가에 차가 꽉 들어차 막혀 있는 것을 의미하는 표현입니다.

차근차근 말해 줄래?

Can you tell me the detail from the beginning? ↳ 세부 사항

Walk me through it.

꼭 알아야 하는 것이 있다며 당신에게 말을 걸어오는 친구. 하지만 도대체 뭐라고 말을 하는 것인지 알 수가 없네요. 엉뚱한 말만 계속 반복하고 있는 것 같고… 좀 차근차근 말해달라고 요청을 하려고 합니다.

plan A
plan B
차선책이 있지.

We have another plan.

We have a plan B.

기념일을 위해 식당을 예약했습니다. 그런데 하필이면… 바로 그날 식당에 사고가 있어 영업하지 못한다고 하네요. 미리 생각해 두었던 다른 계획 중 하나를 시도해 봐야겠군요. '추가로 하나'라고 말할 때는 'another', '마지막 하나'라고 말할 때는 'the other'를 사용합니다.

941

찬성 못 해!

세계 □

I can't agree!

미국 □

Go and beg your head!

└ 간청하다 / 구걸하다

'go and beg your head'는 어떤 일에 대해 동의할 수 없음을 다소 강하게 표현한 말입니다. 가서 네 머리를 조아리든, 빌든 난 상관하지 않겠다는 것이지요.

942

찬성이야? 반대야?

세계 □

Agree, or disagree?

미국 □

Are you for or against it?

└ ~에 반대하여

'for'는 다양한 의미로 활용되는 단어입니다. 보통의 경우에는 '~를 위해' 혹은 '~에 대해' 정도의 의미로 사용되지요. 하지만 이 단어에는 '~에 찬성하는, 지지하는'이라는 뜻도 있습니다. 찬반이 갈리는 어떤 사안에 대해 의견을 물어볼 때 아래처럼 물어볼 수 있습니다.

943

참고 견뎌보세요.

세계 □

Try to stand.

미국 □

Bite the bullet.

└ 총알

마취제가 없던 시절, 전쟁터에서 군의관이 부상병을 수술할 때 입에 총알(bullet)을 물도록 했다고 합니다. 비명을 지르지 않고 고통을 견딜 수 있도록요. 'bite the bullet'은 그에서 유래된 표현입니다.

944

참을 만해.

세계 □

I can stand.

미국 □

I can live with that.

금연을 결심한 지 이제 한 달이 지났습니다. 친구가 다가와 어떻냐고, 견딜 만하냐고 묻네요. 그 친구와 내기를 했거든요. 담배를 피우다가 걸리면 돈을 내기로요. 아직은 참을 만한 것 같네요.

945

I found it, so it is mine. ──── 세계 ☐

Finders **keepers**. ──── 미국 ☐

유지하다 / 가지고 있다

찾은 사람이 임자지.

길을 가다가 지폐가 두둑이 들어 있는 지갑을 발견했습니다. 그 이야기를 했더니 친구는 경찰서에 가져다주라고 하는군요. 글쎄, 왜 그래야 한다는 것인지 모르겠습니다. 주운 사람이 임자인 거죠 뭐.

946

Let's go back to the beginning. ──── 세계 ☐

Let's go back to **square one**. ──── 미국 ☐
출발점

Let's go back to the **drawing board**.
제도판

처음으로 다시 돌아가자.

'square one'은 보드게임 등에서 말이 출발하는 지점을 말합니다. 'drawing board'는 제도판을 뜻하고요. 어떤 일을 다시 시작하자는 말은 'square one' 혹은 'drawing board'로 표현할 수 있습니다.

947

It is my pleasure. ──── 세계 ☐

The **pleasure** is mine. ──── 미국 ☐
기쁨 / 즐거움

천만에요.

급한 일이 생겼다는 동료를 대신해 세미나에 참석해 주었습니다. 고맙다며 사례를 하려는 동료, 하지만 사실 고마운 건 당신입니다. 세미나에서 정말 괜찮은 여자를 만났거든요. 하지만, 뭐 굳이 사례하겠다는데… 말릴 건 없지요.

948

What is the spelling of it? ──── 세계 ☐

How do you **spell** that? ──── 미국 ☐
철자를 쓰다

철자가 어떻게 되나요?

평소에 똑똑하고 괜찮아 보이던 사람이라도 맞춤법을 틀리게 써 놓은 글을 보면 왠지 좀 '깨지' 않나요. 그 사람으로부터 받은 문자 메시지가 엉망인 맞춤법으로 이루어져 있다든지요. 어렵거나 헷갈리는 철자의 단어는 되도록 정확하게 알아보거나 물어본 뒤에 사용하는 것이 좋을 것 같네요.

949

I gained some weight. 얻다 / 증가

I put on some weight.

체중이 좀 늘었어.

살이 쪘을 때 가장 슬픈 점 중의 하나는, 예전에 입던 옷들을 더 이상 입을 수가 없다는 것입니다. 특히 몸에 꽉 끼는 스키니진 같은 옷들은 시도조차 해 볼 수 없지요.

950

Can I recommend sushi?

Can I put in a word for sushi?

put in a (good) word for : ~을 추천하다

초밥을 추천해도 될까?

당신이 사는 동네로 친구가 놀러 왔습니다. 식사하려고 하는데 어디에 가서 먹는 것이 좋을지, '맛집'을 추천해 달라고 당신에게 물어오네요. 마침 동네에 괜찮은 초밥집이 있긴 합니다. 그 친구가 초밥을 좋아하는지는 잘 모르겠지만요.

951

I recently started golf.

I recently took up golf.

take up : 취미, 습관 등을 시작하다

최근에 골프를 시작했어요.

예전엔 골프라고 하면 여유가 되는 사람들이나 하는 운동이라는 인식이 강했는데, 요즘은 생각보다 많은 사람들이 골프를 취미로 가지고 있는 것 같습니다. 생각보다 경제적으로 그리 큰 부담이 되는 것 같지도 않고요.

952

It will be warm soon.

The cold spell will break soon.

cold spell : 한파
spell : 한동안 / 짧은 기간

추위가 곧 풀릴 겁니다.

초봄에 찾아오는 꽃샘추위는 한겨울의 추위보다도 더 춥게 느껴집니다. 따뜻한 봄기운에 조금은 익숙해진 상태에서 기습적으로 당하는 추위이기 때문이겠지요. 곧 날씨가 풀리고 따뜻해질 것이라는 기대감 때문이기도 하고요.

Let's cheers.

Let's make a **toast**.

↳토스트 / 건배

예전에는 술을 따르기 전 술잔 바닥에 토스트, 구운 빵 조각을 넣는 것이 관례였다고 합니다. 토스트가 술의 불순물을 흡수하여 술맛을 돋워주었기 때문이라고 하네요. 그래서 'Let's make a toast'라고 하면 '건배를 하자'라는 의미가 됩니다.

축배를 들겠습니다.

What is your hobby?

What do you do for fun?

친해지고 싶은 사람이 있습니다. 하지만 어떻게 접근해야 할지, 무슨 대화를 나눠야 할지 도통 감이 오질 않네요. 그럴 땐 그가 무엇을 좋아하는지 알아보고, 그 관심사를 공유해 보는 것부터 이야기를 시작해 보는 것이 좋지요.

취미가 뭐야?

Cancel your words.

Eat your **words**.

↳말 / 단어

너무 심한 말을 들었습니다. 도저히 그냥 넘어갈 수가 없네요. 아무리 한 번 뱉은 말은 다시 담을 수 없는 것이라지만, 그 말을 다시 '집어 먹어라(eat)'고 하고 싶을 정도로요.

취소해!

You look not good.

You look a little under the **weather**.

↳날씨

항해 도중 파도나 바람, 즉 날씨 때문에 뱃멀미에 시달리게 되면 선실로 들어가 몸을 달래고는 합니다. 'under the weather'는 그에서 비롯된 표현입니다. 몸이 별로 좋지 않다는 것을 의미하지요.

컨디션이 별로 안 좋아 보이네.

케이크 좀 줄까?

세계 ☐

Do you want some cake?

미국 ☐

Care for some cake?

~을 좋아하다 / 돌보다

단 음식을 싫어하시는 분은 아마 그 기분을 모르실 겁니다. 정말 예쁘고 맛있는 케이크 한 조각이 식탁 위에 올려져 있을 때의 그 행복함을 말이에요. 친한 친구가 집에 찾아왔네요. 마침 아껴 먹으려던 케이크가 냉장고 안에 있으니, 그걸로 대접해 줘야겠어요.

콜라의 김이 빠졌다.

세계 ☐

The coke has no bubbles. 거품 / 방울

미국 ☐

The coke went flat.

go flat : 김 빠지다

김이 빠진 콜라는 설탕물이나 다름없습니다. 하지만 의외로 그 맛을 좋아하는 사람도 있더군요. 물론 그렇다고 해서 일부러 김을 다 뺀 이후에 콜라를 먹는 사람은 없을 테지만요. 'flat'은 원래 '평평하다'는 의미로 쓰이는 단어입니다.

타!

세계 ☐

Get in.

미국 ☐

Hop in.

깡총 뛰다

퇴근길, 차를 타고 집에 가는 길입니다. 같은 동네에 사는 친한 친구가 걸어가고 있는 것이 보이는군요. 그도 집으로 가는 중이라면 태워서 함께 가면 될 것 같습니다. 'hop'은 '깡충깡충 뛰다'라는 뜻의 단어인데요, '자동차 등에 타다'라는 의미로 사용되기도 합니다.

타임즈에는 그 뉴스가 실리지 않았다.

세계 ☐

The news was not reported in the Times. 〈Times〉 일간 신문

미국 ☐

The Times didn't carry the story.

carry a story : 이야기를 전하다

자신이 예언가라고 주장하는 사람을 만났습니다. 내일 세계적인 대도시 중의 하나에서 대대적인 테러가 일어날 것이라는군요. 글쎄요. 그가 엉터리인지 진짜 예언가인지는 내일 신문을 보면 알 수 있겠지요.

961

털어놔.

Tell me about it.

Spill it.

'spill'은 보통 '엎지르다', 혹은 '흘리다'라는 뜻으로 쓰이는 단어입니다. 하지만 '비밀을 흘리다'는 의미로 쓰이기도 합니다. 아래의 예문처럼요.

962

털어서 먼지 안 나는 사람 없어.

There is no one who is innocent.

Everyone has a little dirty laundry.

세탁물

믿었던 동료에게 배신을 당했습니다. 당하고만 있을 수는 없죠. 뭔가 꼬투리를 잡아 복수를 해줘야겠습니다. 'who is innocent'는 '결백한'이라는 의미로 'no one'을 꾸미는 형용사절입니다.

963

톰은 동물을 정말 좋아합니다.

Tom likes animals a lot.

Tom is an animal lover.

길고양이 한 마리가 뒤를 졸졸 따라오길래, 데려가서 길러보기로 결심을 했습니다. 그런데 문제는 당신이 애완동물을 한 번도 길러 본 적이 없다는 것이지요. 아는 바가 하나도 없어 누군가에게 도움을 청해야 할 것 같은데, 마침 사람들 사이에서 동물애호가로 유명한 친구 하나가 떠오르네요.

964

틀림없어.

I am sure.

I'm positive.

긍정적인 / 확신하는

당신이 아끼던 비디오 게임기가 망가져 있습니다. 도대체 범인이 누구일까요. 동생에게 물어보니, 아무래도 고양이가 지나가다 떨어뜨려 망가진 게 틀림없다고 대답하는군요. 하지만 당신 생각에는… 동생이 그런 게 틀림없습니다. 아직 확실한 증거는 찾지 못했지만요.

246

965

틀에서 벗어나서 생각해야지.

You need to think more creatively.

You gotta think outside the box.

'우물 안 개구리'라는 속담이 있습니다. 어떤 하나의 생각에 들어박혀 그 외의 다른 생각은 하지 못하는 사람을 가리켜 그런 속담을 쓰고는 하지요. 하지만 대체로 좋은 아이디어는 기존에 가지고 있던 생각들을 모두 부숴버린 다음에야 떠오르는 것 같습니다.

966

팀을 위해서 희생하라고.

Just sacrifice yourself for the team.

Take one for the team.

미팅하러 나갔습니다. 상대 팀을 보니 그럭저럭 괜찮은 것 같네요. 단 한 명만 빼고 말이에요. 흔히 말하는 '폭탄' 한 명이 있군요. 어디 보자… 친구와 이야기를 좀 해 봐야겠군요.

967

파티가 매우 성공적이었어.

The party was very successful.

The party went with a bang.

기금 모음을 위한 자선 파티를 열었습니다. 나중에 보니 예상보다도 훨씬 더 많은 기금이 모였네요. 어떤 일이 아주 잘 되었을 때, '빵 터졌다'라는 말을 하고는 합니다. 'go with a bang'은 '빵 터졌어'와 비슷한 뉘앙스의 표현입니다.

968

펑펑 울었어.

I cried a lot.

I cried my eyes out.

눈물을 많이 흘리고 나면 눈이 많이 부어오르게 되지요. 'cry one's eyes out'은 그러한 상태를 가리키는 표현입니다. 눈이 튀어나올 정도로 눈이 많이 부었다, 즉 그만큼 많이 울었다는 의미입니다.

969

I will never give up.

I won't **throw** in the towel.
└ 던지다

포기하지는 않을 거야.

복싱 경기 도중에 흰색 타월을 던지는 것은 경기를 포기하겠다는 뜻입니다. 'throw in the towel'은 그에서 비롯된 표현으로 무엇인가를 포기한다는 의미가 담겨있습니다.

970

Put it in a bag, please.

To go, please.
Take out, please.

포장해 주세요.

음식점에서 많이 쓰는 표현입니다. 배가 고파서 음식을 잔뜩 시켰는데, 먹다 보니 어느새 금방 배가 차버렸네요. 남겨두고 가면 모두 버리게 될 텐데, 그러면 너무 아깝잖아요. 포장해서 싸 가야지요.

971

All the tickets are sold.

The tickets are sold out.

표가 전부 매진되었어.

친구와 함께 좋아하는 가수의 콘서트에 가기로 했습니다. 티켓 판매가 시작되기만을 기다리고 있었지요. 가장 좋은 자리에서 공연을 보기 위해서요. 그런데 이런, 티켓 판매를 시작하는 날 늦잠을 자고 말았네요. 뒤늦게 확인해 보니, 좋은 자리는커녕 아예 표가 매진되어 버렸군요.

972

I slept well.

I slept like a **log**.
└ 통나무 / 접속하다

푹 잤다.

일주일째 밤에 잠을 이루지 못했던 당신. 어젯밤엔 오랜만에 숙면을 취했습니다. 마치 통나무(log)처럼 미동도 하지 않고요. 지난 일주일 동안 커다란 음악 소리로 당신을 괴롭히던 옆집의 스피커를, 몰래 숨어 들어가 박살 내 버렸거든요.

세계 ☐
미국 ☐

프로젝트는 잘 돼 가시나요?

세계 □

Is your project going well?

미국 □

How's your project **coming along**?

come along : 되어가다 / 도착하다

어떤 일이든 그 일을 진행하면서 아무런 문제도 발생하지 않을 수는 없습니다. 작은 문제이든 큰 문제이든요. 단지 그 문제가 해결 가능한 것인지, 불가능한 것인지를 판단하는 것이 중요하지요.

피곤해.

세계 □

I am tired.

미국 □

I'm frazzled. 닳아 떨어지게 하다 / 지치게 하다
I'm wiped out. wipe out : 나자빠지다 / 넘어지다
I'm dead beat.

공휴일에 놀이공원을 가본 적이 있으신가요. 사람이 너무 많아 놀이기구 하나 타는 데에도 한 시간 넘게 줄을 서야 하고는 합니다. 기다리는 것만으로도 엄청난 피로감을 느끼게되지요.

피자 먹으러 나갑시다.

세계 □

Let's go to eat pizza.

미국 □

Let's go out for pizza.

직장인이라면 다들 공감하실 겁니다. 하루 일과 중 가장 어려운 일 중의 하나가 바로… 점심 메뉴를 결정하는 것이지요. 언제나 누군가가 나서서 최선의 메뉴를 골라, 먼저 제안해 주면 정말 좋을 텐데 말이에요.

피클은 빼 주세요.

세계 □

No pickle, please.
Without pickle, please.

미국 □

Hold the pickle, please.

잡다

가리는 음식이 있으신가요? 식성이 까다로운 사람들은 음식을 주문할 때에도 다른 사람들보다 훨씬 더 길게 주문을 하는 하더군요. 피클을 빼 달라거나 양파를 빼 달라는 등의 말을 주문에 덧붙여서 말해야 하니까요.

하나 골라.

Pick one.

Take your pick.

동생의 생일을 깜박 잊고 그냥 지나가 버렸습니다. 어떻게 그럴 수 있냐며 화를 내는 동생. 어쩔 수 없군요. 거창한 선물로 때우는 수밖에요. 까짓거, 백화점에 데려가 아무거나 하나 집어 들라고 하지요. 얼마짜리를 고를지는 동생의 양심에 맡기고요.

하려면 제대로 하고 아니면 그만둬.

If you are not going to do well, don't even start it.

Crap or get off the pot.

↳ 헛소리 / 대변을 보다

'crap or get off the pot'은 아마도 지금처럼 화장실이 발달하지 않고 요강을 이용하던 때 생긴 표현인 것 같네요. 일을 보든가(crap) 아니면 요강(pot)에서 일어나라는 것이지요. 할 거면 제대로 하고 아니면 그만두라는 의미의 표현입니다.

학교에서 저를 내려주세요.

Bring me to school.

Drop me off at school.
Let me off at school.

멀리 떨어져 있는 학교나 회사로 통학, 통근해 본 경험이 있으신가요. 매일 아침 남들보다 일찍 일어나 자동차를 타고 먼 거리까지 가는 건 보통 일이 아닙니다. 그런데 오히려, 멀리 사는 사람일수록 지각은 잘 하지 않더라고요.

한 가지 이해 안 되는 것이 있습니다.

I don't understand one thing.

One thing puzzles me.

↳ 이해할 수 없게 만들다 / 수수께끼

당신의 자동차를 몰고 나간 친구가 접촉사고를 내고 말았습니다. 자신의 잘못이 아니라며, 전부 상대방의 과실이라며 상황을 설명해 주네요. 하지만 한 가지만은 이해가 되지 않군요. 왜 그 친구가 당신의 자동차를 몰고 나간 걸까요. 허락해 준 기억이 없는데 말이죠.

한 바퀴 돌아볼게.

I am going to look around.

I'm going to do a lap.

↳ 트랙의 한 바퀴

'do a lap'은 트랙 한 바퀴를 뛰는 것을 뜻하기도 하지만, 클럽이나 바에서 이성을 찾기 위해 또는 그곳의 물이 어떤지 확인하기 위해 쭉 돌아볼 때도 이 표현을 사용할 수 있습니다.

한발 늦었네.

You missed it.

The ship has sailed.
You missed the boat.

↳ 놓치다 / 그르쳐 하다

사고 싶었던 가방의 브랜드가 세일하고 있다는군요. 그 소식을 듣자마자 당장 매장으로 달려갔지만, 한발 늦었네요. 이미 그 가방은 품절이로군요. 다른 매장에 가도 사정은 마찬가지일거라 하고요.

한마디만 더 했단 봐.

Stop saying anything.

Not another word.

참는 것에도 한계가 있습니다. 사소한 의견 차이에서 시작된 말다툼이었는데, 상대방이 이제는 도를 넘어서버린 것 같네요. 당신에게 인신공격을 퍼붓는군요. 한마디만 더 들었다간… 당신도 더 이상 참지 못할지도 모르겠네요.

한번 해 봐.

Just try.

Just give it a go.
Just give it a try.
Just give it a shot.

새로운 경험을 할 수 있는 기회를 앞두고 고민을 하는 친구. '그냥 한번 해 봐'라고 조언을 해 줄 수 있겠지요. 물론 상대방은, '네 일이 아니니까 그리 쉽게 말할 수 있는 거야'라고 받아들일 수도 있지만요.

985

Let's drink.

Bottoms up.
Down the hatch.

위로 젖히는 출입문

한잔 듭시다.

'down the hatch'는 흔히 잘못 쓰이는 영어 표현인 '원 샷'의 제대로 된 표현법입니다. 배의 화물칸 출입구(hatch)에 술을 저장해 놨던 데서 유래한 표현입니다.

986

I couldn't sleep at all.

I couldn't sleep a wink.

한잠도 못 잤어.

잠을 제대로 자지 못하는 것만큼 괴로운 일도 없습니다. 잠을 자며 제대로 휴식을 취하고 충전을 해야, 다음 날 다시 일어나 일을 하고 생활을 할 수 있는 것이잖아요.

987

Can you do it?

Can you handle it?

다루다 / 처리하다

할 수 있겠어?

다른 사람에게 무엇인가 일을 맡기려고 합니다. 무작정 하라고 시키기보다는, 그걸 할 수 있겠는지 먼저 물어보는 것이 좋겠지요. 그 일을 거절할 수 있는 기회를 줄 수 있도록요. 상황에 따라서 이 질문을 듣는 상대방은 괜히 더 부담감을 느낄 수도 있을 것 같기도 하네요.

988

Cheer up!

Go for it!

해 보는 거야!

친구가 새로운 시도를 하려고 합니다. 오랫동안 하고 싶었던 일이라고 하네요. 격려의 말을 건네고 싶습니다. 'go for it'는 '되든 안 되든 한번 해 봐'라는 의미가 담겨 있는 표현입니다. 비슷한 말로 'give it a try'가 있습니다.

행운을 빌어!

Good luck!

Break a leg.
I'm crossing my fingers.

행운을 빌면 오히려 불운이 따를 수도 있다는 미신에서 유래한 표현입니다. 행운을 비는 대신 도리어 'break a leg', '다리나 부러져라'라고 악담을 하는 것이지요. 'cross one's fingers'는 검지에 중지를 얹어 포개는 행동이 행운을 가져온다는 미신에서 비롯된 말입니다.

헛수고야.

What you are doing is useless.

That's a wild goose chase.

↳ 기러기 / 야생 거위

기러기들은 잡기가 매우 힘들지요. 때문에 '부질없는 짓, 헛된 노력'을 'wild goose chase', 즉 '기러기 쫓기'라고 표현하기도 합니다. 'what you are doing'은 '당신이 하는 일'이라는 의미의 명사절입니다.

혀끝에서 맴도는데 기억이 안 나.

I know it, but I just can't remember it right now.

It's on the tip of my tongue.

↳ (뾰족한) 끝 / 끝부분   혀

친구와 재미있게 봤던 영화에 대해서 이야기를 하는 중입니다. 그 영화에 나왔던 어떤 배우에 대해서 말하려고 하는데, 도저히 이름이 기억이 나지를 않네요. 유명한 배우라 분명 이름을 기억하고 있었는데…

현재로선 그게 다야.

That is all we have now.

That's all for now.

기금을 모으기 위해 티셔츠를 팔고 있습니다. 기금을 모아서 학교에 대형 스크린을 설치할 예정이거든요. 그걸 사려면 티셔츠를 천 장쯤은 팔아야 하는데… 글쎄요, 언제 그걸 다 팔아 치울 수 있을지 모르겠네요. 이제 고작 두 장 팔렸을 뿐이거든요.

993

화장실 좀.

세계 ☐
I need to go to the restroom.

미국 ☐
Nature calls.
자연 / 본능

화장실을 가는 것 같은 생리 현상은 어떻게 할 수 있는 일이
아니지요. 사람이라는 게 다 그렇게, 화장실을 가도록 만들어
졌으니 뭐… 화장실을 간다는 말을 'nature calls'라고도 표현
할 수 있습니다. 다소 거창한 느낌이 들기도 하지만요.

994

화장을 지우고 싶어.

세계 ☐
I want to remove my make-up.

미국 ☐
I want to take off my make-up.

갑자기 일이 터지는 바람에, 이틀째 집에 돌아가지 못하고 있
습니다. 사무실에서 일만 하고 있는 중이지요. 피곤하고 졸린
것도 문제이지만, 무엇보다 일단 화장이라도 좀 지웠으면 좋
겠네요. 하필이면 오랜만에 두껍게 화장을 하고 나온 날 이
런 일이 생겨서…

995

화해하자.

세계 ☐
Can we be friends again?

미국 ☐
Bury the hatchet.
손도끼

'hatchet'는 '손도끼'를 의미하는 단어입니다. 손도끼는 무기
로도 빈번히 사용되고는 하지요. 그러니 이 표현은, '무기는
묻어버리고(bury) 이제 그만 싸우자'라는 의미가 담긴 표현
입니다.

996

회피하지 마.

세계 ☐
Don't avoid.

미국 ☐
Don't turn a blind eye to it.
눈이 먼

감당하기 힘든 일 혹은 관여하기 귀찮은 일이 있을 때, 우리
는 그것을 그냥 모른 체하고 눈감아 버리기도 하지요. 'blind'
는 '앞이 안 보이는'이라는 뜻의 단어인데요, 어떤 일에 대해
서 모른 척 눈감아 버리는 것을 'turn a blind eye'라고 표현
하기도 합니다.

997

It will be **effective** soon. 효과적인

It will kick in soon.

옆자리의 동료가 심한 두통에 시달리고 있네요. 어제 잠을 제 대로 못 잤더니 그것 때문인 것 같다고 합니다. 마침 당신에게 아주 잘 듣는 두통약이 있네요. 'kick in'은 '무엇인가의 효과 가 나타나기 시작하다'라는 뜻의 표현입니다.

효과가 곧 나타날 거예요.

998

Everyone makes
a mistake like that.

That's a **common** mistake. 흔한

결정적인 순간에 실수하는 바람에 팀이 경기에서 패배해 버 렸습니다. 그 실수를 한 당사자는 그저 풀이 죽은 채 앉아만 있고요. 위로해 주어야겠네요.

흔한 실수야.

999

Why don't you calm down?

Why don't you let off some **steam**? 김 / 증기

화가 많이 나거나 흥분을 하게 되면 머리로 열이 확 올라오기 도 합니다. 아예 머리가 터져버릴 것 같은 기분이 들기도 하 고요. 'let off steam'은 냄비가 펄펄 끓을 때 김을 빼며 냄비 를 조금 식히듯, '화를 가라앉히다' 혹은 '흥분을 가라앉히다' 라는 뜻의 표현입니다.

흥분 좀 가라앉히지 그래?

1000

I have to make a hard decision.

I have to make a tough **call**. 결정 / 판단 / 전화

야구에서 심판이 볼, 스트라이크를 판정하는 것을 가리켜 'call'이라고 합니다. 'tough call'이라고 하면 판정하기 어려 운 힘든 결정을 뜻하지요.

힘든 결정을 해야 해.

미국영어보다 세계영어가 3배 더 쉽다

1판   1쇄   2020년 5월 1일

저   자   Mr.Sun, 한연희
펴 낸 곳   OLD STAIRS
출판 등록   2008년 1월 10일 제313-2010-284호
이 메 일   oldstairs@daum.net

가격은 뒷면 표지 참조
ISBN 978-89-97221-89-9

이 책의 전부 또는 일부를 재사용하려면 반드시 OLD STAIRS의 동의를 받아야 합니다.
잘못 만들어진 책은 구매하신 서점에서 교환하여 드립니다.